머니코치 최준호의
네이버 3대장 마케팅

지은이 최준호(머니코치)

16.8만 구독자를 보유한 유튜브 채널 〈머니코치 최준호〉에서 사이다 같은 온라인 마케팅 콘텐츠를 업로드하고 있다. 또 온라인 마케팅 대행사 마케팅웨이를 운영하고 있다.

네이버 마케팅 경력만 10년 이상인 자타공인 마케팅 전문가다. 컨설팅, 강연, 마케팅 대행 등으로 매달 살펴보는 네이버 블로그, 스마트플레이스, 카페의 개수만 300개가 넘는다.

대한민국 사람들이 가장 많이 사용하는 사이트가 네이버이다. 따라서 온라인 마케팅이 필요한 사람이라면 네이버의 3대장 채널을 반드시 공략해야 한다. 네이버의 변화를 누구보다 잘 아는 마케팅 전문가로서 자영업자·소상공인 등 네이버 마케팅이 필요한 모든 사람에게 실질적인 도움을 주고자 이 책을 썼다.

이메일 keepthemoney@naver.com
유튜브 youtube.com/@moneycoach
블로그 blog.naver.com/keepthemoney
인스타그램 @money_coach_jh
홈페이지 marketing-way.co.kr

머니코치 최준호의 네이버 3대장 마케팅

초판 1쇄 발행 2024년 10월 29일
초판 2쇄 발행 2024년 11월 22일

지은이 최준호 / **펴낸이** 전태호
펴낸곳 한빛미디어(주) / **주소** 서울특별시 서대문구 연희로2길 62 한빛미디어(주) IT출판1부
전화 02-325-5544 / **팩스** 02-336-7124
등록 1999년 6월 24일 제25100-2017-000058호 / **ISBN** 979-11-6921-292-2 13000

총괄 배윤미 / **책임편집** 장용희 / **기획·편집** 진명규 / **교정** 안혜희
디자인 표지 박정우 내지 윤혜원 / **일러스트** 성재호 / **전산편집** 허영화
영업 김형진, 장경환, 조유미 / **마케팅** 박상용, 한종진, 이행은, 김선아, 고광일, 성화정, 김한솔 / **제작** 박성우, 김정우

이 책에 대한 의견이나 오탈자 및 잘못된 내용은 출판사 홈페이지나 아래 이메일로 알려주십시오.
파본은 구매처에서 교환하실 수 있습니다. 책값은 뒤표지에 표시되어 있습니다.

한빛미디어 홈페이지 www.hanbit.co.kr / **이메일** ask@hanbit.co.kr

Published by HANBIT Media, Inc. Printed in Korea
Copyright © 2024 최준호 & HANBIT Media, Inc.
이 책의 저작권은 최준호와 한빛미디어(주)에 있습니다.
저작권법에 의해 보호를 받는 저작물이므로 무단 복제 및 무단 전재를 금합니다.

지금 하지 않으면 할 수 없는 일이 있습니다.
책으로 펴내고 싶은 아이디어나 원고를 메일(writer@hanbit.co.kr)로 보내주세요.
한빛미디어(주)는 여러분의 소중한 경험과 지식을 기다리고 있습니다.

프롤로그

여러분의 사업을 성공으로 이끌 네이버 3대장 채널 마케팅 비법!

직장에 다니지 않고 개인 사업을 하는 사람들이 많아지고 있다. 회사 안도 전쟁터지만 회사 밖은 더욱 치열한 전쟁터다. 경쟁이 점점 심해지는 시장에서 살아남으려면 온라인 마케팅이 필수다. 요즘 소비자들은 궁금한 점이 생기면 자동으로 스마트폰을 집어 든다. 그리고 자신들이 원하는 것을 검색한다. 생활에 필요한 전반적인 것들을 구매하거나 예약할 때도 손바닥만 한 스마트폰으로 모든 걸 해결한다. 이 말은 온라인에서 고객 유치를 못한다면 내 사업은 위태롭다는 뜻이며, 온라인 마케팅을 적극적으로 해서 고객 유치에 힘써야 한다는 뜻이기도 하다.

네이버 3대장 채널 마케팅의 강력한 힘

우리나라 사람들은 다른 어떤 사이트보다 네이버를 많이 이용한다. 전 국민의 대부분이 네이버에 가입되어 있고 정보를 찾을 때 네이버 블로그나 스마트플레이스, 카페까지 두루 훑어본다. 이 말은 네이버에서 이 세 가지 채널만 제대로 잡고 마케팅하면 고객을 유치하는 것은 시간문제라는 것이다.

그런데 문제는 네이버 블로그, 스마트플레이스, 카페를 어떤 식으로 세팅하고 키워야 할지 감조차 잡지 못하는 사람들이 많다는 것이다. 나는 처음에 이런 분들에게 도움이 되고자 유튜브 채널 〈머니코치 최준호〉에 영상을 찍어 올리기 시작했다. 내 영상을 예전부터 다 보신 분들은 알겠지만 나는 네이버가 변화하는 로직에 맞춰 유튜브 영상도 새로 찍어 올리고 많은 사람이 조금 더 쉽게 온라인 마케팅에 접근할 수 있게 도움을 줬다.

이제는 영역을 넓혀보려고 한다. 나의 지식과 노하우를 조금 더 많은 사람, 조금 더 많은 자영업자와 소상공인에게 공유하고자 책을 집필했다. 시중에는 네이버 마케팅과 관련된 책이 정말 많다. 나도 시중에서 판매하는 네이버 마케팅 관련 책은 거의 다 읽어봤다. 물론 좋은 내용의 책이 많기도 하지만 '조금 더 실질적인 네이버 마케팅 팁을 줄 수 있다면 독자들이 더 좋아할 텐데'라는 생각이 들었다. 이런 책에 대한 갈증이 생기자 내가 직접 써야겠다는 판단을 내렸다.

시중에서 판매하는 책들에는 네이버 블로그, 스마트플레이스, 카페를 어떻게 개설해야 하는지, 어떻게 꾸며야 하는지와 같은 기본적인 정보가 많은 느낌을 지울 수 없었다. 하지만 독자들이 진정으로 궁금해하는 네이버 로직에 대한 자세한 설명, 최적화와 씨랭크를 만드는 구체적인 방법, 상위 노출을 위한 키워드 추출 방법, 내가 운영하는 네이버 채널의 경쟁력을 파악하는 방법 등은 제대로 나와 있지 않았다. 이런 걸 알아야 진정한 네이버 마케팅을 할 텐데 말이다.

우리가 네이버 블로그, 스마트플레이스, 카페를 활용해 소비자들 눈에 띄려고 하는 이유는 다른 데 있는 것이 아니다. 네이버에서 제공하는 무료 채널을 이용해 내 업장과 서비스를 알리고 무료로 마케팅을 해 고객을 유치하기 위함이다. 한 마디로 네이버 3대장 채널을 무료 마케팅 도구로 사용하겠다는 의미다.

이 책은 이 목적에 충실하다. 책에서 설명하는 대로 따라 한다면 평범한 마케팅 강사들보다 더 높은 수준의 네이버 마케팅 지식을 얻게 될 것이라고 자신한다. 물론 책에서 얻은 지식은 바로 여러분의 블로그, 스마트플레이스, 카페에 적용할 수 있으니 성공적인 네이버 마케팅에 따른 매출 상승도 기대할 수 있을 것이다.

프롤로그

설령 시간이 없어 마케팅 대행사에 여러분의 블로그, 스마트플레이스, 카페 운영을 맡긴다고 해도 눈 뜨고 코 베일 일은 없을 것이다. 네이버 마케팅의 속성을 알고 대행을 맡기는 것과 아무것도 모르고 대행을 맡기는 것은 천지 차이다. 마케팅 대행사에 속아 피해를 입지 않게, 내 사업을 지키려면 스스로 마케팅 지식을 습득해야 한다.

10년 이상의 네이버 마케팅 경력을 녹인 책

어떻게 하면 자영업자, 소상공인 등 사업을 운영하는 분들께 도움이 되는 책을 쓸 수 있을까 밤낮으로 고민했다. 사업을 운영하며 온라인 마케팅이 필요한 분들이 어떤 부분에서 갈증을 느끼고, 어떤 지식을 좋아할지 수없이 생각했다. 그렇게 고민해서 나온 책이 바로 이 책이다. 내가 가진 10년 이상의 네이버 마케팅 경력을 녹여낸 책이기 때문에 독자분들께 큰 도움이 될 것으로 확신한다.

이 책은 독자의 눈높이에서 집필했다. 네이버 마케팅을 한 번쯤 들어봤거나 블로그, 스마트플레이스, 카페에 들어간 적이 한 번이라도 있다면 모두 이해하고 실천할 수 있는 내용이다. 혹시 처음 경험하는 수준 높은 네이버 마케팅 노하우에 잠깐 정신이 어질하다면 두 번, 세 번 반복해서 읽길 바란다. 이 책이 제공하는 지식을 진정한 내 것으로 만든다면 비싼 돈 주고 네이버 마케팅 강의를 듣는 것보다 더 값진 결과를 얻을 것이라고 장담한다.

간절한 자영업자, 소상공인들의 마음을 이용해 나쁜 마음으로 돈을 취하려는 사기꾼들이 많다. 안타깝게도 나에게 이런 소식이 많이 들려온다. 하지만 이미 사기를 당하고 돌아오면 내가 해줄 수 있는 건 없다. 이런 일들로 열심히 일하는 마케팅 대행사들의 이미지도 나빠지니 안타까울 뿐이다.

마음이 간절해지면 판단이 흐려진다. 냉정한 말이지만 내가 알아야 당하지 않는다. '지피지기면 백전백승'이라는 말이 왜 있겠는가. 나는 자신한다. 이 책의 지식을 온전히 여러분의 것으로 만든다면 마케팅 대행을 해주겠다며 접근하는 사기꾼들에게 농락당할 일은 없을 것이다.

감사의 말

내가 이 책에 어떤 내용을 담고 어떤 노하우를 넣어야 할지 잠 못 이루며 수없이 고민했을 때 이 책에 대해서 같이 고민한 사람이 있다. 바로 한빛미디어 진명규 에디터다. 어떻게 하면 독자들에게 내가 말하고 싶은 내용을 잘 전달할 수 있을지, 어떤 구성으로 표현하면 좋을지 나와 함께 고민해줬다. 진명규 에디터의 세심한 진행으로 이렇게 멋진 책이 세상에 탄생할 수 있게 됐다. 정말 감사하다.

그동안 나에게 컨설팅을 받고, 내 강의를 봐주신 분들께도 깊은 감사의 마음을 전한다. 네이버 마케팅이란 실전 경험이 중요한데, 이분들이 없었다면 나는 이 책을 집필할 수 없었을지도 모른다. 10년이 넘는 나의 네이버 마케팅 노하우는 이분들에게서 나왔다고 해도 과언이 아니다. 나아가 유튜브 채널에서 나의 영상을 봐주고, 활발하게 소통해준 16.8만 구독자분들께도 감사의 마음을 전한다. 그분들이 어떤 부분을 고민하는지, 어떤 부분이 힘든지 알 수 있었기 때문에 더 나은 마케팅 방안을 고민할 수 있었다.

마지막으로 언제나 나를 물심양면으로 도와주는 우리 가족들, 그리고 이 책을 집필하는 동안 항상 옆에서 신경 쓰고 챙겨준 나의 사랑하는 아내에게도 고마운 마음을 전한다.

2024년 10월
최준호(머니코치)

이 책의 구성

SECTION
온라인 마케팅 전문가의 노하우를 가득 담아 네이버 3대장 채널인 블로그, 스마트플레이스, 카페 운영법을 순서대로 낱낱이 공개합니다.

사이다 같은 설명
바로 써먹을 수 있는 네이버 마케팅 비법을 사이다 같이 시원하게 설명합니다. 배운 내용을 내 사업의 마케팅에 바로 활용해봅니다.

내 전문성을 살려

돈이 되는 3대장 채널 운영 NOTE
네이버 마케팅 경력 10년 이상인 저자의 경험을 바탕으로 더 알면 좋은 내용, 궁금할 법한 내용, 실제 사례 등을 완벽하게 정리했습니다. 돈이 되는 3대장 채널 운영 노하우를 만나봅니다.

무료로 퍼주는
유튜브 영상 강의

잊어서는 안 될 내용은 유튜브 〈머니코치 최준호〉 채널에서 동영상 강의로 제공합니다. 도서 내 QR 코드나 URL 링크로 접속해 저자의 생생한 동영상 강의를 살펴봅니다.

머니코치의
3대장 채널 핵심 코칭

네이버 블로그, 스마트플레이스, 카페 PART가 끝나면 각 PART마다 중요한 핵심 내용을 정리해 제공합니다. 포인트만 콕콕 짚은 내용으로 핵심만 복습합니다.

이 책의 구성　**9**

목차

프롤로그 ··· 4
이 책의 구성 ··· 8

PART 01
네이버 블로그, 절대 놓칠 수 없는 온라인 마케팅의 기본 채널 blog

CHAPTER 01 네이버 블로그를 꼭 해야 하는 이유
- SECTION 01 | 블로그는 돈 안 들이고 마케팅하는 최고의 방법 ·················· 17
- SECTION 02 | 네이버 블로그에는 소비자가 좋아하고 원하는 것이 있다 ······ 24
- SECTION 03 | 들어는 봤나? 콘텐츠 리유즈! ·· 28

CHAPTER 02 네이버 블로그 지수를 상승시키는 알짜 방법
- SECTION 01 | 블로그를 키우고 싶으면 일상 글은 피하자 ························· 34
- SECTION 02 | 그놈의 키워드, 키워드 … 키워드가 대체 뭐야? ··················· 38
- SECTION 03 | 상위 노출의 핵심, 블로그 4대 지수 파헤치기 ······················ 44
- SECTION 04 | 블로그 지수를 올리려면 네이버가 좋아하는 키워드를 써라 ···· 53
- SECTION 05 | 블로그 지수 상승을 위한 세 가지 버튼 '스, 댓, 공'의 비밀 ··· 57
- SECTION 06 | 블로그 지수를 상승시키는 글쓰기 비법 ······························· 65

CHAPTER 03 네이버 블로그 키워드를 추출하는 방법
- SECTION 01 | 블로그는 키워드 싸움! 키워드 경쟁력을 제대로 파악해라 ···· 70

SECTION 02	키워드 틈새시장을 공략하자 – 세부 키워드, 롱테일 키워드	76
SECTION 03	소비자가 좋아하는 키워드는 어디서 찾을 수 있을까?	80
SECTION 04	절대 쓰면 안 되는 키워드도 있다	87

CHAPTER 04 네이버 블로그를 운영할 때 절대 하지 말아야 할 것과 지켜야 할 것

SECTION 01	내 블로그를 안드로메다로 보내는 어뷰징	100
SECTION 02	일일 방문자 수의 유혹을 뿌리쳐라	104
SECTION 03	외부 링크를 자주 사용하면 이득일까, 독일까?	111
SECTION 04	블로그 운영 시 기억해야 할 세 가지 – 꾸준함, 대행사, 저작권	115

CHAPTER 05 네이버 블로그 로직 활용법 – 씨랭크 로직 & 다이아 로직

SECTION 01	씨랭크(C-Rank)란 무엇인가?	122
SECTION 02	다이아(D.I.A) 알고리즘, 그것이 궁금하다	126
SECTION 03	다이아 로직으로 상위 노출하면 최적화 블로그가 필요 없을까?	132
SECTION 04	내 블로그에서 상위 노출 가능한 키워드인지 어떻게 알 수 있을까?	136

CHAPTER 06 저품질 블로그에 빠지지 않는 방법

SECTION 01	저품질 블로그 제대로 알기	143
SECTION 02	왜 저품질 블로그가 되는 것일까?	147
SECTION 03	저품질 블로그에서 탈출할 수 있을까?	151
SECTION 04	저품질 블로그 이렇게 예방하자	154
ⓢ 머니코치의 떼돈 버는 핵심 코칭	네이버 블로그	158

목차

PART 02
네이버 스마트플레이스, 최종 구매 결정에 꼭 필요한 채널

CHAPTER 01 네이버 스마트플레이스를 시작해야 하는 이유
- SECTION 01 | 네이버 스마트플레이스는 선택이 아니라 필수다 ··········· 165
- SECTION 02 | 스마트플레이스는 블로그와 함께 해야 시너지 효과가 난다 ··········· 169

CHAPTER 02 네이버 스마트플레이스 세팅을 시작할 때 꼭 알아야 하는 것
- SECTION 01 | 스마트플레이스 상위 노출에 필요한 필수 세팅 요소 ··········· 174
- SECTION 02 | 소비자들을 끌어모으는 스마트플레이스 '기획'을 하자 ··········· 180
- SECTION 03 | SEO 최적화로 스마트플레이스 상위 노출하기 ··········· 189
- SECTION 04 | 메타태그에 맞게 SEO 최적화하기 ··········· 196
- SECTION 05 | 네이버 시스템을 활용해 스마트플레이스 상위 노출하기 ··········· 200
- SECTION 06 | 구매 결정 촉구 기획으로 스마트플레이스에서 전환율을 올리자 ··········· 204

CHAPTER 03 순위와 매출을 한 번에! 네이버 스마트플레이스 정교하게 세팅하기
- SECTION 01 | 스마트플레이스를 상위에 노출하는 3대 요소는? ··········· 210
- SECTION 02 | 스마트플레이스를 등록할 때 꼭 넣어야 하는 키워드는? ··········· 220
- SECTION 03 | 내 스마트플레이스는 왜 상위 노출 순위가 안 오를까? ··········· 229
- SECTION 04 | 내 스마트플레이스에 트래픽을 발생시키는 방법 ··········· 233
- SECTION 05 | 내 스마트플레이스로 사람들을 끌어오는 방법 ··········· 240

CHAPTER 04 야심 차게 세팅한 네이버 스마트플레이스를 성공시키려면?
- SECTION 01 | 고객이 내 가게에 올 수 있게 강력한 셀링 포인트를 만들자 ··········· 245

| SECTION 02 | 절대 주의! 스마트플레이스 순위를 하락시키는 일곱 가지 요인 | 249 |
| ⓢ 머니코치의 떼돈 버는 핵심 코칭 | 네이버 스마트플레이스 | 262 |

PART 03
네이버 카페, 돈을 벌고 싶으면 꼭 운영해야 하는 채널

CHAPTER 01 네이버 카페를 시작해야 하는 이유
SECTION 01	네이버 카페로만 실현할 수 있는 온라인 건물주	267
SECTION 02	천 리 길도 한 걸음부터! 네이버 카페 운영 시작하기	272
SECTION 03	네이버 카페에서 어떻게 수익을 창출할 수 있을까?	279
SECTION 04	네이버 블로그만의 '단점'을 정확히 알자	283
SECTION 05	네이버 카페만의 '장점'을 정확히 알자	287

CHAPTER 02 네이버 카페를 제대로 운영하는 절대 비법
SECTION 01	네이버 카페의 콘셉트를 명확하게 해라	294
SECTION 02	네이버 카페를 성공적으로 운영하는 핵심 전략 – 양식장 전략	298
SECTION 03	네이버 카페는 어떤 형식으로 시작해야 유리할까?	309
ⓢ 머니코치의 떼돈 버는 핵심 코칭	네이버 카페	314

에필로그 316
찾아보기 318

PART 01

네이버 블로그, 절대 놓칠 수 없는 온라인 마케팅의 기본 채널

CHAPTER 01

네이버 블로그를 꼭 해야 하는 이유

SECTION 01

블로그는 돈 안 들이고
마케팅하는 최고의 방법

왜 네이버 블로그를 시작해야 할까?

요즘은 온라인 시대를 넘어 스마트폰 하나로 모든 것을 해결할 수 있는 세상이다. 사람들은 궁금한 것이 있을 때 스마트폰으로 간단히 검색하여 문제를 해결한다. 방문할 곳을 결정하거나 필요한 물건을 쇼핑할 때도 마찬가지다. 검색부터 예약, 결제, 리뷰 작성까지 한번에 모든 것을 해결할 수 있다는 것이다. 요즘 소비자들은 귀찮은 것을 싫어하지만, 소비는 현명하게 한다. 그렇기 때문에 스마트폰 하나로 여러 가게의 상품과 가격을 비교해보고 그중에서 마음에 드는 상품을 골라 결제나 예약을 진행한다.

요즘과 같은 시대에 고객, 즉 소비자의 마음을 사로잡아야 한다면 온라인 마케팅은 피할 수 없다. 온라인 마케팅은 선택이 아니라 필수인 것이다. 소비자들은 원하는 가게를 오프라인에서 직접 찾아가지 않는다. 온라인에서 비교 분석을 마친 후 본인이 최종 선택한 가게를 찾아간다. 소비자들에게 선택받으려면 온라인에서 내 사업(상품)을 나타내야 하고 내 상품을 선택해 달라고 정확하게 어필해야 한다. 그렇다면 어떤 채널에서 어필하는 게 좋을까? 현명하게 잘 생각해봐야 한다.

온라인 마케팅을 시작하려고 마음 먹은 대부분의 사람들은 주변 사람들에게 마케팅 채널을 추천받는다. 이때 주변 사람들은 어떤 채널을 추천할까? 보통 당시에 인기 있는 채널을 추천한다. 과거에는 '온라인 마케팅은 페이스북'이라고 했다. 그러다 유튜브로 떼돈을 버는 크리에이터가 나타나자 '유튜브는 필수'라고 말했다. 물론 '인스타그램이 필수'라고 말하는 사람도 있었고, 이제는 스레드까지 해야 한다고 말하는 사람도 있다.

이야기를 들으면 들을수록 전부 맞는 말인 것 같아서 모든 채널을 운영해본다. 그런데 결과는 어떨까? 당연히 처참하게 실패한다. 한 채널에 집중해도 부족한데, 여러 채널에 에너지를 분산했으니 제대로 된 결과가 나오기 힘든 것이다. 그렇다면 우리는 온라인 마케팅 채널 중 어떤 것부터 시작해야 효과적으로 마케팅을 할 수 있을까? 주변 사람들이 이야기하는 것을 고려하지 말고 정말 마케팅 효과가 좋을 것 같은 채널 하나만 꼽아보자.

온라인 마케팅은 우리 또는 소비자가 필수로 선택하는 채널부터 시작해야 한다. 결론은 이미 예상한 것처럼 '네이버 블로그'다. 네이버 블로그는 네이버 사용자뿐만 아니라 유튜브, 페이스북, 인스타그램 등 그 어떤 채널에서 진입하더라도 반드시 방문할 수밖에 없는 채널이기 때문이다.

누군가는 '에이! 네이버 블로그는 이미 한물간 시장이잖아?'라고 할지도 모른다. 과연 그럴까? 다른 소비자를 분석할 필요도 없이 여러분의 어제나 오늘을 생각해보자. 여러분도 누군가에게는 소비자이므로 자신의 행동을 객관적으로 분석하는 것이 결국 소비자를 분석하는 것이기 때문이다.

상황 1 가족과 외식할 때

오랜만에 가족과 외식을 하고 싶어졌다. 메뉴는 아이들이 가장 좋아하는 삼겹살, 장소는 아이들과 처음 가보는 강남역 근처로 하자. 네이버 앱을 켜고 '강남 고깃집', '강남역 삼겹살' 등을 검색해 블로그 리뷰를 꼼꼼하게 살펴본다. 키즈방은 있는지, 노키즈존은 아닌지, 메뉴는 얼마인지, 가게는 얼마나 큰지 등등. 어? 마음에 드는 곳을 발견했다. 네이버 스마트플레이스에서 가게 정보를 확인한 후 전화를 걸어 키즈방과 가장 가까운 테이블로 예약했다. 오늘 저녁이 기대된다.

상황 2 최애 유튜버가 화장품을 추천했을 때

오늘도 즐겁게 유튜브를 보고 있는데 내가 구독하는 최애 뷰티 크리에이터가 새로운 영상을 올렸다는 알림이 떴다. 바로 클릭! 환절기가 와 슬슬 건조해지기 시작한 내 피부를 지킬 수 있는 수분크림과 관련된 영상이다. 크리에이터의 리뷰 영상을 보니 이 수분크림이 내게 딱 맞을 것 같다. 그런데 영상을 보다 보니 내가 궁금한 것 딱 하나, 안면홍조에 적합한지 알려주지 않는다. 나는 피부가 민감해 기초 화장품을 잘못 바르면 홍조가 심하게 올라오기 때문에 정보를 더 찾아야 한다. 네이버 앱을 켜고 'ㅇㅇ수분크림 안면홍조', 'ㅇㅇ수분크림 민감성 피부' 등을 검색해 블로그 리뷰를 살펴보며 정보를 얻었다. 다행히 부작용은 따로 없는 것 같다. 역시 내 크리에이터를 믿길 잘했어. 수분크림 지르러 출발!

상황 3 인스타그램에서 인플루언서가 립스틱을 추천했을 때

퇴근길 지하철에서 인스타그램 피드를 둘러본다. 인플루언서의 광고 이미지에 눈길이 갔다. 게시물 제목은 '이런 날씨에 내가 꼭 바르는 립 추천!' 퇴근길에 기분 전환을 하고 싶었던 나는 게시물을 찬찬히 읽는다. 보면 볼수록 저 황홀한 발색은 내 피부색과 완전 찰떡일 것 같다. 인플루언서는 브랜드와 제품명까지 꼼꼼히 알려주었다. 네이버 어플을 켜고 제품명을 검색해본다. 어머나! 무슨 립스틱이 10만 원씩이나 한대? 지출이 너무 크다. 하지만 립스틱이 눈에 아른거려 블로그 후기도 하나씩 살펴봤다. 어? 비슷한 발색의 가성비 끝판왕 립스틱을 추천해주는 포스팅이 있다. 근처 올리브영에 가서 테스트나 해봐야지, 그러다 마음에 들면 사는 거고!

무의식 중에 선택하게 되는 네이버 블로그

지금 말한 예시는 모두 제품이나 장소를 선택한 최초 계기가 서로 다르다. 심지어 '상황 2'와 '상황 3'은 내가 선택한 상품에 큰 영향을 준 것이 크리에이터나 인플루언서로 착각하기도 한다. 하지만 이러한 상황에서 소비자가 무의식적으로 선택한 필수 채널이 있다. 바로 네이버 블로그이다!

네이버 블로그를 어떻게 운영하느냐에 따라 다른 상품을 사려고 했던 사람도 내 상품으로 유도할 수 있고 애초에 내 상품을 사려고 했던 사람에게 더욱 확신을 줄 수도 있다. 여러분의 상품 구입 과정을 떠올려보라. 어떤 선택을 하든 블로그를 패스했던 적이 거의 없을 것이다. 내가 어떤 상품에 대해 알아보고 사람들의 반응을 살펴볼 때 무의식적으로 들어가보는 곳, 분명히 '네이버 블로그'일 것이다.

소비자들은 하나의 물건을 구입하기 위해 여러 단계를 거치는데, 대부분의 소비자는 다음과 같은 여섯 단계를 거쳐 물건을 구입한다.

문제 인식 ▶ 니즈 환기 ▶ 정보 탐색 ▶ 대안 평가 ▶ 구매 결정 ▶ 구매 후 행동

'구매 결정' 단계에 가까워질수록 구매력이나 구매욕이 높은 소비자라고 할 수 있다. 최소한 '정보 탐색' 단계를 거쳐 '대안 평가' 단계에 진입해 있는 소비자를 의미하기 때문이다.

네이버 블로그를 이용하는 사람들은 최소한 '정보 탐색' 단계에 진입했다고 볼 수 있다. 어떤 물건을 구매하기 전에 그 물건에 대한 장점이나 단점, 실제 사용 후기 등에 대해 알아보려고 하는 것이다. 이때 네이버 블로그를 알아보기 위한 수단으로 사용한다. 앞에서 예시로 들었던 '상황 1(강남역 삼겹살)'과 '상황 2(안면홍조 수분크림)'가 여기에 해당한다. 심지어 네이버 블로그는 '대안 평가' 단계에 해당하는 소비자들도 진입하여, 내가 사려고 하는 제품과 경쟁사의 제품을 비교해본다. 이 단계에 있는 소비자들은 '정보 탐색' 단계보다 구매 의사가 훨씬 더 높은 소비자들로, '상황 3(립스틱)'에 해당한다.

정리하자면, 최소한 네이버 블로그는 물건 구매의 필요성을 느낀 '문제 인식' 단계와 '니즈 환기' 단계를 거친 사람들을 상대로 운영하는 온라인 마케팅 채널이다. 따라서 정보와 대안을 찾아보는 사용자는 전환 고객이 될 확률이 매우 높다.

이런 이유로 블로그를 통해 사람들에게 내 사업(상품)을 알리면 내 물건을 구매할 확률이 높아진다. 네이버 블로그는 이렇게 잘만 운영하면 돈이 될 수밖에 없는 채널임에도 불구하고 무려 '공짜로' 운영할 수 있다.

무려 공짜로 마케팅의 핵심 채널을 운영한다

대부분의 사람들이 네이버 계정을 가지고 있으므로, 블로그도 하나씩 가지고 있는 셈이다. 그렇다면 마케팅의 핵심 채널인 블로그에 글을 올리면서 소비자들을 모으고 내 제품이나 서비스를 판매하기만 하면 된다. 이 얼마나 간단한가!

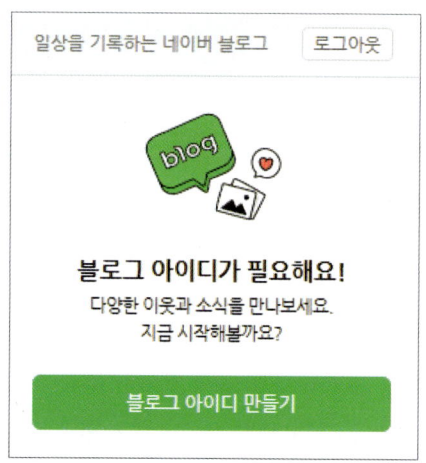

▲ 2022년 10월 12일 이후에 네이버 회원으로 가입했다면
블로그 홈에서 [블로그 아이디 만들기]를 클릭해 블로그를 개설할 수 있다.

자영업을 하면서, 내 상품이나 서비스를 팔아야 하면서 블로그를 운영하지 않는다는 것은 무엇을 의미할까? 공짜로 받을 수 있는 최고의 혜택을 스스로 포기하는 것과 같다. 블로그는 누구나 하나씩 가지고 있는 마케팅 채널이므로, 다른 사람의 눈치를 볼 필요도 없이 네이버가 좋아하는 글을 써서 자신의 제품과 서비스를 홍보할 수 있다. 블로그를 꾸준히 운영해서 잘 키운다면 막강한 경쟁력을 가진 나만의 마케팅 무기가 탄생하는 것이다. 이로 인한 마케팅 효과는 더욱 커질 것이고 내 사업이나 매출도 쑥쑥 성장할 것이다. 지금까지 말한 과정 중 돈이 들어가는 게 있던가? 없다! 따라서 여러분은 블로그에 어떤 것을 홍보하고 노출할지 생각하여 콘텐츠를 만든 후 포스팅만 하면 된다.

백 번, 천 번 강조해도 모자란 말, '블로그하세요'

지금까지 이야기한 내용을 정리해보겠다. 네이버 블로그를 운영하면 나만의 공간에 다른 사람의 눈치를 볼 필요 없이 다양한 콘텐츠를 올릴 수 있다. 이 과정을 통해 소비자들을 끌어들일 수 있고 구매까지 이루어지게 할 수 있다. 모든 것을 공짜로 말이다. 물론 블로그를 운영하고 잘 키운다는 것은 단기간에 이루어지는 것이 아니다.

블로그를 이용해서 돈을 벌려면 어느 정도의 시간을 투자해야 한다. 하지만 이 책에서 알려주는 내용대로 최소 두 달, 아니 한 달 반 정도만 투자해보자. 짧은 기간인 것 같지만, 이 기간 안에도 내 제품과 서비스에 관련된 경쟁이 치열하지 않은 약한 키워드는 내 블로그에서 띄울 수 있다. 이런 키워드들만 잡고 가더라도 블로그가 왜 '돈 안 들이고 마케팅할 수 있는 최고의 플랫폼'인지를 톡톡히 경험하게 될 것이다.

네이버 블로그는 아무리 강조해도 지나치지 않을 만큼 중요하다. 마케팅을 업으로 삼는 사람들뿐만 아니라 자영업을 하는 사람들이라면 네이버 블로그는 무조건 잡고 가야 한다. 네이버 블로그를 우선으로 하고 내 업종에 맞는 다른 온라인 마케팅 채널들까지 섭렵하는 방법이 가장 좋다. 다른 마케팅을 해도 네이버 블로그는 절대 버리지 마라. 네이버 블로그가 효자이다. 아마 블로그를 꾸준히 운영하다 보면 내가 무슨 말을 한 것인지 분명히 알게 될 것이다.

머니코치의 돈이 되는 블로그 운영 NOTE

네이버 블로그를 제대로 키우려면 이 책을 읽고 그대로 실천하라

우리의 목적은 그냥 네이버 블로그에 글을 작성하는 것이 아니라, 네이버 블로그를 통해 돈을 버는 것이다. 한 마디로 말해서 네이버 블로그를 돈 안 들이는 마케팅 플랫폼으로 이용하겠다는 것이다. 네이버 블로그를 마케팅 플랫폼으로 이용하려면 '네이버 마음에 들게' 정석대로 키우는 것이 중요하다. 이 내용을 대한민국 상위 1% 온라인 마케팅 대행사를 운영하는 내가 직접 알려주려고 한다.

나는 한 달에 300개 이상의 블로그 관리를 대행하고 있으며 블로그 강의뿐만 아니라 강연 및 컨설팅까지 진행하고 있다. 하루에 보는 블로그만 수백 개이므로 나의 블로그 실력을 의심하지 말기 바란다. 이 책만 제대로 정독해도 여러분은 상위 10% 안에 들어가는 블로그 지식을 갖게 될 것이다. 이 책을 두 번 이상 정독하면 웬만한 블로그 대행사보다 더 많은 지식을 얻게 될 것이다. 게다가 블로그 로직도 눈에 보일 수밖에 없으니 블로그가 왜 돈 들이지 않고 돈을 벌어다주는 최고의 마케팅 플랫폼인지 똑똑히 알게 될 것이다. 이제 이 책을 읽고 그대로 실천하기만 하면 된다.

SECTION 02

네이버 블로그에는 소비자가 좋아하고 원하는 것이 있다

네이버 블로그를 해야 한다고 강조할 때마다 많은 사람이 다음과 같은 말을 꼭 언급한다.

"블로그는 진입 장벽이 낮아 누구나 시작할 수 있는 채널입니다."
"키보드 자판만 두드릴 수 있으면 누구나 블로그를 운영할 수 있습니다."

그렇지만 이런 뻔한 말보다 다른 시선에서 진입 장벽이 낮은 것이 장점이라고 말하고 싶다. 바로 '소비자의 시선'이다.

나 말고 소비자가 원하는 게 중요하다

내가 온라인 마케팅 대행을 하거나 컨설팅을 할 때마다 의뢰자들에게 꼭 하는 말이 있다.

"마케팅을 진행하는 순간부터 대표님이 하고 싶은 걸 하면 안 됩니다.
소비자가 원하는 걸 해야 하며 모든 것은 소비자의 시선에서 바라봐야 합니다."

온라인 세상의 주인은 소비자이다. 소비자의 관심, 즉 트래픽이 발생하지 않으면 온라인 세상에서 절대 살아남을 수 없다. 결국 소비자 시선에서 분석하지 않으면 그 어떤 것도 이해할 수 없다.

네이버 블로그가 망할 거라고 하는 사람들의 공통점이 있다. 대부분 네이버 콘텐츠 창작자였던 사람들이다. 네이버에서 검색하며 블로그를 사용했던 사람들이 아니라, 네이버 블로그를 직접 운영했던 사람들이다. 여기에 특징이 하나 더 붙는다. 네이버 블로그를 운영했는데도 그다지 큰 효과를 보지 못했다는 것이다. 그래서 이들은 네이버 블로그가 곧 망할 것이라고 말하고 다닌다. '곧 망한다'는 이야기는 페이스북이 생겼을 때도, 유튜브가 생겼을 때도, 다음이 카카오에 인수되었을 때도, 인스타그램이 생겼을 때도 늘 떠돌았다. 항상 그래왔듯이 네이버 블로그로 돈을 벌지 못했던 사람들이 네이버 블로그가 망한다고 이야기했던 것이다.

이것이 전형적인 대표님(사업자)의 시선에서 바라본 네이버 블로그의 형태다. 하지만 지금도 하루 수만 건 이상 새 글이 올라오고 있고 이러한 블로그 포스팅으로 수많은 사람이 돈을 벌고 있다.

머니코치의 돈이 되는 블로그 운영 NOTE

네이버 블로그는 수십 년간 검증받은 채널이다

효과 없다는 블로그로 나 역시 수십 개의 사업을 승승장구하며 운영하고 있다. 수백 명의 내 광고주들 중에서 블로그를 운영하지 않는 사람은 단 한 명도 없다. 심지어 네이버 블로그는 2003년에 처음 서비스를 개시하여 지금까지 굳건히 살아남은 채널이다. 나는 네이버가 살아남는 기간 동안 다음, 네이트, 페이스북 등의 쇠퇴를 두 눈으로 지켜보면서 자리를 굳건히 지켜온 산증인이기도 하다.

수십 년 동안 검증받은 채널인데, 왜 일부 사람들은 못 잡아먹어서 안달인 것일까? 그것은 바로 소비자의 눈에서 해석한 것이 아니라 본인의 경험을 바탕으로 블로그의 미래를 점쳤기 때문이다. 나는 자신 있게 말할 수 있다. 네이버 블로그는 소비자가 좋아하는, 그리고 찾을 수밖에 없는 한 가지 역량을 갖추고 있어서 절대 망할 수 없다고 말이다. 그것은 바로 '최신성'이다. 이 '최신성'에 대해서는 네이버 블로그와 다른 온라인 마케팅 채널을 비교해서 설명하면 훨씬 쉽게 이해할 수 있을 것이다.

네이버 블로그의 운영 방식, 소비자가 좋아할 수밖에 없다

온라인 세상에서 소비자들이 가장 민감하게 반응하는 것은 무엇일까? 바로 '최신성'이다. 최신 콘텐츠가 발행되지 않는다면 소비자들은 더 이상 온라인에 접속하지 않을 것이고, 시대에 맞는 최신 변화가 없다면 더 이상 눈길조차 주지 않을 것이다. 지금 하락세를 걷고 있는 다음, 네이트, 페이스북 등이 그렇다. 다음과 네이트는 콘텐츠 창작자들이 최신 콘텐츠를 올리지 않은 탓이 컸고, 페이스북은 플랫폼이 변화하지 않고 소비자들의 수많은 불만(너무 많은 광고 콘텐츠, 알고리즘의 문제, 트렌드에 뒤처진 문제)이 쌓였던 것이다.

네이버 블로그는 어떤가? 네이버 검색 창에 어떤 키워드를 검색해도 대부분 3개월 이내의 최신 글이 업데이트되어 상위 노출되고 있다. 진입 장벽이 낮으므로 새로운 콘텐츠 창작자들이 계속 진입하고 있는 것도 장점으로 작용한다. 네이버에서만큼은 영원한 1등이 없다. 그래서 1등은 늘 긴장해야 하며 후발 주자는 언제든지 1등을 잡을 수 있는 곳이 바로 네이버이다. 이것이 바로 소비자가 원하는 길이다. 한 사람이 독점하여 콘텐츠를 발행하는 것이 아니라 다수의 사람이 선의의 경쟁으로 노출되는 곳, 이에 따라 다양한 정보를 얻는 곳, 이것이 바로 소비자가 네이버 블로그를 무의식적으로 선택하게 되는 이유이다. 그러므로 여러분은 네이버 블로그부터 시작해야 한다. 블로그는 소비자들이 좋아하는 요소를 가지고 있으며 영원한 1등이 없는 채널이기 때문이다.

네이버 블로그의 소비자 친화적 운영 방식은 이것뿐만이 아니다. 양으로 승부하는 블로거들 때문에 글 퀄리티가 좋지 않아지자 소비자들이 떠나가기 시작했다. 이때 네이버는 씨랭크(C-Rank) 알고리즘을 추가해 양질의 문서를 노출하려고 했다. 브랜드의 중요성이 커지자 공식 블로그 제도를 도입했고, 퍼스널 브랜딩이 점점 더 중요해지면서 인플루언서 블로거 제도를 도입했다. 인플루언서의 영향력이 커지자 인플루언서 검색을 별도로 노출해주었고, 블로그 지수는 낮아도 포스팅이 좋은 블로거들을 노출하려고 네이버는 다이아(D.I.A) 알고리즘과 다이아 플러스(D.I.A+) 알고리즘을 도입했다(씨랭크 알고리즘, 다이아 알고리즘은 블로그를 운영하려면 꼭 알아야 하는 로직이다. 자세한 내용은 122쪽과 126쪽을 참고한다).

네이버는 늘 트렌드에 맞춰 변화하고 있다. 이러한 변화는 모두 소비자들을 위한 변화였다. 소비자 친화적인 기업이 망하는 사례가 있었는가? 단 한 곳도 없다.

네이버가 소비자 친화적인 기업 형태로 가니, 블로그 변화에 따라가지 못해 뒤처진 사람들과 '내가 블로그를 얼마나 열심히 운영했는데 왜 나를 노출해주지 않느냐'는 사람들이 블로그는 한물갔다고 말하는 것이다. 막상 소비자들의 이용 횟수는 더 많아졌고 네이버의 광고 매출은 늘었는데도 말이다. 이 세상에 네이버가 좋아 기부 형식으로 재미 삼아 네이버에 광고하는 사람은 없다. 광고 효과가 있으므로 네이버에게 돈을 주고 광고하는 것이다.

네이버 블로그는 소비자 친화적이면서 우리에게 이미 '습관'이 되었으므로 절대 망할 수가 없다. 이래도 네이버 블로그 시작을 망설일텐가?

머니코치의 돈이 되는 블로그 운영 NOTE

오늘 배워 내일 써먹는 블로그 마케팅 지식을 배운다

이 책을 읽고 있는 여러분은 걱정하지 말기 바란다. 이 책에서는 블로그 글쓰기, 블로그 스킨 바꾸기, 블로그 통계 보기와 같은 유치한 내용, 페이지 늘리기에 급급한 내용은 아예 다루지 않기 때문이다. 여기서는 오늘 배워서 내일 써먹는 블로그 지식을 알려줄 것이고 이번 '네이버 블로그' PART를 다 읽자마자 곧바로 실행할 수 있도록 자세히 알려줄 것이다. 앞으로 블로그 마케팅 효과가 없다고 하는 사람들에게 이 질문을 꼭 해보자.

"블로그로 어디까지 이루어보고 하는 말인가요?"

블로그 마케팅 효과가 없다고 하는 사람들은 대부분 글 몇 개 쓰고 그만둔 사람들일 것이다. 이런 사람들의 말을 들을 필요가 있을까? 이것은 여러분의 선택에 맡기겠다.

SECTION 03

들어는 봤나?
콘텐츠 리유즈!

음식점이 잘되려면 무엇이 가장 중요할까? 대부분 '맛'이라고 한다. 맛만 있으면 입소문이 퍼져 어느 순간부터 장사가 잘될 수밖에 없다고 한다. 하지만 이 말은 틀렸다. 잘되는 음식점의 음식이 맛있는 것은 당연한 것이다. 잘되는 음식점의 음식이 맛있어야 하는 것은 당연한데, 많은 사람이 이 점을 간과해 결국 씁쓸하게 문을 닫는다. 맛은 기본이며 위치, 가격, 분위기, 콘셉트 등 다른 요소가 시너지 효과를 내 음식점의 성패를 좌우한다.

마케팅 공식, 노출×가치=성공

그렇다면 마케팅에서 중요한 것은 무엇일까? 대부분의 사람들은 상품과 서비스의 질이라고 말한다. 이것은 음식점은 맛만 있으면 잘될 것이라는 말과 같다. 마케팅에서 상품과 서비스의 질은 당연한 것이다. 상품과 서비스의 질이 좋지 않은데, 광고만을 통해 돈을 벌겠다는 것은 지나친 욕심이며 소비자 기만이다. 월등히 좋은 상품과 서비스는 아니어도 최소한 소비자들이 만족할 만한 가치는 주어야만 한다.

마케팅에서 중요한 것은 바로 노출과 가치다. 이것을 공식으로 나타내면 '노출×가치'로 표현할 수 있다. 많이 노출될수록 수익이 극대화되고 소비자들에게 주는 가치가 높을수록 수익이 올라간다. 이런 공식을 가장 잘 활용하고 있는 사람들이 인터넷 방송인들, 흔히 말하는 BJ와 스트리머이다. BJ는 트위치와 같은 인터넷 개인 방송 플랫폼에서 활동하는데, 본인의 방송 원본을 해당 사이트나 유튜브에서 시청할 수 있게 한다. 이뿐인가? 방송 원본을 요약해서 유튜브 영상을 만들기도 하고 하이라이트만 편집해서 유튜브 쇼츠와 인스타그램 릴스를 만들기도 한다.

이 외에도 다른 사람들의 방송에 나가 자신들을 미처 발견하지 못한 잠재적 소비자들에게 본인들을 노출하거나 틱톡 챌린지를 하면서 젊은 소비자층에게 어필하기도 한다. 인스타그램에서 자신의 일상을 공유하기도 하고 블로그 글이나 유튜브 커뮤니티 글에서 공지 사항을 전달하고 상품을 판매하기도 하는데, 이것은 '노출×가치' 공식에 따라 '노출' 영역을 극대화한 케이스라고 볼 수 있다.

그렇다고 가치가 떨어지느냐? 그것도 아니다. 팬들에게 재미와 감동, 슬픔 등의 간접 경험을 하게 하면서 영상을 통해 우리가 미처 알지 못했던 부분을 깨우쳐 주기도 한다. '노출×가치'에 따라 그들이 큰돈을 버는 것은 전혀 이상한 일이 아니다.

머니코치의 돈이 되는 블로그 운영 NOTE

노출 극대화는 누구나 할 수 있다

그렇다면 '노출×가치'라는 공식이 BJ들과 스트리머들만 소유할 수 있는 공식일까? 아니다. 우리도 마케팅에서 이 공식을 충분히 활용할 수 있다. 다만 이 공식 중 '가치'에 대한 부분은 개개인의 역량에 달려있어서 내가 직접적으로 피드백을 줄 수는 없다. 하지만 '노출'을 극대화하는 방법은 내가 충분히 알려줄 수 있다. 나도 이것으로 성공했으며 남들이 한 채널에서만 본인을 노출할 때 나는 추가 시간을 많이 투자하지 않고 5~10개 채널을 노출하고 있기 때문이다. 바로 '콘텐츠 리유즈'를 통해서다.

콘텐츠 리유즈로 잠재 고객을 끌어들이고 효율성을 극대화하자

콘텐츠 리유즈(Contents reuse)란, 말 그대로 콘텐츠를 재사용하는 것이다. 〈머니코치 최준호〉 채널(https://www.youtube.com/@moneycoach)에서 '콘텐츠 리유즈'를 언급했는데, 이 방법만 사용한다면 하나의 콘텐츠로 5~10개 채널을 운영할 수 있다. 한 개보다 두 개의 채널을 운영하는 것이 소비자에게 노출하기가 유리하다. 마찬가지로 두 개보다는 세 개의 채널이, 세 개보다는 다섯 개의 채널이 더 유리하다. 따라서 우리는 이 콘텐츠 리유즈를 통해 최대한 많은 잠재 고객에게 나를 노출해야만 한다.

우선 콘텐츠 리유즈 활용 방법을 알기 전에 어떤 채널을 메인으로 삼을지부터 생각해야 한다. 세상의 모든 콘텐츠에 어떤 요소가 꼭 포함되어 있는지를 생각해보자. MC? 게스트? 영상? CG? 아니다. 이것들이 없어도 잘 돌아가는 콘텐츠는 틀림없이 있다. 모든 콘텐츠에 포함되어 있는 필수 요소는 바로 '텍스트', 글씨다. 영화 한 편을 촬영해도 대본이라는 텍스트가 있어야 하고 2분짜리 날씨를 방송하는 뉴스조차 스크립트라는 대본이 있어야 한다. 인스타그램에 사진을 올릴 때도 문구와 해시태그 텍스트가 들어가야 하고, 유튜브 영상을 올릴 때도 콘티와 자막 텍스트가 들어가야 한다.

여기서부터 콘텐츠 리유즈가 시작된다. 모든 콘텐츠는 텍스트로 이루어져 있으므로 이 텍스트만 잘 이용한다면 여러 채널을 한꺼번에 운영할 수 있다. 그리고 마케팅 채널 중 가장 핵심이 네이버 블로그이므로 콘텐츠 리유즈를 위해서라도 우리는 블로그를 운영해야 한다.

머니코치의 돈이 되는 블로그 운영 NOTE

네이버 블로그를 주축으로 하면 마케팅 비용을 아낄 수 있다

온라인 마케팅 대행사 대표로서 비록 지금 네이버 마케팅과 관련된 책을 쓴다고 해도 '네이버 마케팅만 하셔라', '네이버 마케팅이 무조건 정답입니다!'라는 말은 하지 않을 것이다. 왜냐하면 노출을 극대화할 수 있으니 무조건 마케팅 채널은 많이 가져가는 것이 좋기 때문이다. 하지만 모든 채널을 운영하려면 시간을 상당히 많이 투자해야 한다. 만약 이렇게 많은 시간 투자를 줄이고 싶으면 비용적인 투자가 들어갈 수밖에 없다. 하지만 네이버 블로그를 주축으로 마케팅을 시작한다면 이것을 획기적으로 줄일 수 있다.

사례로 알아보는 콘텐츠 리유즈의 정석

나는 블로그 운영을 메인으로 가져가고 있는데, 약 5,000자 안팎의 핵심 내용을 올리면서 많은 사람에게 신뢰를 얻고 있다. 그런데 나는 블로그 글을 작성만 하고 끝내는 것이 아니다. 이 블로그 글을 유튜브 대본으로 만들어 유튜브 영상 스크립트를 쓰고 있다. 그리고 블로그 글을 요약해 300자 안팎의 대본을 새롭게 만들어서 유튜브 쇼츠, 인스타그램 릴스로 만들며, 이 짧은 대본에 또다시 새로운 제목을 붙여서 블로그 글과 유튜브 커뮤니티에 게시 글을 작성하고 있다. 이뿐이 아니다. 유튜브 영상을 캡처해 인스타그램 카드뉴스를 만들어 페이스북에 같이 업로드하고 있다. 블로그에 사용한 사진이 좋으면 이 사진을 인스타그램에도 업로드하고 있다. 이것이 바로 콘텐츠 리유즈, 즉 최소 시간으로 최대 효율을 만들어내는 콘텐츠를 재사용하는 방식이다.

제대로 된 블로그 글을 하나만 작성했을 뿐인데 유튜브 긴 영상과 쇼츠, 인스타그램 릴스, 블로그 짧은 칼럼, 유튜브 커뮤니티 글, 인스타그램과 페이스북 카드뉴스, 페이스북 영상 업로드가 동시에 이루어지고 있다. 단지 글 하나만 잘 썼을 뿐인데 말이다. 이것을 각각 다른 콘텐츠로 운영하려면 평균 7~8시간은 걸릴 것이다. 하지만 콘텐츠 리유즈 작업은 3시간 안에 10개 이상의 채널을 운영할 수 있는 능력을 가능하게 한다. 단지 블로그 글 하나만 제대로 작성했을 뿐인데 말이다.

노출은 많을수록, 가치는 높을수록 좋다

온라인 마케팅을 할 때 '노출×가치' 공식을 꼭 기억해야 한다. 노출은 무조건 많을수록, 가치는 높을수록 좋다. 일부 사람들은 "아니다! 노출 빈도가 무조건 많은 것이 좋은 것은 아니다. 내 타깃에게 정확히 전달되는 것이 가장 좋은 마케팅이다."라고 말할 것이다.

맞는 말이다. 마케팅에서 중요한 것은 '전환율'인데, 전환율이 높을수록 성공한 마케팅이라고 말한다. 100명이 봤는데 한 명만 내게 연락한다면 전환율은 1%이고, 100명이 봤는데 100명이 연락한다면 100% 전환율이므로 전환율이 높을수록 마케팅 효율이 좋다고 평가하기 때문이다.

하지만 이 말의 가장 큰 오점은 바로 '효율'이라는 것이다. 효율은 비용을 투입해서 얻은 결과의 비율을 말한다. 그리고 전환율이라는 것도 꼼꼼히 따지고 보면 투입된 비용 대비 순이익이 얼마인지를 측정하는 공식이다. 그러므로 무조건 많이 노출하는 것보다는 내 상품을 구입할 의사가 있는 사람들에게만 노출해서 효율을 극대화하는 것이 목표이다.

콘텐츠 리유즈 중에서 비용이 투입되는 곳이 있는가? 정확한 타깃을 정할 수는 없지만, 공짜로 당신의 상품이나 서비스를 전 국민에게 노출해준다는 제안을 받아들이지 않을 사람이 과연 있을까?

이 책을 보고 있는 여러분은 언젠가 성공할 사람들이다. 필요하다면 언제든지 유행이나 트렌드에 따라 유동적으로 이동할 준비를 해야 한다. 그러나 모든 콘텐츠는 텍스트로 이루어졌고 텍스트에 가장 적합한 채널이 블로그라는 것은 시간이 지나고 유행이 바뀌어도 변하지 않는 사실이다. 지금 당장 성공하기 위해서라도, 미래의 성공을 준비하기 위해서라도 블로그부터 운영해라. 그것이 바로 확실하게 성공할 수 있는 길이다.

CHAPTER 02

네이버 블로그 지수를 상승시키는 알짜 방법

SECTION 01

블로그를 키우고 싶으면 일상 글은 피하자

　블로그를 시작하기로 결정했으면 어떤 주제로 글을 써야 할까? 대부분은 글쓰기 창을 열어놓고 오랜 시간 고민만 하다가 겨우 일상 글을 쓰게 된다. 글은 써야 하는데 쓸 내용이 없고 막막하니, 접근하기 쉬운 소재로 글쓰기를 시도하기 때문이다. 사실 시중에서 판매되는 블로그 책이나 블로그 강사들도 가벼운 일상 글부터 써보라고 권유하고 있다.

　블로그 글쓰기를 일상 글로 시작하라고 권유하는 이유는 콘텐츠를 쉽게 발행할 수 있기 때문이다. '글'을 써야 한다고 생각하면 미리 겁먹는 경우가 많다. 하지만 내 일상 이야기는 가볍게 풀어나갈 수 있으니 부담이 없어서 일상 글을 많이 권유하는 것이다. 물론 일상 글이 나쁘다는 뜻은 아니다. 오히려 기록용으로만 블로그를 운영할 경우에는 더할나위 없이 좋다.

내 전문성을 살려 돈이 되는 글을 쓰자

　그런데 우리는 블로그를 왜 운영할까? 일상을 기록하기 위해서? 나중에 추억거리를 만들려고? 모두 아니다. 우리가 블로그를 운영하는 이유는 '돈을 벌기 위해서'다. 돈을 벌기 위한 방법으로 네이버 블로그를 활용하는 것이다. 그러면 답은 나왔다. 블로그에 글을 쓰는 것도 역시 돈이 되는 글을 써야 한다. 다시 말해서 돈이 되는 글쓰기는 내 업종과 관련된 글을 써야 하고 내가 판매하는 제품이나 서비스와 관련된 주제, 그리고 이것을 홍보하는 직접적인 글을 써야 하는 것이다. 좀 더 쉽게 이야기하면 내 업종과 관련된 한 가지 주제를 잡고 상위 노출될 수 있는 키워드를 잡아 꾸준하게 써야 한다.

소비자의 궁금증을 해결해주는 전문 정보

사람들은 블로그 주인이 무엇을 하는지, 누구를 만났고 어디를 갔는지 궁금해하지 않는다. 그저 블로그 검색을 통해 자신의 궁금증을 해결하려고 한다. 심지어 'ㅇㅇ맛집'을 검색해서 글을 읽어도 작성자의 인사부터 작성자의 기분이 어땠는지, 날씨는 좋은지, 무슨 일이 있었는지에 대한 내용은 읽지 않는다. 단지 본인들이 검색한 'ㅇㅇ맛집'에 대한 내용을 보기 위해 화면을 스크롤할 뿐이다. 사용자들이 원하는 것은 블로그를 통한 '궁금증 해결'이기 때문이다.

검색 사용자들은 관련 분야에 전문 지식이 있는 사람들의 글을 더 선호하고 그 블로그에 훨씬 오랜 시간 머무른다. 머릿속에 '아, 이 블로그는 전문가가 운영하는구나!'라고 각인되면, 내 제품을 구매하거나 내 글에서 소개한 것들을 신뢰하면서 블로그에 전문성이 생기는 것이다. 전문성! 이것이 바로 네이버가 원하는 블로그의 방향이다. 그러므로 한 가지 주제를 잡고 꾸준하게 글을 써서 '전문성'을 갖추는 것은 돈이 되는 블로그가 되기 위한 필수 요건이다.

우리는 블로그를 마케팅을 위한 도구로 활용하려고 한다. 블로그에는 내가 원하는 글을 쓰는 것이 아니라 소비자들이 원하는 글을 써야 한다. 따라서 소비자들이 검색할 만한 키워드를 써서 소비자들이 얻어갈 수 있는 내용을 작성해야 한다. 한 마디로 소비자들이 좋아하는 키워드를 잘 정해서 질 좋은 콘텐츠를 만들어야 한다. 일상 글은 쓰기 쉽지만 소비자들이 알고 싶어하는 내용이 아닐 뿐만 아니라 질 좋은 콘텐츠를 만들어내기도 어렵다.

최적화/씨랭크 블로그로 키워야 하는 이유

앞에서 이야기한 것처럼 우리는 블로그를 마케팅 도구로 활용할 것이다. 그것도 돈 안 들이는 마케팅 도구로 말이다. 돈 안 들이고 블로그 마케팅을 계속하려면 무엇보다 품질이 좋은 블로그를 만들어야 한다. 바로 '최적화 블로그', '씨랭크 블로그'이다. 좀 더 자세한 내용은 뒤에서 이야기하겠지만 이 두 개념을 알아야 이해하기 쉬우니 일단 간단히 짚고 넘어가자.

최적화 블로그	씨랭크 블로그
• 상위 노출이 잘되는 블로그 • 최적화 키워드 노출 가능	• 상위 노출이 잘되고 '전문성'이 있는 블로그 • 씨랭크(C-Rank) 키워드 노출 가능

네이버에서 공식적으로 언급하지는 않지만, 검색 상위에 노출되는 블로그는 다음 네 단계를 거쳐 최적화할 수 있다.

우리가 흔히 이야기하는 '상위 노출 블로그'는 3차 최적화에 해당하는 '최적화 블로그'이다. 여기에 전문성까지 더하면 '씨랭크(씨랭크 최적화) 블로그'가 되는 것이다. 우리가 돈을 들이지 않고 블로그 마케팅을 진행하려면 블로그가 무럭무럭 자라야 유리하다. 그래야 경쟁이 치열한 키워드도 내 블로그로 상위 노출할 수 있고 더 많은 소비자에게 나를 알리고 내 상품의 매출을 올릴 수 있기 때문이다.

결국 '전문성'이 있어야 살아남는다

우리의 최종 목표인 '돈이 되는 블로그'를 만들려면 무엇보다 '전문성'이 중요하다. 전문성이 있는 블로그는 씨랭크 블로그로 클 수 있지만, 그렇지 못한 블로그는 평생 일기장이나 될 뿐이다. 물론 이런 블로그는 절대 돈이 되지 않는다. 일상 글만 써서는 절대로 최적화 블로그, 씨랭크 블로그를 만들 수 없다. 일상 글을 쓰는 것은 블로그 글을 작성하는 습관을 들이는 데는 좋지만, 이것으로 돈을 벌려고 기대하면 절대 안 된다. 블로그에 글쓰기가 어려워서 일상 글을 쓰는 것부터 가볍게 시작하다 보면 결국 나중에 후회한다. 왜냐하면 내 최종 목표인 돈 벌기, 마케팅과 점점 멀어지는 지름길이기 때문이다.

쉽게 생각해보자. 여러분이 라섹 수술을 해야 하는 상황이라면 가장 먼저 무엇을 할까? 바로 네이버 검색 창에 '라섹 수술 후기', '라섹 수술 부작용', '라섹 수술 시간' 등의 키워드를 검색하여 다양한 글을 살펴볼 것이다. 왜냐하면 내가 원하는 정보를 찾고 라섹 수술을 한 사람들의 경험담이 궁금하기 때문이다. 이렇게 관련 글을 살펴보다가 같은 블로그에 있는 눈, 시력, 라섹 수술과 관련된 다른 글을 보기도 한다. 시력은 어떤 원리로 측정되는지, 라섹과 라식의 차이점은 무엇인지, 라섹 수술을 못 하는 경우는 무엇인지, 게다가 라섹 수술을 한 후 어떻게 관리해야 하는지 등의 관련 정보 글을 시간 가는 줄 모르고 볼 것이다. 눈과 라섹 수술에 대한 콘텐츠가 많으니 자연스럽게 '아, 이 블로그는 전문가가 운영하는구나!' 하는 생각이 들면서 '문의해볼까?'라는 생각까지 드는데, 이것이 바로 '전문성', '전문 지식'의 힘이다.

내 업종과 관련된 한 가지 주제를 정하고 이것에 관한 콘텐츠를 꾸준히 작성해야 소비자들이 내 블로그에서 궁금증을 해소할 수 있다. 소비자들이 내 블로그에서 다양한 글을 보며 머무르는 체류 시간이 길어지면, 네이버는 내 블로그를 긍정적으로 평가하게 된다. 이런 선순환을 통해 블로그는 무럭무럭 크는 것이고 나중에는 더 경쟁력이 있는 키워드들을 노출하면서 꾸준히 돈을 벌어다주는 블로그가 된다. 그러므로 한 가지 주제와 관련한 전문 콘텐츠를 꾸준히 발행하는 것이 '매출'과 '씨랭크'라는 두 마리 토끼를 동시에 잡을 수 있는 열쇠다.

머니코치의 돈이 되는 블로그 운영 NOTE

일상 글로는 최적화 블로그 만들 수 없다

블로그를 처음 시작할 때는 내 블로그의 주제를 무엇으로 할 것인지 잘 정한 후 한 가지 주제로 꾸준히 뚝심 있게 글을 작성해나가야 한다. 그리고 내 업종과 관련된 주제를 정해 '전문적인 지식'을 줄 수 있는 블로그로 운영해야 내가 원하는 돈 안 들이는 블로그 마케팅을 할 수 있다. 이것이 바로 블로그 마케팅이다. 아직도 자칭 '블로그 강사'라는 일부 사람들은 일상 글로도 블로그가 성공할 수 있고 최적화 블로그도 될 수 있다고 말한다. 하지만 그런 건 없다. 이렇게 말하는 사람들은 기본적인 네이버 블로그의 씨랭크 로직도 이해하지 못하고 있으므로 시간 낭비할 필요 없이 즉시 그 자리를 떠나면 된다. 간혹 컨설팅 회원들이나 광고주들에게 일상 글을 써도 블로그가 크는 데 도움이 되냐는 질문을 받는데, 이번 기회에 아주 명확하게 말하겠다. 일상 글만 써서는 절대로 최적화 블로그, 씨랭크 블로그를 만들 수 없다.

SECTION 02

그놈의 키워드, 키워드 …
키워드가 대체 뭐야?

타깃 고객을 정확히 세우자

블로그를 운영할 때 한 가지 주제를 잡아 전문성을 갖추는 것만큼 꼭 알아야 할 것이 하나 더 있다. 바로 '누가 내 블로그에 들어올 타깃 고객인가?'이다. 다시 말해서 내 업종과 관련된 주제로 블로그를 운영해도 타깃 고객이 명확해야 나중에 내 블로그를 통한 전환 고객이 되기 쉽다. 한 가지 주제로만 운영할 경우 타깃을 잘못 잡으면 마케팅 효과를 전혀 보지 못 할 수도 있다. 마케팅 효과를 보려고, 돈이 되는 블로그로 만들려고 고생고생하며 블로그를 키웠는데, 효과를 못 본다니! 정말 너무 하지 않은가?

그렇다면 내가 원하는 고객들이 내 블로그에 들어오게 하려면 어떤 것을 신경 써야 할까? 블로그를 운영하는 대부분의 사람은 하루하루 글 올리는 것에만 집중하므로 이 부분을 간과하고 넘어간다. 사실 이것이 블로그 운영의 가장 핵심인데도 말이다. 이것만 잘해도 내가 원하는 타깃 고객들을 모을 수 있을 뿐만 아니라 이들을 내 팬으로 만들 수 있고, 더 나아가 제품이나 서비스에 대한 글을 올렸을 때 이들을 구매 고객으로 전환할 수도 있다. 타깃 고객을 잘 잡는 것은 블로그 운영의 기초를 잘 닦는 것과 동시에 돈 되는 블로그를 만드는 데 매우 핵심적인 사항이다.

타깃 고객을 겨냥한 키워드를 잡자

정확한 타깃 고객을 모으려면 '키워드'에 신경을 써야 한다. 키워드를 잘 잡아야만 내가 설정한 타깃 고객만 내 블로그에 모을 수 있다. 키워드는 사용자가 검색하는 핵심 단어나 문구이다. 키워드는 다음 두 가지 조건을 고려해서 선정해야 한다.

❶ 내 블로그와 연관된 키워드
❷ 상위 노출을 고려한 키워드

대부분의 사람은 이 두 가지 조건 자체를 아예 고려하지 않거나 이 중 하나만 고려하여 블로그 포스팅을 작성한다. 화장품 회사를 운영한다고 가정해보자. 그것도 오로지 피부 스킨 케어에만 집중된 기초 화장품 회사이다. 크게 본다면 내 업종과 관련된 것은 '화장품'이므로 화장품과 관련된 모든 것이 키워드가 될 수 있다고 생각할 것이다. 예를 들어, '색조 화장품 고르는 방법', '마스카라 잘하는 방법', '아이라인 점막 채우는 방법' 등과 같은 키워드이다. 이렇게 키워드를 잡는 게 맞는 것일까?

자, 우리가 블로그를 운영하는 목적을 다시 한번 생각해보자. 우리는 단순히 글을 쓰는 것이 아니라 내 블로그에 들어오는 사람들이 내 글을 보고 상품이나 서비스를 구매하기를 원하며, 이때 블로그를 마케팅 도구로 운영하는 것이다. 기초 화장품 회사를 운영하고 있으면 '스킨 케어 순서', '스킨과 로션 차이', '수분크림 지속 시간' 등 내 블로그 주제와 연관된 키워드를 선정하는 것이 좋다. 좀 더 세밀하게 나의 업종과 관련된 키워드를 잡아야 내가 원하는 타깃 고객들에게 한 걸음 더 가까이 갈 수 있다. 이것이 바로 앞에서 이야기한 내 블로그와 연관성을 파악하여 키워드를 잡는 방법이다.

그렇다면 두 번째 키워드 조건인 상위 노출을 고려하여 잡아야 한다는 것은 무슨 뜻일까? 말 그대로 글 하나를 작성해도 상위 노출될 확률이 높은 키워드를 선정해야 한다는 뜻이다. 이런 키워드를 잡지 않는다면 마케팅 효과가 없을 뿐만 아니라 상위 노출에도 도움이 되지 않기 때문이다. 어떤 키워드를 검색한 후 30페이지 밖에 있는 글까지 본 적이 있는가? 아마 거의 없을 것이다. 마케팅에서는 선결 조건, 즉 어떤 결과를 내기 위해 꼭 해야 하는 필수 조건이 있는데, 네이버 마케팅에서의 선결 조건은 상위 노출이다. 상위 노출되지 않는다면 어떤 효과도 절대 나타나지 않는다. 상위 노출되어야만 소비자들이 클릭할 것이고, 이들이 클릭해야만 체류 시간이 발생하거나, 공감 및 댓글을 다는 등의 활동이 일어난다. 상위 노출되지 않으면 이러한 긍정적인 효과는 절대 일어나지 않는다.

네이버가 신뢰하는 블로그를 만들자

블로그 글을 한 번이라도 작성해본 사람들은 알 것이다. 정성들여 글자 수를 많이 작성해도, 논문 급으로 수준 높은 글을 완성해도 검색 화면에서 내 글은 거의 찾아볼 수가 없다. 그 이유는 무엇일까? 내 글은 그 어디에도 없는 고급 전문 정보로 작성한 글인데, 네이버는 왜 나를 몰라주고 노출하지 않는 것일까? 네이버 입장에서 생각해보면 간단하다. 네이버는 무엇보다 '신뢰도'를 중요하게 여기는 플랫폼이기 때문이다.

네이버는 내부 생산 플랫폼 회사이다. 좀 더 이해하기 쉽게 구글과 비교해보겠다. 구글은 구글 내부에서 생산된 콘텐츠를 보여주기보다 외부에서 생산된 수많은 문서를 구글 알고리즘으로 분석한 후 신뢰도 높은 문서 위주로 상위 노출하고 있다. 그래서 구글에서 검색 후 결과를 살펴보면 구글 자체 결과뿐만 아니라 다른 웹사이트 페이지, 네이버 블로그, 유튜브 등 다양한 채널의 문서가 나온다. 구글은 외부에서 생산된 콘텐츠를 잘 정돈하는 방식(알고리즘)으로 운영되므로 이것을 외부 생산 플랫폼 회사라고 부른다.

반면 네이버는 네이버 안에서 발행한 블로그, 카페, 지식인 등의 문서를 우선 노출해주는 방식(알고리즘)으로 진화했다. 그 이유는 무엇일까? 구글은 이미 영어를 기반으로 성장했다. 그래서 구글이 등장했을 때는 이미 양질의 영어 문서가 인터넷 세상에 즐비했으므로 이 문서를 정리하는 알고리즘만으로도 충분한 상태였다. 하지만 네이버는 '한글'이라는 특수성 때문에 한글로 된 문서를 차곡차곡 쌓을 수밖에 없었다. 따라서 네이버는 네이버 안에서 문서를 발행하고 그 문서를 평가해서 상위 노출하는 방식으로 진화한 것이다.

이러한 이유로 초창기 네이버는 블로그에 문서만 많이 작성하면 상위 노출해주는 전략으로 블로그 사업을 이끌어갔다. 이 전략은 성공적으로 먹혔고 최신 문서가 항상 업데이트되자 소비자들은 새로운 정보를 얻기 위해 네이버로 몰려들었다. 그런데 문서 품질 문제가 터지기 시작했다. 소비자가 어떤 키워드를 검색해도 비슷비슷한 문서만 상위 노출되어 비슷한 내용의 글만 보게 되었고, 키워드와 상관없는 글도 노출되어 네이버에 대한 사용자들의 만족도가 떨어지기 시작한 것이다.

양보다는 질, 네이버의 신뢰를 얻어라!

이때부터 네이버는 문서의 양보다 질에 신경 쓰게 되었고, 이러한 과정을 거치면서 '신뢰도'라는 척도가 생겼다. 블로그도 회사 업무와 비슷하다. 아무래도 신입사원보다 3년 차 대리에게 신뢰가 가고, 두 개의 프로젝트보다는 10개의 프로젝트를 진행했던 사람을 더 신뢰하게 된다. 심지어 이번 프로젝트가 커피 광고 프로젝트라면 다양한 프로젝트에 여러 번 참여한 직원보다는 커피 광고 프로젝트만 직접 담당한 직원에게 해당 프로젝트를 맡기게 되는 것처럼 말이다.

이러한 신뢰도의 척도를 우리는 '블로그 지수'라 부른다. 이 블로그 지수에 따라 노출시킬 수 있는 키워드, 노출시킬 수 없는 키워드로 나누어진다. 블로그 이용자가 많아지고 발행하는 콘텐츠가 많아진 만큼, 네이버는 더욱 철저하게 '이 블로그가 믿을 수 있는 블로그인지'를 생각한다. 그리고 믿을 만한 블로그에서 품질 높은 문서를 앞다투어 발행한다면, 소비자들도 만족시킬 수 있을 거라 생각한다. 대리는 대리끼리, 부장은 부장끼리 경쟁하며, 그 위치에서 최선의 결과를 내기를 원하는 것처럼 말이다.

예를 들어, 2024년 10월 기준 기준 '중고차'의 검색량은 월간 40만 건 정도이다. 하루에 약 1만 3,000명이 중고차 키워드를 검색하고 있는 것이다. 네이버는 이 키워드를 오늘 막 생성한 블로그에서 노출하게 해줄까? 신뢰도가 전혀 없는 블로그에게 이런 대형 키워드를 네이버가 노출하게 할까? 절대 그럴 일은 없다. 안타깝지만 당신이 아니어도 품질을 보장하면서 좋은 문서를 발행할 블로그들은 이미 많기 때문이다. 여러분이 열심히 블로그를 키워서 '중고차' 키워드를 노출해 돈을 벌기 시작했다고 가정해보자. 그런데 어느 날 글 하나만 작성된 블로그가 내 블로그보다 상위 노출되어 있다면 여러분은 네이버가 공평하다고 말할 것인가? 절대 아닐 것이다.

네이버 입장에서도, 블로그 콘텐츠 창작자 입장에서도, 심지어 검색 사용자 입장에서도 조금이라도 퀄리티 좋은 문서를 발행할 확률이 높은 블로그에 신뢰가 갈 것이다. 이 신뢰도에 따라 '1차 최적화', '준최적화', '최적화', '씨랭크 최적화' 단계가 결정되고 이 블로그 지수에 따라 내가 노출할 수 있는 키워드가 다른 것이다. 이러한 개념을 정확히 알아야 내가 작성한 문서가 상위 노출되어 그 이후의 활동을 유도할 수 있다. 내 블로그가 준최적화 블로그 단계임에도 씨랭크 블로그 단계에서 노출할 수 있는 키워드를 작성한다면 어떻게 될까? 노출 자체가 안 되므로 노출 이후에 기대할 수 있는 활동조차 전혀 발생하지 않는다. 그러면 그 포스팅(글)은 쓰나 마나 한 포스팅이 되어 버리는 것이다. ==글 하나를 발행해도 내가 상위권에 노출할 수 있는 키워드를 잡아 포스팅하는 것이 중요하다.==

블로그는 하나의 주제로 운영하자

정리하자면 블로그는 하나의 주제로 운영해야 한다. 이것은 무작정 주제와 일관된 콘텐츠를 발행하라는 의미가 아니다. 타깃 고객을 정확히 설정하고, 그들을 겨냥한 키워드로 포스팅해야 한다.

내 블로그와 연관된 키워드를 골라라

내 블로그 주제와 연관된 키워드를 찾을 때, 내 블로그의 주제 중에서도 너무 큰 카테고리를 잡으면 오히려 소비자가 이탈할 수 있다. 그러므로 내 업종이나 블로그의 방향성에 맞는 주제를 잡아 차근차근 포스팅해라. 그러면 소비자들에게 신뢰를 얻을 수 있을 것이다.

상위 노출을 고려하라

상위 노출을 고려하지 않고 글을 작성한다면 소비자들의 눈에 띄지 않으므로 노출 이후의 활동을 기대할 수 없다. 이렇게 되면 글을 작성하는 의미가 없다. 왜냐하면 돈도 안 되고 블로그 지수 상승에 도움이 되는 활동이 애초에 일어나지 않기 때문이다. 글을 하나만 작성하더라도 상위 노출할 수 있는 키워드로 작성해야 한다.

머니코치의 돈이 되는 블로그 운영 NOTE

블로그의 성패는 키워드에 달려 있다

복잡해 보이는가? 절대 아니다. 이 모든 것은 '키워드' 하나만 제대로 분석할 수 있으면 해결되는 문제다. 이 키워드에 대한 자세한 내용은 'CHAPTER 03 네이버 블로그 키워드를 제대로 추출하는 방법'에서 다룰 예정이니 여기서는 키워드 하나에 내 블로그의 성패가 달려있다는 것만 알아두자. 앞으로 블로그 글을 작성할 때는 키워드를 주의해서 작성해야 하며 키워드를 잡을 때는 앞에서 설명한 두 가지 요소가 중요하다는 것만 가볍게 알아두자. 이 내용만으로도 다음 SECTION을 만날 준비는 다 되었다.

SECTION 03

상위 노출의 핵심, 블로그 4대 지수 파헤치기

1일 1포스팅? 1일 2포스팅? 너무 신경 쓰지 말자

돈이 되는 블로그를 만들려면 가장 먼저 상위 노출되는 탄탄한 블로그를 만들어야 한다. 일반적으로 상위 노출이 잘되는 블로그를 '최적화 블로그'라고 한다. 최적화 블로그를 만들려면 어떤 게 가장 중요할까? 블로그를 운영하는 사람들이라면 이전부터 이런 이야기를 한 번쯤은 들어봤을 것이다.

"블로그 지수를 높여야 해요. 1일 1포스팅, 1일 2포스팅이 중요해요."
"매일, 꾸준히 블로그에 글을 올리세요."

그렇다면 이런 이야기는 왜 나온 것일까? 그리고 이런 것들이 아직도 중요할까? 결론부터 이야기하자면 1일 1포스팅, 1일 2포스팅을 꾸준히 해야 한다는 것은 옛말이다. 다시 말해서 이제는 이런 것에 신경 쓸 필요가 없다는 것이다. 1일 1포스팅, 1일 2포스팅을 해야 한다는 것은 옛날의 네이버 상황이었다. 앞서 설명했던 것처럼 네이버는 '한글'의 특수성 때문에 검색 이용자들에게 보여줄 정보가 없었다. 그래서 콘텐츠의 질보다는 양을 중요하게 다루었던 것이다. 그 결과, 1일 1포스팅, 1일 2포스팅을 꾸준히 해야 블로그 지수가 상승한다는 말이 나오게 되었다. 하지만 지금 네이버는 한글 문서의 양이 충분하다고 보고 있다. 그래서 이제는 콘텐츠의 양이 아니라 '콘텐츠의 질'을 따져야 하는 상황이다.

어떤 집단이든 종사자가 많아지면 사람들은 전문가를 찾게 된다. 예를 들어, 이전에는 한 명의 보험 설계사가 태아보험, 자동차보험, 암보험 등을 모두 판매했고 소비자들은 이것이 당연하다고 생각하여 별 거부감 없이 보험에 가입했다. 하지만 지금은 보험 설계사가 많아지지 않았는가? 이러한 이유로 소비자들은 암보험에 가입하려면 암보험 전문가를, 태아보험에 가입하려면 태아보험 전문가를 찾는다. 한마디로 한 분야에 대해 특화된 전문가를 찾고 그들의 상품이나 서비스를 구입한다는 것이다.

네이버도 똑같다. 이전에는 한글 문서량이 충분하지 않았으므로 콘텐츠의 양을 중요시했지만, 이제는 상황이 다르다. 지금은 한글로 된 문서의 양이 충분하므로 콘텐츠의 질을 중시하는 시기가 된 것이다. 검색 사용자의 입장도 비슷하다. 자신이 볼 수 있는 콘텐츠의 내용이 비슷비슷하므로 정보의 양보다 질을 중요시하는 것이다. 이제는 네이버에서 1일 1포스팅, 1일 2포스팅을 하는 것이 큰 의미가 없고 더이상 우선순위가 아니다. 콘텐츠의 질과 함께 신경 써야 할 것이 생겼다. 바로 네이버 블로그 지수를 상승시키기 위한 우선순위를 정하고 효율적으로 지수를 쌓는 것이다.

사용자의 반응이 최우선이다

1일 1포스팅, 1일 2포스팅을 올리기 전에 무엇을 우선순위로 생각해야 할까? 바로 '사용자의 반응'이다. 이 부분에 대해 다른 블로그 강사들은 질 좋은 콘텐츠를 작성해야 한다고 하지만, 사실 이것은 '사용자의 반응'을 높이기 위한 도구에 불과하다. 도구만 보는 것이 아니라 전체적인 큰 틀을 봐야 한다. 숲을 봐야지 나무만 보면 안 된다는 뜻이다. '질 좋은 콘텐츠를 작성해야 한다.'는 추상적인 말은 사용자들의 반응을 높이기 위한 수많은 방법 중 한 가지일 뿐 정답이 아니다. 질 좋은 콘텐츠를 작성하는 근본적인 방법을 알아야 하고 이를 잘 이해하는 것이 중요하다.

이제 우리의 우선순위는 바뀌었다. 뜬구름 잡는 질 좋은 콘텐츠를 작성해야 한다는 말을 믿는 것이 아니라 그 원리를 깨달아야 블로그 지수를 상승시키는 방법을 알 수 있다. 그렇다면 우선순위는 무엇일까? 바로 네이버 블로그 지수를 상승시키기 위한 우선순위를 정하고 효율적으로 지수를 쌓는 것이다. 블로그 지수가 상승하려면 효율성이 매우 중요하다. 사람에게 시간은 한정되어 있다. 만약 1시간 동안 일했을 때 100만 원 버는 일과 10만 원 버는 일이 있으면 무엇을 할 것인가? 모두 다 100만 원 버는 일을 할 것이다. 마찬가지로 네이버도 블로그 지수를 상승시키는 조건을 세분화했으므로 이것을 미리 알고 있으면 점수를 더욱 효율적으로 딸 수 있다. 그러므로 이 우선순위를 먼저 알아야 한다.

블로그 최적화를 위한 4대 지수

콘텐츠의 질을 중요하게 다루는 네이버의 현재 상황에 맞게 '네이버 블로그 최적화 지수 지표'가 바뀌었다. 그리고 아주 중요한 '블로그 4대 지수'가 등장했다. 네이버가 '이 블로그는 최적화되었다'고 판단하는 지표는 다음과 같다.

1.	블로그 활동성 지수
2.	블로그 인기도 지수
3.	글 주목도 지수
4.	글 인기도 지수

네이버가 콘텐츠의 양을 중요하게 생각하던 때, 즉 1일 1포스팅을 해야 블로그 지수가 올랐던 이전에는 '블로그 활동성 지수'만 중요했다. 그러나 이제는 소비자들의 눈높이가 높아지고 문서량이 많아지면서 '블로그 인기도 지수', '글 주목도 지수', '글 인기도 지수'가 추가되었다. 이 말은 이 중 하나라도 소홀하면 안 된다는 것이다. 따라서 이 네 가지를 골고루 신경 써서 콘텐츠를 작성해야 한다. 또한 우선순위를 파악해 한정적인 내 시간을 효율적으로 투자하고 배분해야 한다.

물론 글은 매일 작성하는 것이 좋다. 앞에서 이야기했던 대로 이것은 '블로그 활동성 지수'

와 관련이 있기 때문이다. 하지만 내가 매일 글을 올려도 '블로그 인기도 지수', '글 주목도 지수', '글 인기도 지수' 통계에 적합하지 않다면 어떻게 될까? 이때는 네이버에서 사용자들이 좋아하지 않는 콘텐츠라고 인식하여 블로그 최적화도 주지 않고, 성장시키지도 않으며, 상위 노출도 해주지 않는다. '사용자들의 반응'과 직접적으로 연관이 있는 것이 '블로그 인기도 지수', '글 주목도 지수', '글 인기도 지수'이기 때문이다.

상위 노출 블로그가 되기 위한 4대 지수 우선순위

블로그 최적화를 위한 4대 지수도 우리가 어떤 목적을 가지고 블로그를 운영하느냐에 따라 중요도가 달라진다. 즉 인플루언서 블로거를 목표로 할 것인지, 최적화 블로그나 씨랭크 블로그로 키울 것인지에 대해 우선순위를 다르게 두어야 한다. 우선 우리의 목적은 돈이 되는 블로그, 즉 상위 노출이 잘되는 최적화, 씨랭크 블로그를 만드는 것이므로 이에 맞게 4대 지수를 우선순위에 따라 정리해보면 다음과 같다.

1.	블로그 인기도 지수
2.	글 인기도 지수
3.	블로그 활동성 지수
4.	글 주목도 지수

대부분 최적화, 씨랭크 블로그를 만들기 위해서는 글의 퀄리티를 높여야 한다고 이야기한다. 심지어 아직도 1일 1포스팅을 해야 한다고 강조한다. 그런데 1일 1포스팅은 이 지수표에 따르면 '블로그 활동성 지수'이다. 즉, 최적화, 씨랭크 블로그가 되려면 '블로그 인기도 지수'와 '글 인기도 지수'가 더 중요한데, 왜 활동성에만 목을 매고 있는가? 심지어 사용자들의 반응도라는 것은 4대 지표 중 하나에만 속한 영역이 아니다. 모든 영역에 걸쳐 다양하게 포함되어 있다. 단순히 글의 퀄리티를 높여서 포스팅해야 한다는 것은 너무 무책임하고 뜬구름 잡는 이야기다. 그렇다면 어떻게 해야 저 지수표에 나온 지수들의 점수를 효율적으로 올릴 수 있을까?

핵심만 깔끔하게 익혀보자.

1. 블로그 인기도 지수

블로그 인기도 지수는 방문자 수, 방문 수, 페이지 뷰, 이웃 수, 스크랩 수 등 블로그에서 발생한 사용자들의 활동성을 보는 지수이다. 블로그 인기도 지수를 통해 네이버는 해당 블로그가 유익한 블로그인지, 그렇지 않은 블로그인지를 판단한다. 그리고 우리가 그토록 원하는 최적화/씨랭크 블로그를 줄지, 말지를 판단하는 지수이기도 하다. 그러므로 최적화/씨랭크 블로그로 키우고 싶으면 이 부분을 가장 신경 써야 한다. 블로그 인기도 지수는 네이버에서 그토록 중시하는 '사용자들의 반응도'를 가장 면밀하게 볼 수 있는 지표이다. 블로그 인기도 지수를 끌어올릴 수 있는 다음 세 가지 고급 정보를 오픈하겠다.

① 콘텐츠를 연속 소비하도록 기획하여 포스팅하라

이 부분은 쉽게 이해할 수 있도록 예시를 들어 설명해보겠다. 여러분이 보험 설계사라고 생각해보자. 블로그를 운영할 때 내 상품인 '암보험'이라는 키워드로 바로 글을 작성하지 말고 사람들이 많이 궁금해하는 내용을 먼저 작성해야 한다. 예를 들어, '비갱신형 보험과 갱신형 보험의 차이', '회사별 암보험 상품 비교' 등과 같이 소비자들의 관심을 끄는, 소비자들이 궁금해하는 콘텐츠를 먼저 작성하라는 것이다. 그런 다음 내 상품과 관련된 '암보험' 글을 작성할 때 '비갱신형'이나 '갱신형'이라는 단어가 들어간다면 이전에 미리 작성해두었던 '비갱신형 보험과 갱신형 보험의 차이' 글을 사용자들이 참고할 수 있게 본문에 링크로 연결하는 것이다. 이렇게 하면 내 글이 더욱 전문적으로 보일 것이다. 게다가 해당 정보가 궁금한 사람들은 내가 링크해두었던 글을 클릭하면서 연속적으로 콘텐츠를 소비하게 되는데, 이것이 바로 '연쇄 콘텐츠 소비'다. 이에 따라 블로그 인기뿐만 아니라 블로그 지수도 함께 높아진다.

하나의 예시를 더 들어보겠다. 블로그에 부동산 전세 매물을 올리고 싶으면 미리 소비자들이 궁금해하는 '전세 사기 피하는 법'에 대한 글을 작성해놓는다. 물론 이 키워드가 아니어도 된다. 나중에 올릴 매물과 관련된 콘텐츠를 미리 작성해놓는 것이 핵심이다. 그리고 전세 매물을 올릴 때 미리 작성해두었던 '전세 사기 피하는 법' 글을 본문 링크에 넣는 것이다. 글 서두에 "요즘 전세 구하는 분들 많으시죠? 이에 못지않게 전세 사기도 많은데요, 전세 사기를 피할 수 있는 방법을 먼저 알려드리고 오늘 전세 매물을 소개하겠습니다."라는 식으로 글을 시작하고 바로 아래에 미리 작성해두었던 '전세 사기 피하는 법' 글을 링크로 연결하는 것이다. 그리고 그 아래에 부동산 전세 매물을 소개할 때는 "자, 위에서 전세 사기 피하는 방법을 잘 확인하셨죠? 이것을 기준으로 우리가 전세를 알아볼 때는 어떤 것들을 중점적으로 살펴봐야 하는지 아래 매물 보면서 바로 비교해보시기 바랍니다." 이렇게 이야기하면서 내가 팔아야 할 매물을 올리는 것이다. 그리고 '전세 사기 피하는 법' 글에서 설명한 대출금 정보, 전세 대비 매매 가격, 등기부 등본 보는 방법, 집주인의 체납 등에 대한 내용대로 전세 매물을 작성하는 것이다.

이렇게 하면 소비자 입장에서는 내 글을 믿을 수 있게 된다. 어디 이뿐인가? 정보를 하나하나 자세히 설명하므로 사용자의 체류 시간뿐만 아니라 조회 수가 함께 늘어나고 이에 따라 블로그 인기도 지수도 팍팍 상승하는 것이다.

<u>블로그 인기도 지수를 높이기 위해 가장 중요한 것은 '기획'이다.</u> 내가 언제쯤 홍보성 글을 작성할 것인지를 미리 생각하고 이와 관련해서 소비자들이 궁금해하는 콘텐츠를 미리 블로그에 작성해놓는 것이다. 그래야 내 주력 상품이나 서비스를 블로그에 올렸을 때 소비자들이 내 글을 연속적으로 소비하게 된다.

② 상위 노출될 수 있는 키워드로 포스팅해라

블로그의 선결 조건은 무조건 '상위 노출'이다. 한 마디로 내 블로그가 상위에 노출되어 소비자들의 눈에 띄어야 경쟁력이 생긴다. 간혹 글 퀄리티도 좋고, 한 콘텐츠당 3,000자 이상씩 매일 글을 올리는데, 이상하게 블로그가 제대로 성장하지 못하는 경우가 있다. 이것은 키워드를 잘못 선택한 것이다. 네이버가 중요하게 다루는 것은 '사용자들의 반응'이다. 사용자들의 반응을 이끌어내려면 당연히 내 블로그를 봐주는 '사용자'가 있어야 한다. 다시 말해서 내 글을 클릭해주는 '사용자'가 무조건 있어야 한다는 것이다. 사용자가 없는 블로그는 애초에 사용자의 반응조차 판단할 수 없다.

여러분도 잘 알고 있는 것처럼 네이버에서는 블로그마다 띄울 수 있는 키워드를 정해놓았다. 하지만 블로그를 운영하는 대부분의 사람은 키워드 경쟁력을 파악하지 못하거나 자신의 블로그에서 상위 노출할 수 있는 키워드를 제대로 분석하는 방법을 모른다. 그러므로 내 블로그에서는 띄울 수도 없는 키워드를 가지고 계속 글을 작성하는 것이다. 그 결과, 당연히 블로그 노출이 안 되니 검색 사용자가 내 블로그에 방문하지 못하는 것이다. 상황이 이러하니 네이버는 내 콘텐츠가 어떤지 판단할 수도 없다. 블로그를 운영하려면 내 블로그에서 띄울 수 있는 키워드를 분석하는 방법을 알아야 하고 이 키워드로 상위 노출해서 검색 사용자들이 내 블로그에 들어올 수 있도록 해야 한다.

③ 이웃 활동은 효율적으로 해라

네이버는 검색을 통해 내 블로그로 들어온 검색 사용자들만 보고 내 블로그를 판단하지 않고 '이웃 활동'도 함께 본다. 여기서 네이버가 보는 것은 이웃 맺기 작업을 했는가, 이웃과 소통하고 있는가, 이웃이 이 블로그에 방문해 얼마만큼의 글을 보고 갔는가 등이다. 네이버는 이웃이 내 블로그에 들어와서 한 활동에 대해서 꾸준히 데이터를 수집하고 있으므로 이웃 활동도 효율적으로 해야 한다. 이웃 활동을 할 때는 '실 활동 인원' 위주로 이웃을 추가하고 이웃 작업을 해야 한다. 실 활동 인원이란, 실제 블로그 활동을 하는 사람을 말한다. 내가 아무리 하루에 50개씩 이웃 작업을 해도 이 이웃이 블로그 활동을 안 하는 사람이라면 내가 한 이웃 작업은 아무 소용이 없다. 심지어 '실 활동 인원' 위주로 이웃 작업을 할 때도 내 블로그에 들어와서 내가 올린 포스팅을 관심 있게 봐줄 만한 이웃을 잘 고르는 것이 중요하다.

여러분이 인테리어 자재를 납품하는 업체라면 내 블로그 글을 관심 있게 봐줄 만한 사람들은 누구일까? 바로 인테리어 자재가 필요한 인테리어 업체나 셀프 인테리어를 하려는 사람들이다. 이런 사람들 중에 실제 블로그를 운영하고 있는 '실 활동 인원'을 찾아 이웃 작업을 하면 내 글에 대한 공감 및 댓글이 다른 이웃보다 훨씬 많이 달릴 것이다. 이 사람들은 업종 특성상 내 블로그 글에 관심이 있을 확률이 높으니 내 글을 더 꼼꼼하게 볼 것이고 그러면 체류 시간도 당연히 늘어날 것이다. 여기서 끝일까? 더 잘될 경우에는 매출로 이어지기도 한다. 그러므로 이웃 활동을 해도 블로그 인기도 지수에 도움이 되는 활동을 해야 한다. 이것이 매일 글을 작성하는 것보다 효과가 훨씬 더 좋을 수도 있다.

2. 글 인기도 지수

글 인기도 지수는 블로그 인기도 지수와 비슷해 보이지만, 보는 것이 조금 다르다. 블로그를 판단하는 것이 아니라 글 자체를 판단하는 지수이기 때문이다. 내가 올린 글 내용이 좋고, 내 블로그에 방문한 많은 사람이 오랜 시간 동안 내 글을 읽었으며, 댓글이나 공감 활동이 많아져야 글 인기도 지수가 상승한다. 글 인기도 지수가 많은 글이 블로그에 점차 쌓이면 블로그 인기도 지수도 상승한다. 다만 글 인기도 지수는 블로그 인기도 지수에만 영향을 주는 것이 아니다. 단일 포스팅인 글 인기도 지수가 높아지면서 다이아 알고리즘 때문에 내 블로그가 최적화가 아니어도 상위 노출되기도 한다. 그러므로 ==콘텐츠를 작성할 때는 글 인기도 지수에 맞는 포스팅 방법에 따라 글을 작성해야 한다.== 만약 블로그를 하는 목적이 '인플루언서'라면 글 인기도 지수를 최우선으로 두어야 한다.

3. 블로그 활동성 지수

블로그 활동성 지수는 블로그 운영 기간을 포함하여 게시글 수, 글쓰기 빈도, 최근 활동성 등을 보는 지표이다. 우리가 아직까지도 중요하게 생각하는 1일 1포스팅, 1일 2포스팅을 하는 이유가 블로그 활동성 지수를 얻기 위함이다. 이 지수를 높이려면 블로그 자체 활동을 많이 하면 된다. 한 마디로 노가다를 해야 한다는 것이다. 우리의 목적인 최적화/씨랭크 블로그를 만들려면 블로그 활동성 지수가 세 번째로 중요한 지수라는 것도 함께 기억해야 한다.

4. 글 주목도 지수

글 주목도 지수는 블로그 홈에서 '주목받는 글'과 같은 주목도 지수를 활용한다. 쉽게 말해서 에디터가 선택한 글인지, 블로그 홈에 노출되었는지가 중요하다. 또한 '블로그' 탭이나 '통합 검색' 탭에 노출되었을 때 얼마나 많은 사람이 관심을 보였는지 등도 중요하다. 글 주목도 지수를 높이려면 글 자체의 내용보다는 섬네일이나 제목에 더 신경 써야 한다. 글 주목도 지수 자체가 노출 대비 클릭률을 보는 지수이므로 클릭이 많이 일어나게 기획해야 한다.

머니코치의 돈이 되는 블로그 운영 NOTE

4대 지수 우선순위를 꼭 기억하자

네이버 블로그에 상위 노출하려면 포스팅뿐만 아니라 목적을 명확히 해야 하고 그에 맞는 지수를 올리는 것이 중요하다. 1일 1포스팅, 1일 2포스팅이 아예 틀린 말은 아니지만 우선순위를 다르게 해야 한다는 것이다. 앞에서 이야기한 네 가지 블로그 최적화 지수의 우선순위대로 블로그를 운영하지 않거나 지수를 골고루 쌓지 않는다면 이제 1일 1포스팅, 1일 2포스팅은 더 이상 의미가 없다. 이제는 우선순위를 다르게 생각해야 한다. 블로그를 운영할 때 네 가지 블로그 지수를 먼저 신경 쓰고, 1일 1포스팅, 1일 2포스팅을 실천하기를 바란다.

무료로 퍼주는 머니코치의 유튜브 영상 강의

1일 1포스팅, 1일 2포스팅? 매일 쓰기만 하니 블로그 최적화가 안 되지

지금까지 설명한 내용은 유튜브 〈머니코치 최준호〉 채널에서 동영상 강의로 제공하고 있으므로 QR 코드나 URL 링크로 접속해 온라인 마케팅 전문가 머니코치의 생생한 동영상 강의를 살펴보자.

🔗 https://youtu.be/fMpOpHb1dj4?si=JbpLvPQSktJBCdvM

SECTION 04

블로그 지수를 올리려면 네이버가 좋아하는 키워드를 써라

블로그를 잘 키우려면 네 가지 블로그 지수, 즉 '블로그 인기도 지수', '글 인기도 지수', '블로그 활동성 지수', '글 주목도 지수'에 신경 써야 한다. 이제는 1일 1포스팅이나 1일 2포스팅에 집착할 필요가 전혀 없고 블로그 4대 지수에 대해 생각하고 이것들을 골고루 높여야 한다. 이때 가장 중요한 존재는 '소비자'이다. 소비자가 내 블로그에 들어와 다양하게 활동해야 블로그 4대 지수도 골고루 상승하고 더 나아가 매출까지 발생하기 때문이다.

블로그 지수 상승에 유용한 키워드 추출 능력을 키우자

우리는 정보를 얻고 그것을 검증하기 위해, 그리고 구매하기 전에 네이버에 들어가 '검색'을 한다. 그리고 상품을 네이버 블로그나 카페 등 여러 채널에 들어가 원하는 정보를 얻는다. 자, 이쯤에서 우리가 '검색'을 하는 것에 대해 생각해보자. 우리가 네이버에서 어떤 검색어를 입력하고 네이버 블로그의 어떤 글을 클릭했을까? 검색하자마자 상단에 있는 글 중에서 눈에 확 띄는 것을 클릭하지 않았는가? 이것이 아니라면 맨 위에 있는 글부터 차례대로 클릭했을 것이다. 글은 몇 개 정도 확인했는가? 진짜 많아야 10~15개 정도일 것이다.

결국 내 블로그로 소비자들을 모이게 하려면 내 글이 '상위 노출'되는 것이 가장 중요하다.

아무리 콘텐츠가 좋아도 상위에 있지 않으면 소비자들은 내 글을 보지 못한다. 이렇게 된다면 네이버가 내 블로그를 판단할 수 없어서 블로그 지수도 상승하지 않는다. 블로그 지수가 상승해야 내 블로그, 즉 키워드를 상위 노출할 수 있고 더 나아가 최적화/씨랭크 블로그까지 만들 수 있으므로 블로그를 운영할 때는 항상 이 점을 꼭 기억해야 한다.

앞서 내 블로그 지수에 맞는 키워드를 잘 추출하는 것이 블로그 지수 상승에 도움이 된다고 설명했다. 그런데 대부분의 사람은 이런 것을 고려하지 않고 본인과 관련된 콘텐츠를 작성한다. '강남 성형외과', '홍대 맛집' 등과 같이 홍보성 키워드로만 글을 작성하는데, 과연 이런 키워드가 내 블로그 지수 상승에 도움이 될까? 아니다. 블로그 지수 상승에 도움이 되면서 네이버가 좋아하는 키워드는 따로 있다. 이들 키워드 중에서 내 블로그 지수에 맞는 키워드를 잘 추출하여 상위 노출해야 한다. 이것이 바로 블로그 지수 상승의 비밀이다. ==네이버가 좋아하면서도 내가 상위 노출할 수 있는 키워드! 이런 키워드들을 꾸준하게 발굴하여 작성해야 내 블로그 지수가 올라가고 상위 노출되어 방문자도 더 많아진다.== 심지어 네이버가 좋아하는 키워드여서 지수 상승에 도움이 되는 점수도 더 많이 받을 수 있다. 이렇게 점수가 쌓이면 나중에 내 상품이나 서비스에 관한 홍보성 글을 작성했을 때 상위 노출이 잘되니 검색 사용자들이 내 고객이 될 가능성도 높아진다.

네이버가 좋아하는 키워드

네이버가 좋아하는 키워드는 무엇일까? 이를 이해하려면 우선 네이버가 어떤 회사인지를 알아야 한다. 네이버는 광고 관련 매출이 전체 매출의 절반 이상을 차지할 만큼 광고에 대한 수익이 어마어마하다. 즉, 네이버는 광고비를 많이 벌어들이는 광고 회사인데, 우리는 블로그를 무료로 사용하고 있다. 공짜로 내 업체에 대한 홍보 글을 작성하고 있는 것이다. 그렇다면 이것으로 돈을 버는 사람은? 다름 아닌 내 상품이나 서비스를 홍보한 '나'다. 네이버에는 수익이 전혀 생기지 않는 구조이다.

네이버가 제재를 하지 않는다면 사람들은 당연히 네이버 광고 상품을 이용하지 않고 무료 광고를 할 수 있는 블로그로만 이용할 것이다. 이런 이유로 네이버에서는 주기적으로 네이버 광고 상품을 이용할 수 있도록 무료 홍보 블로그들을 걸러내고 있다. 하지만 모든 블로그에 대해 제재한다면 어떤 일이 일어날까?

블로그에 콘텐츠를 올리는 우리 같은 사람들은 아무리 글을 올려도 블로그가 성장하지 않으니 더 이상 콘텐츠를 생산해야 할 이유가 없어진다. 공급이 없다면 수요도 생기지 않는다. 이 말은 콘텐츠를 소비하는 소비자들도 떠나게 된다는 의미이므로, 결국 넓게 보면 네이버의 매출 감소로 이어진다. 네이버에서는 우리 같은 콘텐츠 생산자들이 네이버에 도움이 되기도하고, 네이버에게 손해를 끼치기도 하는 존재인 것이다. 이런 이유로 네이버는 자신들에게 도움이 되는 키워드와 도움이 되지 않는 키워드를 분석한다.

네이버가 도움이 되는 키워드를 작성하는 블로그에는 + 점수를, 그렇지 못한 블로그에는 – 점수를 주는 점수제를 도입했다. 여기서 도움이 되는 키워드가 바로 '블로그 지수 상승 키워드'로, 네이버 매출에 도움이 되면서도 소비자들에게 유익한 정보를 제공하는 키워드이다. 자, 이제 정답을 공개할 때가 되었다. 블로그 지수를 상승시키는 키워드는 '정보성 키워드'이다.

==정보성 키워드 추출 방법을 제대로 알아야 내 블로그 지수 상승에 도움이 되는 키워드를 활용해 내 블로그에 글을 작성할 수 있다.== 이것을 바탕으로 내 블로그가 성장하고 블로그가 성장함에 따라 경쟁이 센 키워드들도 점점 노출할 수 있게 된다. 많은 사람이 '왜 내 블로그에서는 키워드가 노출되지 않지?'라고 생각한다. 이유는 정말 간단하다. 블로그 지수가 낮기 때문이다. 내 블로그에서 키워드를 상위 노출하기 위해 블로그 지수를 높이려면 내 블로그 지수에 맞는 정보성 키워드를 추출하는 것이 핵심이다. 내 블로그에서 상위 노출하면서 네이버에게 점수까지 따는 정보성 키워드 추출 방법을 제대로 배워 이 지식을 바탕으로 블로그 지수를 높여야 한다.

정보성 키워드 추출, 이것 하나면 끝!

정보성 키워드를 추출하는 방법은 꽤 복잡하지만 본질을 생각하면 해결 방법은 쉬워진다. ==네이버는 광고 회사이므로 네이버에 해가 되지 않으면서 소비자들이 궁금해할 만한 키워드를 작성하면 된다.== 예를 들어, 내가 공인중개사라면 '안산 빌라', '안산 아파트 매매' 등과 같은 키워드를 작성하는 것이 아니라, 내 직업과 관련되어 소비자가 궁금해할 만한 키워드를 먼저 작성해 블로그 지수를 미리 높여 두는 것이다. '임야 양도세', '등기부등본 근저당'과 같은 키워드로 말이다. 이런 키워드가 정보성 키워드로, 정보성 키워드를 이용하는 것은 씨랭크 알고리즘, 즉 전문적인 블로그로 만드는 가장 기본적인 방법이다. 무조건적인 홍보성 글은 아무리 작성해도 네이버가 상위 노출해주지 않는다. 따라서 블로그 운영 초반에는 정보성 키워드를 활용해 네이버에게 신뢰를 얻어야 한다.

정보성 키워드들만 잘 추출해도 시작한 지 얼마 되지 않아 키워드가 상위 노출되는 것을 경험할 수 있다. 상위에 글이 노출되고 내 글을 보는 소비자들이 많아질수록 블로그 지수 상승에도 도움이 된다는 사실을 기억하자. 정보성 키워드야말로 네이버 매출을 건드리지 않으면서 소비자가 궁극적으로 궁금해하는 정보를 제공하는 요소이다.

머니코치의 돈이 되는 블로그 운영 NOTE

키워드를 추출하는 능력을 기르자

블로그 키워드를 추출하는 능력은 매우 중요하다. 물론 블로그 키워드를 추출할 때는 다양한 조건을 고려해야 하고 내 블로그 지수에 맞는 키워드를 추출할 수 있어야 한다. 또한 내 블로그 지수에 맞는 키워드를 잘 추출하고 상위 노출하려면 내 블로그 지수를 파악하는 방법에 대해서도 알아야 한다. 그런데 많은 사람이 이 부분을 간과하고 있어서 블로그가 잘 성장하지 못하는 것이다. 물론 블로그를 통한 매출도 발생하지 않으므로 지금부터라도 키워드의 중요성을 잘 이해하고 내 블로그에 적용해야 한다.

+ 점수를 받으면서 블로그 지수를 상승시키고 내 상품과 서비스에 대한 홍보성 글도 적절하게 작성한다면 금방 돈이 되는 블로그를 만들 수 있다. 즉 블로그에서 매출이 발생하는 것이다. 그러므로 블로그를 운영할 때는 키워드 추출을 잘해야 한다는 것을 항상 기억해라. 이 중에서도 지금 설명한 블로그 지수 상승에 도움이 되는 '정보성 키워드'를 추출하는 방법은 반드시 알아야 한다. 이 내용만 잘 알고 실천해도 웬만한 블로그 강사보다 낫다.

SECTION 05

블로그 지수 상승을 위한 세 가지 버튼 '스, 댓, 공'의 비밀

블로그 지수를 상승시키려면 키워드를 잘 잡는 것이 중요하다. 그것도 내 블로그에서 띄울 수 있는 키워드를 잡는 것 말이다. 이때는 블로그 지수를 상승시킬 수 있는 정보성 키워드를 써야 한다. 그렇다면 여기서 다음과 같은 궁금증이 생길 것이다.

'블로그 지수를 올리는 방법은 키워드만 잘 잡으면 되는 것일까?'
'블로그 이웃 활동은 안 해도 되는 것일까?'

블로그 지수를 올리고 싶은 사람들뿐만 아니라 블로그 지수를 높여도 상위 노출이 안 되는 이유를 찾는 사람들이 잘 모르는 세 가지 버튼이 있다. 심지어 이들 세 가지 버튼이 무엇인지 알아도 이 버튼을 잘못 사용하는 경우가 상당히 많다. 무분별한 지식을 습득해서 제대로 적용하지 못하는 것이다.

블로그 지수를 상승시키는 비밀 버튼, '스, 댓, 공'

블로그를 운영하고 있는 사람들이 놓치고 있는 세 가지 비밀의 버튼은 바로 '스크랩'('공유하기'와 같은 말, 이하 '스크랩'으로 통일), '댓글', '공감' 버튼으로, 줄여서 '스, 댓, 공'이라고 한다. 이 세 버튼에 대해서는 의견이 매우 다양하다. '스, 댓, 공'을 너무 과하게 써서 효과가 없거나, 아예 신경을 안 써서 효과를 느끼지 못하는 경우이다. 하지만 내가 명확하게 이야기하자면 '스크랩', '댓글', '공감'은 각자 역할이 있고 이 버튼은 블로그를 상위 노출하는 데 도움이 되므로 세 버튼의 원리를 깨닫고 적절히 사용하는 것이 가장 중요하다. 많은 사람이 이 세 버튼이 블로그 지수에 도움이 된다고 하여 품앗이를 하거나 무분별하게 사용하기도 한다. 하지만 언제나 너무 과한 것은 오히려 도움이 안 된다. 과유불급(過猶不及)하지 않도록 주의하자.

네이버 초창기에는 아무것도 안 하고 블로그 글만 꾸준히 써도 최적화 블로그가 되었다. 그래서 이때는 블로그를 시작한지 40~90일 정도만 되어도 최적화 블로그가 될 수 있었다. 무조건 글만 쓰면 최적화 블로그가 되던 시기여서 이때 1일 1포스팅, 1일 2포스팅을 꾸준히 해야 한다는 이야기가 나온 것이다.

또한 이전에는 검색엔진 최적화(SEO)를 위해 검색 결과를 상위에 노출하기 위해 의도적으로 부적절한 방법을 사용하는 어뷰징(Abusing) 개념도 없었다. 그래서 스크랩, 댓글, 공감을 달기만 하면 네이버 봇이 좋은 글이라고 판단해 상위 노출해주기도 했다. 이런 이유로 일반인들이 쓰는 글이 노출되지 않고 대행사들의 글만 노출되었다. 네이버 검색 로직이나 어뷰징 개념을 알고 있는 대행사들이 여러 개의 아이디를 이용해서 순위권에 글을 노출하자 일반인들의 글은 20위권 안에서 보이지 않게 된 것이다. 네이버에서는 큰일이었다. 네이버 사용자들이 양질의 정보를 얻을 수 없어 네이버를 떠나기 시작했기 때문이다. 그래서 우리가 잘 알고 있는 씨랭크 알고리즘과 다이아 알고리즘이 들어오기 시작했고 점수표를 세분화하면서 '블로그 4

대 지수'가 탄생한 것이다.

블로그 지수가 세분화되어 있지 않았을 때는 스크랩, 댓글, 공감을 달기만 하면 네이버가 좋은 글, 좋은 블로그라고 판단했지만, 지금은 아니다. 블로그 지수가 네 가지로 세분화되면서 이제는 스크랩, 댓글, 공감의 역할이 모두 달라졌다. 하지만 이 개념을 정확히 모르는 사람들은 아직도 스크랩, 댓글, 공감을 과대평가하면서 남발하고 있거나, 과소평가해서 안 해도 된다고 생각하는 것이다. 현재 상황에서 스크랩, 댓글, 공감은 '블로그 4대 지수' 중 어떤 것과 관련이 있는지, 그리고 이것을 어떻게 활용해야 하는지 정확히 정리해보겠다.

스크랩

스크랩은 블로그 4대 지수 중 '글 인기도 지수'와 관련이 있다. 즉, 쉽게 말해서 스크랩은 '글 자체를 판단하는 버튼'이라고 할 수 있으며 하나의 글에 대해서 상위 노출에 영향을 준다.

스크랩, 이것만 지키자

① 공통 주제로 많이 스크랩한 블로그에서 스크랩한다

우리가 글을 작성하면 이 글에 대한 스크랩이 얼마나 발생할지 생각해보자. 사실 거의 없을 것이다. 이 말은 우리가 순위 상승을 원하고 글을 작성했다면 이 글에 인위적으로 스크랩을 넣어야 한다는 것을 의미한다. 이때 관심사가 같은 공통 주제, 분야의 글을 많이 스크랩한 블로그에 스크랩해야 상위 노출에 유리하다.

지금 네이버 블로그는 인구통계학적 타깃팅과 관심사 타깃팅을 섞어서 노출하고 있는 추세이므로 이와 관련된 블로그 계정으로 스크랩하는 게 좋다. 예를 들어, 여러분이 제주도에 놀러 가기로 했다고 생각해보자. 그러면 '제주도 항공권', '제주도 맛집', '제주도 관광지' 등과 같은 글을 블로그에서 찾아볼 것이다. 그리고 마음에 들면 내 블로그에 스크랩한 후 카카오톡 등을 이용해서 연인이나 가족과 함께 공유할 것이다. 사람들의 패턴은 거의 비슷하다. 하나의 관심사에 꽂히면 이와 관련된 내용을 수집하므로 이것을 역이용해서 스크랩을 넣으면 된다.

콘텐츠를 발행할 블로그는 '스크랩 대상 블로그', 스크랩을 해가는 블로그는 '스크랩해가는 블로그'라고 해보자. 11월 20일에 '용인 맛집'이라는 키워드를 띄워야 한다면 이 날 '스크랩 대상 블로그'에 '용인 맛집' 키워드로 글을 작성하는 것이다. 이것을 미리 생각하고 계산해 '스크랩해가는 블로그'에 1~4일 동안 '용인 맛집', '용인 관광지', '용인 데이트' 코스 등과 같은 다른 사람들의 글을 미리 스크랩해둔다. 네이버 봇이 봤을 때 '아, 얘는 용인에 진심이구나!' 싶을 정도로 말이다. 그리고 '스크랩 대상 블로그'에 예정대로 11월 20일에 '용인 맛집'이라는 키워드로 글을 작성한 후 이미 관련된 콘텐츠가 스크랩되어 있는 '스크랩해가는 블로그'에서 '스크랩 대상 블로그'에 작성한 11월 20일 '용인 맛집' 글을 스크랩한다. 이렇게 하면 '용인 맛집' 글의 순위가 급상승한다.

② 다양한 아이디, 서로 다른 아이피(IP), 깨끗한 쿠키값으로 스크랩한다

스크랩은 단 한 번만으로도 상위 노출되는 경우가 있지만, 대부분은 두 개 이상의 스크랩을 해야만 글 순위가 상승하는 효과를 볼 수 있다. 두 개 이상 스크랩할 때 한 아이디로 두 번 스크랩하는 것은 의미가 없다. 또한 여러 아이디를 가지고 한 아이피에서 스크랩해도 소용이 없고, 여러 아이디나 아이피로 바꿔서 스크랩해도 같은 브라우저로 하면 소용이 없다. 왜냐하면 같은 브라우저에서 쿠키값이나 인터넷 사용 기록이 같다면 같은 사람이 한 같은 활동으로 보기 때문이다. 이때는 쿠키값을 삭제해야 한다. 따라서 다양한 아이디와 서로 다른 아이피, 깨끗한 쿠키값으로 스크랩해야 한다는 것을 항상 기억하자.

③ 모든 글에 스크랩하지 않는다

아무래도 스크랩을 하면 글 순위가 상승하는 효과를 볼 수 있으니 이것에 현혹되는 경우가 상당히 많다. 그래서 이러한 유혹을 이기지 못하고 내가 작성하는 글마다 무조건 다 스크랩을 하기도 한다. 하지만 이것은 네이버 정책에 어긋나는 행위임을 반드시 기억하자. 네이버 정책상 반복적으로 규칙이 발생하는 스크랩은 인위적으로 순위 상승을 하려고 하는 어뷰징 행위로 간주한다. 어뷰징할 때 스크랩 효과를 못 볼 수도 있고 내 블로그가 어뷰징하는 블로그로 낙인 찍혀서 결국 블로그 품질까지 떨어질 수 있다. 그러므로 스크랩은 모든 글에 하지 말고 내가 꼭 순위에 띄우고 싶은 글(검색량이 많은 글, 내게 돈을 직접적으로 벌어다 줄 수 있는 홍보성 글)에만 넣는 것을 권장한다. 당장의 욕심으로 모든 글에 스크랩할 필요가 없다.

공감과 댓글

공감과 댓글은 블로그 4대 지수 중 '블로그 인기도 지수'와 관련이 있다. 한 마디로 공감과 댓글은 '블로그 자체를 판단하는 버튼'이다.

블로그가 상위 노출되는 조건은 다음 두 가지로 정리할 수 있다.

❶ 블로그 지수가 높을 때
❷ 글 자체가 사용자에게 적합한 글이라고 네이버 봇이 판단할 때

이 말을 종합해보면 블로그 지수를 높이는 것도 중요하고 글 자체의 지수도 높여야 한다는 것이다. 이 중 블로그 지수를 높일 수 있게 도와주는 것은 바로 '공감'과 '댓글'이고 글 자체의 지수를 높이는 것은 '스크랩'이다. 하지만 지금은 공감과 댓글이 많이 달려도 그 글이 상위 노출되지 않는다. 왜냐하면 공감과 댓글은 글 자체에 점수를 주는 버튼이 아니라 블로그 자체의 점수를 높이므로 그 순위가 곧바로 반영되지 않기 때문이다.

글 순위가 즉시 상승하는 것은 아니지만, 공감과 댓글이 꾸준히 쌓이면 내 블로그 점수가 올라가 내 블로그에 있는 글의 전체적인 순위가 올라간다. 즉, 공감과 댓글은 블로그 지수를 높이므로 내가 앞으로 작성할 키워드의 순위가 조금씩 올라가게 되는 것이다. 이에 비해 스크랩은 글 자체에 점수를 주므로 글 순위에만 영향을 끼치고 블로그 지수가 상승하는 것이 아니다.

좀 더 쉽게 이해해보자. 내가 블로그에 '예쁜 텀블러'라는 키워드로 글을 작성했다. 이 글을 작성했을 때 원래는 5위에 노출되어야 했는데, 스크랩 된 경우라면? 블로그 4대 지수 중 '블로그 활동성 지수', '블로그 인기도 지수'로 판단했을 때는 5위가 정상이다. 하지만 스크랩 된 순간에는 '글 인기도 지수'가 올라가므로 기존에 노출되어야 하는 5위보다 좀 더 높게 나타날 것이다. 그런데 이 스크랩은 블로그 자체의 지수를 올리지는 않으므로 일일 방문자나 키워드의 순위가 올라가지 않는다. 한 마디로 블로그 지수에는 영향을 주지 않는다. 그렇다고 글 순위를 올리고 싶어서 글을 작성할 때마다 매번 스크랩한다? 이 경우에는 어뷰징 행위에 걸려 저품질 블로그가 되고 영영 돌아올 수 없는 강을 건너게 되니 과한 욕심은 부리지 말자.

"어? 저는 공감, 댓글만 했는데 글 순위와 블로그 지수가 올라갔는데요?"

이렇게 이야기하는 사람들이 있다. 이때는 '스크랩'과 '댓글', '공감' 중 어떤 버튼이 영향을 준 것일까? 공감과 댓글이 달려서 블로그 지수가 상승한 것이고 블로그 지수가 상승함에 따라 글의 순위도 올라간 것이다.

"어? 저는 스크랩만 넣었는데도 블로그 지수가 올라갔는데요?"

이것은 어떤 경우일까? 바로 스크랩이 특정 글에 영향을 주어 그 글이 상위 노출된 것이다. 그리고 그 상위 노출된 키워드와 연관된 콘텐츠를 미리 블로그에 작성했으므로 연계 콘텐츠 소비, 체류 시간 증가 등으로 블로그 지수가 상승한 것이다. 이것이 바로 블로그를 운영하는 사람들이라면 한 번쯤 들어봤을 만한 스크랩, 댓글, 공감의 원리와 본질이다.

올바른 공감과 댓글 작성, 이것만 지키자

① 모든 글에 인위적으로 공감과 댓글을 절대 넣지 않는다
공감과 댓글은 어차피 단기간 안에 블로그 글의 순위 상승에는 도움이 되지 않는다. 또한 스크랩처럼 글 자체만으로 상위 노출에 당장 도움이 되는 것도 아니다. 그러므로 공감과 댓글은 인위적으로 넣지 말고 자연 트래픽과 실제 활동 인원 위주로 넣는 것을 목표로 해야 한다.

② 체류 시간에 신경 쓰지 않는다
가끔 유튜브 영상을 보면 '공감, 댓글이 많아도 체류 시간이 짧다면 오히려 독이 된다.'고 이야기하는데, 이것은 사실이 아니다. 공감, 댓글과 체류 시간의 점수표는 별도이고 아무런 상관이 없으니 공감과 댓글은 최대한 많이 받는 것이 좋다.

③ 공감과 댓글을 많이 받되 그 글에 관심을 보일 사람에게 많이 받는다
공감과 댓글은 다다익선(多多益善)으로 많이 받을수록 유리하다. 하지만 공감과 댓글은 무작위로 받는 것보다 내가 작성한 글에 관심을 보일 만한 사람들에게 받는 것이 훨씬 좋다. 공감과 댓글에 들어가는 키워드뿐만 아니라 그 사람이 과거에 눌렀던 공감과 댓글 기록 등이 내 블로그 지수에 영향을 주기 때문이다. '지수에 영향을 준다'는 말은 무엇일까? 무작위로 받는 공감과 댓글이 +1점이라면 진짜 해당 글에 관심이 있을 만한 사람들에게 받는 공감과 댓글은 +4점, +5점이다.

아무래도 해당 글에 관심이 있는 사람들은 댓글을 무성의하게 작성할 확률이 낮다. 본인이 관심 있는 분야이므로 댓글 하나를 써도 키워드를 넣어 정성껏 작성한다. 내 블로그 글에 관심이 있는 사람들은 자신의 관심 분야이니 기존에 이미 비슷한 유형의 글을 많이 보았을 것이므로 네이버는 이들의 공감과 댓글 활동이 소비자에게 더 적합한 글이라고 판단할 수 있다. 이런 이유로 공감과 댓글도 내 글에 정말 관심을 가질 만한 사람들에게 받는 것이 좋다.

내 글에 관심이 있을 만한 사람들을 찾는 가장 쉬운 방법은 우선 내 블로그에 글을 작성한 후 공감과 댓글 작업을 하는 것이다. 이렇게 해야 내가 작성한 글과 관련된 사람들을 쉽게 모을 수 있다. 무작위로 이웃 작업을 한 후 '암보험'에 대한 글을 쓰는 것보다, '암보험'이라는 글을 쓰고 나서 이 글에 관심을 가질 만한 사람들에게 찾아가 이웃 추가를 하는 것이다. 네이버 카페를 포함해서 네이버에는 이미 그 글에 관심 있는 사람들이 있으므로 이들을 어떻게 내 블로그로 데려오고 공감과 댓글을 끌어낼 수 있는지 생각해야 한다.

지금 설명한 내용이 스크랩, 댓글, 공감(스, 댓, 공)의 진정한 의미와 활용 방법이다. 아마 스, 댓, 공의 과거와 현재 효과뿐만 아니라 어떻게 활용해야 하는지에 대해 안 것도 처음일 것이다. 그래서 이 내용에 익숙하지 않아 처음에는 적용하는 시간이 오래 걸리거나 많이 어렵게 느껴질 수도 있다.

하지만 이러한 작업을 꼭 해야 블로그 지수 상승에 도움이 되고 우리가 목표하는 최적화 블로그까지 좀 더 빠르게 다가갈 수 있다. 그러므로 다른 사람들보다 앞서 나가기 위해 지금 자세히 설명한 '스크랩', '댓글', '공감'은 꼭 제대로 알고 실천해야 한다. 특히 다른 사람들보다 블로그를 조금 늦게 시작했다면 지금부터라도 이들 세 가지 버튼을 잘 활용해야 오래 운영한 블로그를 이길 수 있다는 사실을 꼭 명심하자.

머니코치의 돈이 되는 블로그 운영 NOTE

고급 지식으로 내 블로그를 성공시키자

블로그 이웃 활동도 블로그 지수 상승을 위해 중요하다. 사실 지금 블로그 이웃 활동에 대한 이야기는 어려울 수 있다. 그래도 지금까지 어디서도 듣지 못했던 중요한 정보를 최대한 자세하게 설명했으니 내 지식이 업데이트되는 기쁜 순간이라고 생각하자. 심지어 이 내용은 유튜브나 다른 강사들의 유료 강의에서 한 번도 들어본 경험이 없을 것이다. 따라서 대부분의 블로그 강사들은 이러한 과정과 원리를 모르므로 결과에 대해 설명하지 못해서 단지 자기가 말하는 대로만 따라 하라고 한다.

하지만 결과가 중요한 것이 아니다. 과정을 제대로 알아야 우리가 트래킹해서 정확한 결과를 알 수 있고 이것에 대한 설명도 할 수 있는 것이다. 스크랩, 댓글, 공감(스, 댓, 공)은 어떻게 효율적으로 활용하는 이번 내용을 잘 이해한다면 대한민국 상위 10% 안에 들어가는 블로그 고급 지식을 얻게 되는 셈이다.

무료로 퍼주는 머니코치의 유튜브 영상 강의

블로그 지수를 올리는 세 가지 비밀 버튼으로 합법적 어뷰징 가능할까?

지금까지 설명한 내용은 유튜브 〈머니코치 최준호〉 채널에서 동영상 강의로 제공하고 있으므로 QR 코드나 URL 링크로 접속해 온라인 마케팅 전문가 머니코치의 생생한 동영상 강의를 살펴보자.

🔗 https://youtu.be/touskV4CqV4?si=s8XHUUcJC16KwbWq

SECTION 06

블로그 지수를 상승시키는 글쓰기 비법

블로그 지수를 상승시키는 방법은 다양하다. 블로그 지수에 도움이 되는 '정보성 키워드'를 작성하는 것이 가장 대표적이고, 스크랩, 댓글, 공감 등의 이웃 활동을 하면 지수를 상승시킬 수 있다. 그렇다면 이것만 하면 되는 것일까? 아니다. 블로그는 글을 쓰면서 다른 사람들과 소통하는 공간이다. 따라서 블로그의 가장 기본인 콘텐츠를 잘 만들어야 한다. 소비자들을 내 블로그로 끌어오려면 좋은 콘텐츠를 만들어야 할 뿐만 아니라 내 블로그에 오래 머물면서 체류 시간이 늘어나게 연쇄 콘텐츠 소비까지 할 수 있게 하면 더욱 좋다.

소비자가 궁금해하고 네이버가 좋아하는 주제

소비자들을 내 블로그로 끌어오려면 소비자들이 무엇을 궁금해하는지에 대해 생각해보는 것이 중요하다. 그리고 이것과 관련된 것들을 내 블로그 지수에 맞는 키워드로 추출한 후 글을 작성하면 된다. 물론 이때도 내 업종에 맞는 키워드를 추출해야 한다는 것을 잊지 말자. 지금 이 책을 읽는 여러분의 목표는 '돈이 되는 블로그', '최적화 블로그', '씨랭크 블로그'를 만드는 것이므로, 이것이 전제 조건이다.

내 블로그로 사람들을 많이 끌어모으고, 이에 따라 다양한 활동이 일어나게 하며, 블로그 지수를 상승시키려면 키워드를 잘 선정하는 것이 매우 중요하다. 이렇게 하려면 ==내 블로그 지수에 맞으면서 소비자들과 네이버가 좋아하는 키워드를 선정하고 여기에 맞게 글을 잘 써야 한다.== 그래야 상위 노출이 잘되고 이에 따라 블로그 지수가 상승해 나중에는 우리가 목표하는 '최적화/씨랭크 블로그'를 만드는 것에 더욱 가까워진다.

네이버는 정보성 키워드를 좋아한다. 이 분야, 저 분야에 대해 다양하게 글을 쓰는 블로그보다 한 분야에 특화된 정보성 콘텐츠를 발행하는 블로그를 좋아한다. 이 내용은 맨 처음부터 이야기했으므로 이제 여러분도 잘 알고 있을 것이다. 그래도 나는 계속 강조할 것이다. 왜냐하면 한 분야에 대한 주제를 꾸준히 잡고 글을 쓰는 게 어렵기도 하고 이것이 바로 우리가 이루려고 하는 '최적화/씨랭크 블로그'의 핵심이기 때문이다.

콘텐츠 생산자는 네이버 직원이다

많은 사람이 블로그 콘텐츠를 발행할 때 자신들이 네이버의 사용자라고 생각한다. 그런데 충격적인 사실은 블로그에 글을 쓰는 사람들은 네이버 사용자가 아니다. 그러면 무엇일까? 네이버의 콘텐츠 생산자들, 좀 더 쉽게 설명하면 네이버의 소속 직원이다. 네이버 정책에 맞게 블로그 운영을 잘한다면 '상위 노출'이라는 상을, 반대로 네이버 정책에 어긋나 네이버에게 손해를 입혔다면 '저품질'이라는 벌을 받는 것이다.

우리 회사에 잡다하고 다양한 일을 하는 직원과 디자인만 전문으로 기획하는 직원이 있다고 생각해보자. 이때 내가 운영하는 평소 매출의 절반 이상을 차지하는 빅 고객의 디자인 기획을 직원에게 맡겨야 한다면 어떤 직원에게 맡기겠는가? 답은 안 봐도 뻔하다. 디자인 기획만 전문으로 하는 직원이다. 왜냐고? 일을 잡다하게 하는 직원은 여러 가지 일을 하므로 전문 지식이 얕을 것 같은 느낌이 들기 때문이다. 반대로 디자인 기획만 전문으로 하는 직원은 어떨까? 아무래도 한 분야에서 오랜 시간 일하다 보니 '일을 잡다하게 하는 직원과는 뭐가 다르겠지.'라고 생각하면서 그만큼 성과가 더 나올 것이라고도 기대한다.

네이버도 마찬가지다. 네이버에게 블로그를 운영하는 사람들은 단순히 블로그를 사용하는 '사용자들'이 아닌 자신들의 콘텐츠를 채워주는 '콘텐츠 생산자들'이다. 이런 이유로 한 분야에 대해 꾸준히 글을 발행해온 블로그들에게는 그 분야의 키워드를 더 유리하게 노출해주는데,

이것이 바로 씨랭크 로직이다. 씨랭크 로직은 그 분야의 '전문성'을 보는 것이라고 생각하면 쉽게 이해할 수 있다.

소비자가 관심 있고 시장이 원하는 콘텐츠를 작성하자

블로그 지수를 올리는 데 도움이 되는 '정보성 키워드'로 글을 작성해도 내가 글을 쓰고 싶은 키워드를 작성하는 게 아니라 네이버가 좋아하는 키워드를 추출해야 한다. 그런데 네이버가 좋아하는 키워드만 추출해야 할까? 이건 또 아니다. 정답은 네이버가 좋아하면서도 소비자가 궁금해할 만한 키워드를 추출해야 한다. 좀 더 쉽게 말하자면 소비자가 관심 있어 할 만한 콘텐츠를 작성해야 한다는 것이다. 이렇게 해야 내 블로그의 일일 방문자 수와, 조회 수뿐만 아니라 블로그 지수가 상승하는 선순환이 발생한다.

아파트 상가에 입점하는 가게를 창업하겠다고 마음먹었다고 가정해보자. 이때 매출을 올리려면 어떻게 해야 하는가? 내가 원하는 아이템으로 시장 조사 없이 그냥 창업하면 될까? 이것은 망하는 지름길이다. 아파트 상가에 어떤 형태든지 가게를 차리려면 그 아파트 사람들뿐만 아니라 근처에서 올 수 있는 사람들까지 생각하고 그 지역 사람들이 가장 원하고 필요로 하는 것이 무엇인지 생각한 후에 그 아이템으로 창업해야 한다. 이렇게 해야 내 가게의 방문률이 높아지고 자연히 매출이 상승하는 것이다. 돈을 벌고 싶으면 내가 원하는 것을 하는 게 아니라 시장이 원하는 것을 해야 함을 꼭 명심하자.

사실 많은 사람이 이 내용을 머리로는 이해하지만, 막상 창업할 때가 되면 '내가 좋아하는 것을 소비자들도 좋아하겠지.'라고 생각하는 경우가 많다. 그리고 시장 조사 없이 단지 내가 꿈꿔왔던 순간이니 내 마음대로 하는 창업자도 많은데, 이것은 정말 큰 오류이다. 창업할 때는 반드시 시장 조사를 해야 한다. 나의 타깃이 될 사람들이 무엇을 원하는지, 어떤 것이 불편했는지 등을 꼼꼼하게 준비해야 성공할 수 있다.

블로그도 마찬가지다. 내 블로그로 사용자들을 끌어오고 이들의 좋은 반응을 얻어 블로그 지수를 상승시키려면 네이버가 좋아하면서도 소비자들이 원하는 키워드를 추출해야 한다. 이렇게 해야만 노출에 유리할 뿐만 아니라 블로그 성장에도 도움이 된다. 그러면 소비자도 자연히 많이 유입되면서 내 상품이나 서비스를 좀 더 수월하게 판매할 수 있다. 이미 타깃 고객들이 내 블로그에 방문하여 내가 올린 다른 콘텐츠를 보고 나 또는 브랜드에 대한 신뢰감을 느낄 수 있기 때문이다. 그리고 이러한 신뢰감은 전환으로 이어지기 쉽다.

머니코치의 돈이 되는 블로그 운영 NOTE

키워드는 어떻게 추출해야 할까?

내가 글을 쓸 주제, 즉 키워드를 추출할 때는 블로그 지수 상승에 도움이 되는 '정보성 키워드'이면서 동시에 내가 운영하는 블로그 운영 주제와 일치해야 한다. 그리고 이렇게 추출하는 키워드는 내가 아니라 소비자들이 원하는 주제여야 한다는 것을 명심해야 한다.

그렇다면 이런 주제는 어디에서 찾을 수 있을까? 아무래도 이런 키워드의 원재료를 뽑는 것이 블로그 운영에서 가장 어려운 부분일 것이다. 실제로 내가 컨설팅이나 강의, 강연할 때도 키워드는 어디에서 어떻게 추출하냐는 질문을 많이 듣는다. 하지만 이 책을 읽는 여러분은 걱정하지 마라. 바로 다음 CHAPTER에서 그 해답을 찾을 수 있을 것이다.

CHAPTER 03

네이버 블로그 키워드를 추출하는 방법

SECTION 01

블로그는 키워드 싸움! 키워드 경쟁력을 제대로 파악해라

우리의 목적은 돈이 되는 블로그, 최적화/씨랭크 블로그를 만드는 것이다. 이렇게 키운 블로그를 통해 매출 상승을 꿈꾼다. 그런데 이제 막 블로그를 시작한 단계라면 아무래도 오랜 시간 동안 운영한 블로그들을 이기기가 어렵다. 블로그를 시작한 지 시간이 흘렀어도 블로그를 어떻게 키워야 하는지 잘 모르면 노출이 잘 안 되는 것도 마찬가지다. 그 결과, 내 목표와는 점점 더 멀어지고 결국 블로그에 점점 소홀해지는 경우 많다.

사용자들을 블로그로 끌어오는 게 관건!

우선 블로그를 운영할 때 중요한 것은 '꾸준함'이다. 아무리 힘들어도 주기적으로 콘텐츠를 생산해서 애지중지 키워야 한다. 하지만 이것보다 더 중요한 것이 있다. 모든 일에는 순서가 있듯이 블로그도 마찬가지다. 아무것도 모르고 블로그를 꾸준히 운영만 한다면 성장하지 못해 언젠가 지치게 된다. 그러므로 블로그가 잘 클 수 있는 방향을 알아보고 꾸준히 운영해야 한다.

블로그를 '꾸준히' 운영하기 전에 우리가 먼저 신경을 써야 하는 것은 무엇일까? 특히 늦게 시작한 블로그일수록 더 집요하게 파고들어야 하는 것이 무엇일까? 그것은 바로 사용자들을 내 블로그로 이끄는 것이다. '블로그 4대 지수'는 내 블로그에서 사용자가 활동해야 판단할 수 있다. 그러므로 내 블로그의 콘텐츠를 보고 스크랩, 댓글, 공감과 같은 이웃 활동을 해줄 수 있는 사용자들을 우선 모으는 것이 중요하다. 신생 블로그라면 내 블로그에 놀러 오는 이웃도 없고 노출도 안 된다. 결국 신생 블로그의 관리는 처음부터 모든 걸 스스로 해야 하는 인내의 과정이다. 물론 사용자들이 내 블로그에 오도록 내가 먼저 이웃 활동을 하는 방법도 있다. 그런데 무작위로 하는 것보다는 내 글에 관심을 가질 만한 사람들에게 가서 이웃 활동을 하는 것이 더 좋다. 내 콘텐츠에 관심을 가질 만한 사용자들을 만나려면 내 업종에 관련된 글을 먼저 작성하고 이 글에 관심을 가질 만한 사람들을 찾는 것이다. 그렇다면 이제는 글을 작성하는 것에 집중해보자.

글을 쓸 때는 사용자들의 니즈를 단어로 생각해보자

글을 작성하기 위해서 가장 먼저 해야 하는 것은 글의 주제를 정하는 것이다. 글의 주제를 정하려면 우리가 네이버에서 어떤 활동을 하는지 생각해야 한다. 우리는 네이버에서 어떤 활동을 할까?

우선 우리는 궁금한 것이 있으면 네이버에 들어와 '검색'을 하고 블로그 글을 살펴본다. 사람들이 '검색'이라는 활동을 할 때 '라섹 수술 부작용이 궁금해요.' 이런 식으로 검색할까? 아니다. '라섹 수술 부작용'과 같이 간단하게 단어로 검색한다. 이 말은 무엇일까? 내 블로그로 사용자들을 끌어오려면 사용자가 검색할 만한 키워드를 잘 추출해야 한다는 것이다.

내 블로그 지수에 맞는 키워드를 쏙쏙 추출하자

블로그를 잘 운영하려면 키워드를 제대로 추출하는 것이 매우 중요한데, 생각보다 많은 사람이 이를 간과하고 있다. 또는 키워드 추출 방법을 잘 모르므로 내 블로그에서 절대 띄울 수 없는 키워드들을 고집한다.

내 블로그에 내 업종과 관련된 키워드들을 생각나는 대로 다 써도 안 되고 무작위로 사용해도 안 된다. 키워드를 추출할 때는 내 블로그에서 띄울 수 있을 만한 키워드를 잘 생각해야 한다. 이때 키워드 경쟁력을 파악하는 능력이 필요하다.

가끔 "자동 완성이 없으면 그것은 쉬운 키워드니까 신생 블로그에서는 이런 키워드를 쓰세요.", "검색량이 낮으면 신생 블로그들이 띄울 수 있는 키워드입니다. 이것을 사용하세요."와 같은 허무맹랑한 이야기도 들린다. 키워드 경쟁력은 이렇게 파악하는 것이 아니다. ==키워드 경쟁력을 제대로 파악하려면 검색량이나 자동 완성 유무 등을 살펴보는 것이 아니라 '상위 노출' 되어 있는 블로그들을 살펴봐야 한다.==

쉬워 보이는 키워드도 씨랭크 키워드일 수 있다

자, 좀 더 쉽게 이해하기 위해 실제 예시를 살펴보겠다. '라섹수술추천' 키워드의 경우를 살펴보자. 이 키워드는 자동 완성이 없어서 실력이 부족한 블로그 강사들이 말하는 아주 쉬운 키워드에 해당한다.

연관키워드	월간검색수	
	PC	모바일
라섹수술추천	< 10	10

▲ '라섹수술추천' 키워드 검색량 – 네이버 검색 광고 화면

심지어 '라섹수술추천' 키워드는 PC에서 검색되는 정도가 월간 10회 미만으로, 검색량도 없다. '와, 이거 완전 쉬운 키워드잖아!'라는 생각이 저절로 드는데, 그렇다면 이 키워드를 신생 블로그에서 무리 없이 띄울 수 있을까? 오른쪽의 그림은 2024년 7월 2일 기준으로 네이버에서 키워드 '라섹수술추천'을 검색한 화면이다.

노출되어 있는 블로그들은 모두 씨랭크 블로그로, 최소한 내 블로그가 병원 관련 씨랭크는 되어야 띄울 수 있다. 키워드 경쟁력은 이렇게 파악하는 것이다. 신생 블로그에서 이런 씨랭크 키워드들을 계속 써봤자 좋을 건 하나도 없다. 신생 블로그에서 이런 키워드를 작성하는 것 자체가 좋지 않을 뿐만 아니라 작성해도 노출되지 않으니 그냥 시간만 날리는 것이다. 이런 행동은 오히려 저품질 블로그로 빠르게 가는 지름길이다. 결국 내 블로그 지수에 맞는 키워드를 제대로 추출하는 것이 가장 좋다.

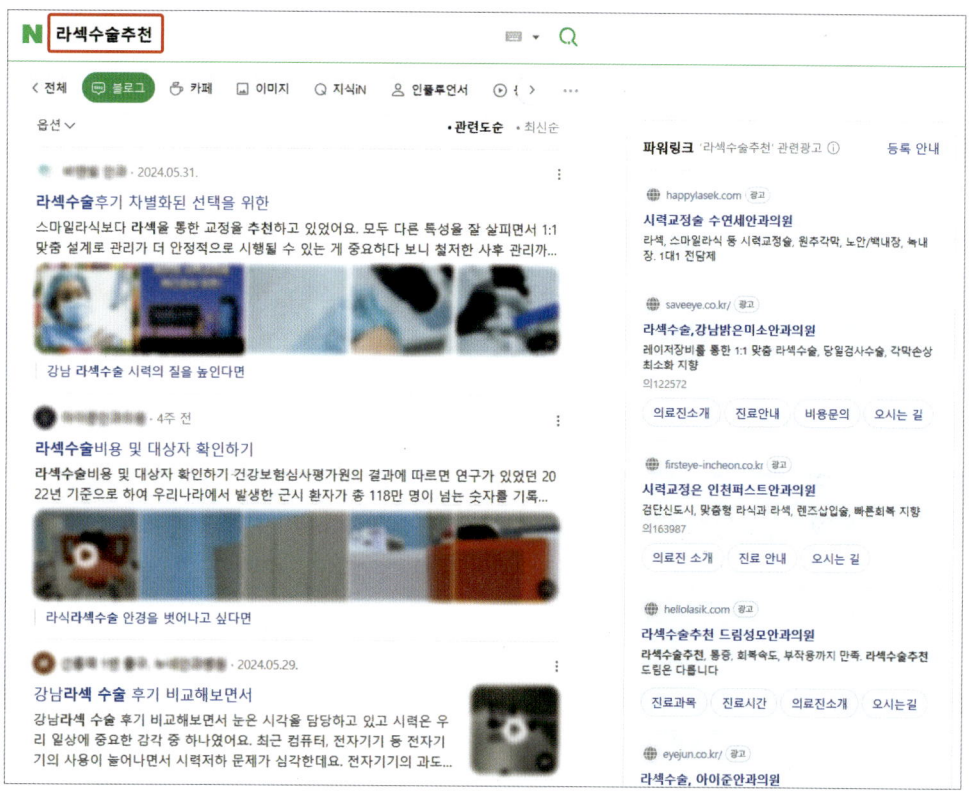

▲ '라섹수술추천' 키워드를 검색할 때 표시되는 블로그 검색 화면

상위 노출 블로그를 보고 키워드를 추출하자

키워드 검색량이 월 100건이 안 되어도 1~10위 블로그들이 씨랭크 블로그라면 신생 블로그로는 띄울 수 없는 키워드이다. 검색량이 월 1,000건 이상이라도 1~10위 블로그들이 준최적화도 안 되는 블로그들이라면 해볼 만하다. 키워드 경쟁력은 '상위 노출'되어 있는 블로그들을 살펴보고 파악하는 것이지, 검색량이나 자동 완성, 연관 검색어 등으로 파악하는 것이 아니다.

내가 노출하려는 키워드에 노출되어 있는 블로그들을 살펴본 후 키워드의 사용 유무를 정해야 한다. 즉, 키워드 경쟁력을 제대로 파악한 후 내 블로그의 경쟁력도 정확하게 파악하여 노출될 수 있는 키워드를 추출해야 블로그가 오랜 시간 탄탄하게 성장하고 사용자들을 모을 수 있다. 사용자들이 내 블로그의 콘텐츠가 좋아 스크랩이나 댓글, 공감을 달고 이웃 신청을 하는 등 다양한 활동을 하면서 연쇄적으로 콘텐츠를 소비한다면 블로그에 선순환이 일어난다. 게다가 키워드 경쟁력과 블로그 경쟁력을 잘 파악하여 내 블로그에서 노출할 수 있는 키워드들만 가지고 작성하므로 상위 노출이 어렵지 않다. 노출이 잘되면 새로운 사용자들을 계속 모을 수도 있다. 블로그 운영은 바로 이렇게 하는 것이다.

검색량이 0건인 키워드는 사용하지 말자

블로그를 잘 운영하려면 키워드를 정말 잘 추출해야 한다. 블로그 싸움은 결국 키워드 싸움이기 때문이다. 그냥 키워드가 아니라 사용자들과 네이버가 모두 좋아하면서 내 블로그 지수에 맞는 키워드가 무엇인지 신중히 고민해야 한다. 고민하는 시간이 길다고, 키워드를 찾는 시간이 길다고 힘들어하지 마라. 고민한 시간만큼 좋은 키워드가 나올 것이고 이것이 곧 탄탄한 블로그의 밑거름이 된다는 사실을 꼭 기억하자.

간혹 쉬운 키워드를 추출하려고 검색량이 0건인 키워드를 사용하려는 경우가 있다. 이것은 절대 좋은 것이 아니다. 검색량이 0건이더라도 쉬운 키워드가 아니거나 최적화 키워드, 씨랭크 키워드일 수도 있다. 검색량이 0건이라는 것은 이 키워드에 니즈가 없다는 것이다. 다시 말해서 이 키워드를 검색하는 '사용자'가 없다는 의미다. 그러므로 이런 키워드로 글을 쓰는 것은 시간 낭비다. 우리가 콘텐츠를 작성하는 이유는 내 콘텐츠를 볼 '사용자들'을 내 블로그에 모으기 위해서다. 그런데 검색량이 0건인 키워드를 작성한다면 글이 상위 노출된다고 해도 글을 볼 사용자가 없다. 사용자가 없으니 내 블로그에 들어오는 사람들이 없고 네이버는 내 블로그를 판단할 수가 없다. 그러므로 키워드를 추출할 때는 단 한 명이라도 검색하는 키워드를 사용해야 한다.

'어느 정도 사용자가 모이면 검색량이 0건인 키워드들을 사용해도 되지 않나요?'라고 생각할 수도 있다. 물론 어느 정도 이웃들이 생기고 내 블로그 콘텐츠를 좋아하는 사람들도 생겼다면 검색량이 0건인 키워드를 작성해도 내 블로그에 들어오는 사용자가 아예 없지는 않을 것이다. 이미 이웃인 사람들이 내 블로그에 찾아오고 검색량이 0건인 글에 댓글이나 공감 활동을 해줄 수도 있으니까. 그런데 검색량이 한 건이라도 있는 키워드를 사용하고, 이것이 노출된다면 내 블로그로 '신규 사용자들'을 모을 수 있다. 이것을 왜 버리려고 하는가? 내 블로그에 10명 들어올 것을 11명 이상 들어오게 할 수 있는데! 신규 사용자가 꾸준히 유입되고 이들이 내 글에 스크랩, 댓글, 공감 활동을 하고 연쇄 콘텐츠를 소비한다면 이것이 블로그에 도움이 되는데! 이런저런 생각을 해봐도 검색량이 0건인 키워드는 사용하지 않는 것이 좋다. 다시 한번 더 강조하지만 블로그 키워드는 최소한 검색하는 사용자가 단 한 명이라도 있는 키워드를 사용하기를 바란다.

SECTION 02
키워드 틈새시장을 공략하자
– 세부 키워드, 롱테일 키워드

키워드는 내 블로그에서 띄울 수 있을 만한 것으로!

블로그는 키워드 싸움이다. 블로그를 잘 운영하려면 소비자들과 네이버가 좋아하는 주제로 글을 써야 한다. 키워드는 내 업종에 맞으면서도 내 블로그 지수에서 띄울 수 있는 것이어야 블로그가 무럭무럭 성장하고 씨랭크 블로그까지 노려볼 수 있다. 그런데 키워드를 생각하라고 하면 남들이 많이 검색할 것 같은 키워드, 최적화 키워드나 씨랭크 키워드 같은 어려운 것을 생각하는 경우가 많다.

검색량이 많은 키워드를 내 블로그에 작성만 한다면 소비자들이 내 블로그에 들어올 것이라고 믿는다. 그런데 내 블로그에서는 최적화 키워드, 씨랭크 키워드를 띄울 수 없다. 아직 내 블로그가 그만큼 성장하지 못했기 때문이다.

네이버는 블로그마다 띄울 수 있는 키워드를 정해놓았다. 그래서 **최적화 키워드를 노출하려면 내 블로그가 최적화 블로그여야 하고 씨랭크 키워드를 띄우고 싶으면 당연히 씨랭크 블로그여야 한다.**

처음 블로그를 시작할 때는 이런 것들을 고려하지 않고 단지 블로그의 콘텐츠를 작성만 하면 내가 원하는 키워드를 노출할 수 있을 것이라고 믿는다. 그러나 내 블로그 지수에 맞지 않는 키워드를 쓰면 최적화 블로그나 씨랭크 블로그로 키우기는커녕 저품질 블로그로 이어질 수 있어서 좋지 않다. 이제 막 블로그를 시작했다면, 그리고 아직 블로그를 운영한 지 얼마 안 되어 블로그가 성장 중이라면 어떻게 해야 할까? 이때는 무조건 경쟁력이 센 키워드를 고집할 것이 아니라 조금 약한 키워드로 눈을 돌려야 한다.

세부 키워드로 틈새시장을 공략하자

키워드에도 틈새시장이 있다. 생각했던 것보다 키워드의 검색량이나 경쟁력이 약해도 실망하면 안 된다. 사실 이런 키워드들이 블로그 지수가 낮은 신생 블로그에서 노출해볼 만한 것들이다. 이 말은 메인 키워드가 아니라 세부 키워드를 잡으라는 것이다. 세부 키워드는 경쟁력이 상대적으로 약해서 오랫동안 순위가 유지될 수 있고, 이런 키워드들이 내 블로그에 많아질수록 좋은 영향을 끼친다. 이전에 썼던 키워드들이 순위를 계속 잡고 있으니 신규 유입이 계속 발생하기 때문이다. 앞으로 쓸 키워드들도 노출이 잘될 것이니 이로 인한 신규 유입도 계속 발생한다. 또한 콘텐츠를 먼저 작성한 후 이와 관련된 사람들을 찾아 이웃 활동했다면 타깃이 맞는 사용자들이 유입되어 이웃 활동이나 연쇄 콘텐츠 소비를 기대할 수도 있다. 그 결과, 이웃을 맺은 그들이 내 콘텐츠에 관심을 가질 뿐만 아니라 블로그 지수가 쑥쑥 상승하는 효과까지 기대할 수 있다.

모든 일을 시작하기 전에는 첫 단추를 잘 잠가야 중간에 단추를 잘못 잠그더라도 다시 짝을 맞춰 단추를 잠글 수 있다. 블로그도 마찬가지다. 노출이 잘되는 블로그, 돈이 되는 블로그로 만들려면 네이버 정책을 거스르지 말고 네이버가 원하는 대로 블로그를 운영해야 한다. 즉 정석대로 키워야 한다.

블로그를 처음 운영한다면 쉬운 키워드부터 차근차근 시작해야 한다. 하지만 왜 이 과정을 건너뛰고 남들이 노출하고 싶어 하는 키워드, 경쟁력이 센 키워드로만 글을 작성하려고 하는가? 블로그는 인내심 싸움이므로 차근차근 단계를 밟아 나가야 한다. 이렇게 꾸준히 블로그를 운영하다 보면 어느덧 내가 노출하려는 키워드 근처까지 가 있을 것이다.

틈새시장을 공략해 세부 키워드를 추출하라는 말은 무조건 검색량이 적은 키워드를 의미하지 않는다. 검색량이 적어도 최적화 키워드이거나 씨랭크 키워드일 수 있다. 72쪽에서 다루었던 '라섹수술추천' 예시가 이런 경우이다. 쉬워 보이지만 씨랭크 키워드인 경우 말이다. 그렇다면 틈새시장을 공략해 키워드를 추출하려면 어떤 방식으로 키워드를 추출해야 할까? 이어지는 예시를 통해 구체적으로 확인해보자.

틈새시장을 공략하는 키워드 쪼개기

여러분이 산부인과를 운영하는 의사라고 가정해보자. 내 병원에 방문하는 기존 환자들이 있지만 신규 환자를 모집해야 한다. 이때 '안산 산부인과'와 같은 키워드보다는 좀 더 세부적인 키워드를 잡아야 한다. '안산 여의사 산부인과'와 같은 키워드로 소비자들의 니즈에 맞게 키워드를 쪼개 좀 더 세부적으로 키워드를 추출하는 것이다.

하나 더 예시를 들어보면 '용인 산부인과'보다는 '용인 야간진료 산부인과'와 같은 방식으로, 야간 진료하는 산부인과를 찾는 사람들의 니즈를 반영하여 좀 더 세부적인 키워드를 잡으라는 것이다. 이런 키워드들은 검색량이 적어 보여 당장의 효과가 있을지 걱정되지만, 오히려 경쟁력이 약해서 더 쉽게 상위 노출할 수 있다. 그리고 경쟁력이 약해서 오랜 시간 순위권에 머무를 수 있어 매우 도움이 되는 키워드이다. 또한 소비자들의 니즈를 세부적으로 반영한 키워드이므로 매출로 전환될 확률도 높다. 이것이 바로 세부 키워드가 가진 힘이고, 이런 키워드가 효자 키워드이다.

롱테일 키워드로 블로그를 관리하자

세부 키워드는 다른 말로 '롱테일 키워드(Long tail keyword)', 즉 시즌과 트렌드에 관계없이 유효 기간이 꽤 긴 키워드를 말한다. 반면 '숏테일 키워드(Short tail keyword)'는 경쟁이 치열한 키워드로, 유효 기간이 짧고 이슈성 키워드나 시즌성 테마 키워드가 여기에 해당한다. 숏테일 키워드는 쓰는 순간만 반짝이고 시간이 지나면 검색 트래픽이 떨어지는 경우가 많다. 그러므로 길게 본다면 경쟁이 덜 치열하면서도 오래 갈 수 있는, 그리고 사용자가 꾸준히 검색하는 롱테일 키워드를 더 많이 가지고 가는 것이 더 좋다.

머니코치의 돈이 되는 블로그 운영 NOTE

키워드 발굴에 힘쓰자

세부 키워드인 롱테일 키워드가 가지는 힘은 어마어마하다. 이런 키워드들이 꾸준히 상위 노출되고 이에 따라 사용자들이 블로그에 꾸준히 유입되면 블로그 지수도 상승하기 마련이다. 우리는 블로그 지수를 높여 최적화/씨랭크 블로그를 만들고 블로그에서 돈을 버는 것이 목적이다. 이런 블로그로 키우려면 전략적으로 키워드를 잘 추출하고 꾸준히 인내심을 가지고 운영하는 것이 중요하다. '블로그는 키워드가 절반 이상'이라고 해도 과언이 아니니 지금부터 꾸준하게 키워드 발굴에 힘써야 한다.

SECTION 03

소비자가 좋아하는 키워드는 어디서 찾을 수 있을까?

소비자들이 원하는 글감 찾기

블로그 글쓰기 창을 열고 한참 가만히 있었던 적이 있는가? 아니면 '오늘 블로그 글을 작성해야지.' 마음먹었지만 쓸 글이 없어 하루를 그냥 보내버렸던 적은 없었는가? 블로그를 운영하거나 운영했던 사람들은 한 번쯤 겪었을 만한 일이다. 왜 이런 일이 발생할까? 말 그대로 쓸 글이 없기 때문이다.

글을 쓸 기초적인 아이디어 재료, 즉 '글감'이 없어 많은 사람이 블로그 운영을 망설이고 포기한다. 어떤 키워드로 발행해야 하는지, 어떤 내용으로 글을 써야 하는지, 오늘은 무엇을 써야 하는지, 그리고 이 글을 소비자가 진짜 좋아할지에 대한 의문 때문에 블로그 글 작성을 포기하는 것이다.

지금부터는 단순히 키워드를 추출하는 방법이 아니라 소비자들이 좋아하고 관심 있어 하는 글감과 키워드를 추출하는 방법을 설명할 것이다. 이 방법만 잘 알아도 소비자들이 원하는 검색어가 어떤 것인지 쉽게 알 수 있다. 내 블로그를 소비자들이 찾는 블로그로 만들고 싶다면, 블로그 사용자들의 활동성 지수를 높이고 싶다면 지금 설명하는 방법을 잘 기억해두고 당장 사용해보기를 바란다.

네이버 검색 광고 시스템 활용하기

네이버의 검색 광고 시스템을 활용하는 방법은 이미 블로그를 어느 정도 운영했거나 다른 광고에 관심이 많다면 충분히 알고 있을 방법이다. 네이버 검색 광고에서 '키워드 도구'에 들어가면 내가 원하는 키워드를 검색해볼 수도 있고 여기에 따른 월간 검색 수도 알 수 있다.

만약 네이버 검색 광고를 처음 들어봤다면 네이버 검색창에 '네이버 검색 광고'를 검색해보자. 어렵지 않게 접속해 키워드 도구를 이용해볼 수 있다.

▲ 키워드 '안산산부인과'와 관련된 네이버 검색 광고 화면

'키워드'에 내가 원하는 키워드를 입력하는데, 한 번에 다섯 개까지 입력할 수 있다. 그러면 내가 검색한 키워드를 포함한 연관 키워드들까지 함께 나온다. 물론 연관 키워드들은 키워드에 따라 나올 수도, 나오지 않을 수도 있다.

키워드와 함께 월간 검색 수를 통해 PC와 모바일에서 각각 몇 건이 검색되었는지를 확인할 수 있다. 월 평균 클릭 수와 월 평균 클릭률도 확인해볼 수 있지만, 우리는 월간 검색 수까지만 보고 내 글감을 찾으면 된다.

네이버 자동 완성 검색어 & 연관 검색어 활용하기

네이버에 내가 궁금한 것을 입력하다 보면 네이버가 자동으로 검색어를 완성해서 아래쪽에 목록으로 보여주는데, 이것이 바로 '자동 완성어' 기능이다. 자동 완성어 기능은 네이버에서 사람들이 많이 검색한 검색어를 위주로 보여주므로 키워드로 활용할 수 있는 검색어가 많다.

자동 완성어를 좀 더 활용할 수 있는 방법도 있다. 내가 작성하고 싶은 키워드 뒤에 ㄱ, ㄴ, ㄷ …을 순차적으로 입력해보는 것이다. 예를 들어, '부가세'라는 키워드를 쓰고 싶으면 ① 부가세 ㄱ, ② 부가세 ㄴ, ③ 부가세 ㄷ과 같은 방식으로 말이다. 이렇게 키워드 뒤에 하나하나 자음을 붙여 검색해보면 부가세만 검색해서 나오는 자동 완성어보다 훨씬 다양한 키워드를 찾을 수 있다.

▲ 키워드 '부가세'를 검색했을 때의 자동 완성어 예시

연관 검색어도 활용할 수 있다. 연관 검색어는 내가 어떤 키워드를 검색했을 때 해당 키워드와 관련하여 사람들이 많이 검색한 키워드를 함께 보여주는 검색어로, 검색 창의 오른쪽이나 페이지의 맨 아래에 노출된다. 이 키워드를 보면 사람들이 무엇에 관심이 있는지, 그리고 키워드를 어떻게 조합하여 검색하는지를 확인할 수 있다. 오른쪽의 그림을 보면 '아이폰 16'을 검색했을 때 노출되는 연관 검색어를 통해 사람들이 '출시일', '사전예약', '디자인' 등에 관심이

있다는 것을 알 수 있다.

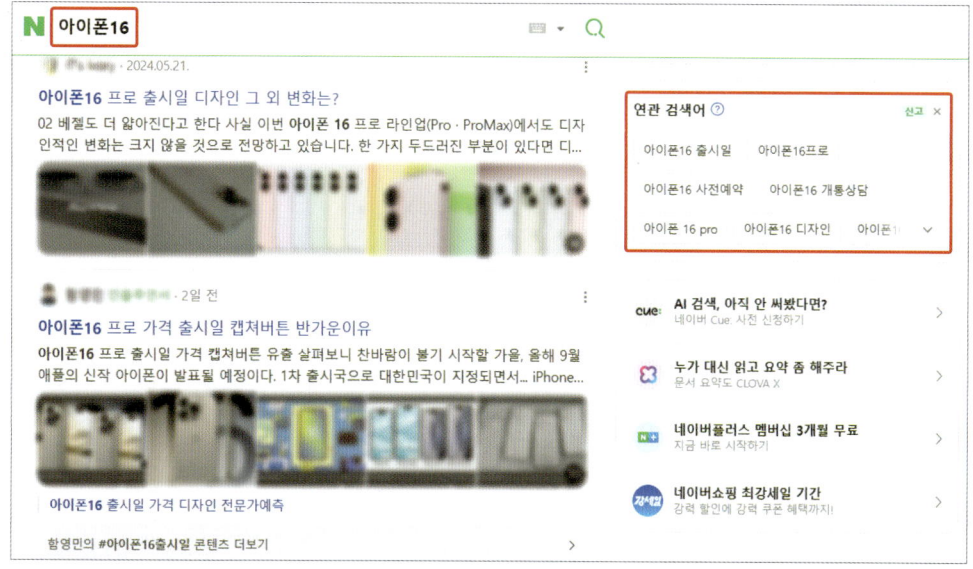

▲ 키워드 '아이폰16'을 검색했을 때의 연관 검색어 예시

유튜브 활용하기

블로그 키워드를 추출하는 데 유튜브를 활용하라는 말이 낯설게 느껴질 수도 있지만, '유튜브'라는 채널이 가지고 있는 특징을 생각해보자. 하나의 유튜브 영상을 올리려면 다음 두 가지 조건을 충족해야 한다.

❶ 유튜버의 전문성
❷ 트렌드

예를 들어, 중고차 유튜버가 어느 날 컴퓨터 조립 방법 영상을 올린다면 기존의 구독자들이 이 콘텐츠를 소비해줄까? 몇몇 구독자들은 소비하겠지만 대부분은 그냥 지나치거나 오히려 구독을 취소할 것이다. 유튜브는 한 분야에 대한 전문성을 가진 사람들이 그 키워드와 관련된 콘텐츠를 올려야 성공하는 플랫폼이다. 뿐만 아니라 트렌드에도 뒤처지면 안 된다. 영화 리뷰 유튜버가 지금 〈오징어게임〉 리뷰를 올리면 조회 수가 높을까? 아니다. 즉 소비자가 '지금' 원하는 콘텐츠를 발행해야만 트렌드를 잡을 수 있는 것이다. 이러한 특징 때문에 유튜브 영상이 뜨려면 전문성이 있는 유튜버, 그리고 콘텐츠가 소비자 친화적으로 현 시대의 트렌드와 잘 맞아야 한다.

그런데 '전문성'과 '소비자 친화적인 콘텐츠'라는 말은 블로그와 비슷하다. 블로그에서 전문성은 '씨랭크'이고 소비자 친화적인 콘텐츠는 '사용자들의 반응도'이다. 유튜브와 블로그는 콘텐츠 형식이 영상이냐, 텍스트이냐만 다를 뿐 콘텐츠를 발행해야 하는 콘텐츠 생산자의 입장은 비슷하다. 그러므로 여기서 키워드만 잘 추출한다면 네이버에서도 소비자들을 만족시키는 키워드를 추출할 수 있다.

유튜브에서 '수족냉증'을 검색하면 수많은 영상들이 뜨는 것을 확인할 수 있다. 이 중 상위 노출된 영상들 중 조회 수가 높고 눈에 띄는 채널에 들어가보자. 그런 다음 해당 채널에서 인기 있는 동영상을 위주로 살펴보면서 내 블로그에 써먹을 수 있는 키워드를 추출하면 된다.

▲ 유튜브에서 '수족냉증' 검색 후 원하는 채널 선택하기

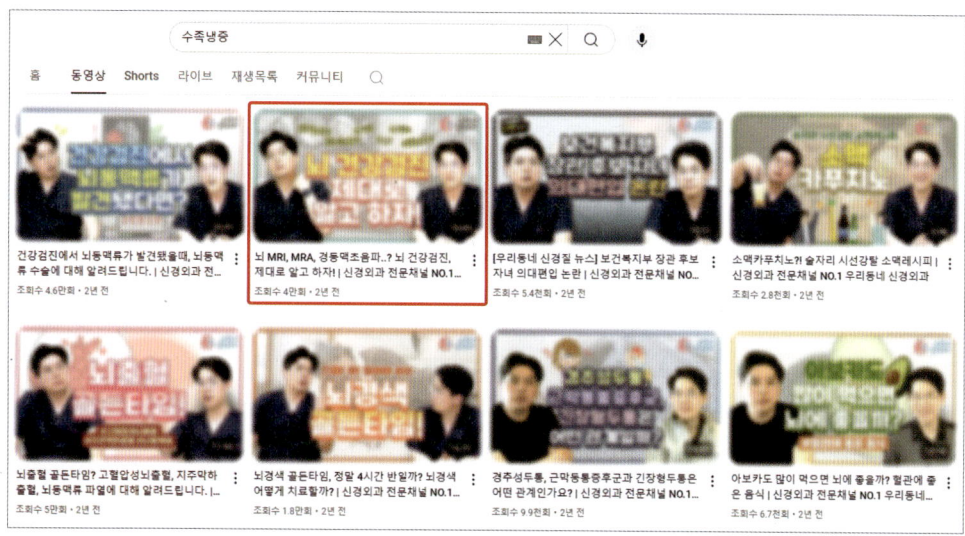

▲ 인기 있는 동영상 위주로 키워드 추출하기

'뇌 건강검진' 동영상이 눈에 들어왔다면 이 영상의 제목과 섬네일을 활용하여 다음과 같이 키워드를 추출하는 것이다.

- 뇌 건강검진
- 경동맥초음파란
- 경두개초음파 병원
- MRI, MRA 차이
- 뇌 CT 촬영
- 경동맥초음파, 경두개초음파 차이
- 뇌 경동맥초음파 병원
- 뇌 혈류초음파 병원

다른 영상에 비해 조회 수가 높은 영상은? 소비자들이 가장 궁금해하는 주제인 것이다. 심지어 인기 동영상 TOP에 들었다는 것은 이 채널의 방향성과도 적합한 콘텐츠여서 유튜브 알고리즘을 타게 되었다는 것을 의미하므로 이런 영상에서 글감과 키워드를 찾아야 한다. 다만 유튜브에서 글감을 찾는 것은 내가 작성할 글감이 생각나지 않을 때 활용하기 위해서이고, 콘텐츠를 베끼지 않도록 주의해야 한다.

종종 블로그 글을 작성할 때 유튜브 내용을 그대로 베끼는 경우가 많은데, 이것은 명백한 위법이다. 나의 경우에는 글감을 찾을 때 이런 식으로 제목과 섬네일을 참고할 뿐 해당 영상과 댓글을 보지 않는다. 이것들을 보면 나도 모르게 그 콘텐츠를 베껴쓸 수 있기 때문이다. 여러분도 유튜브를 활용할 때는 글감을 찾는 용도로만 사용하고 콘텐츠를 베끼는 행위는 절대 하지 말아야 한다.

머니코치의 돈이 되는 블로그 운영 NOTE

검증된 콘텐츠를 적극 활용하자

이와 같이 온라인에서 이미 사람들이 궁금해하고 있는 콘텐츠를 발굴하는 방법은 많다. 그러므로 지금 설명한 방법 외에도 어떤 채널을 통해 내게 필요한 키워드를 추출할 수 있는지 생각해보자. 새로운 콘텐츠 주제를 생각하는 것은 너무 어려운 일이므로 블로그를 이제 막 시작한 단계에서는 이것부터 막혀서 그만두는 경우가 많다. 따라서 내가 직접 새로운 것을 발굴하려고 하지 말고 이미 검증이 끝난 콘텐츠 주제를 가지고 블로그를 운영해보자. 안타깝지만 내가 스스로 주제를 발굴하는 것보다 이미 검증된 콘텐츠의 주제를 활용해야 블로그도 더 빠르게 성장한다.

우리의 목표는 돈 되는 블로그를 만드는 것이다. 우리는 시장의 선두 주자, 즉 1등이 될 필요는 없다. 시장의 선두 주자가 지금 얼마를 벌든지 우리는 그 뒤를 쫓아 월 천만 원만 벌어도 성공한 것이다. 그러므로 새로운 콘텐츠 주제를 찾아야 한다는 부담감뿐만 아니라 새로운 키워드를 발굴해야 한다는 부담감을 덜자. 이미 시장에서 검증된 주제로 우리 블로그 지수에 맞는 키워드들을 추출해서 상위 노출하자.

SECTION 04

절대 쓰면 안 되는 키워드도 있다

네이버가 싫어해서 꼭 피해야 하는 키워드

지금까지 우리는 어떤 키워드를 추출해야 하는지에 대해 알아보았다. 결론은 네이버가 좋아하는 정보성 키워드로 블로그 지수를 높여야 하고 한 번 작성해도 내 글을 상위 노출할 수 있는 키워드로 잡아야 한다는 것이다. 트렌드를 타지 않는 롱테일 키워드를 잡는 것이 좋고 소비자 친화적인 키워드를 기반으로 콘텐츠를 만들어야 한다. 이 모든 작업이 바로 블로그 지수를 상승시키는 작업이고 네이버에게 신뢰를 얻는 작업이다.

그런데 네이버는 우리에게 플러스(+) 점수만 주는 것일까? 아니다. 우리는 블로그 콘텐츠 생산자로서 잘하면 '상위 노출'이라는 상을 받고 못하면 '저품질', '검색 누락'이라는 벌을 받는다. 이렇게 벌을 주는 기준은 키워드에도 있다.

아무리 소비자 친화적인 키워드여도 네이버에게 도움이 되지 않는다면 네이버는 과감히 그 블로그에 벌을 주고 있다. 그러면 네이버가 싫어하는, 네이버에 도움이 되지 않는 키워드는 무엇일까? 바로 '비즈니스 키워드'이다.

자, 네이버가 어떤 회사인지 다시 생각해보자. 네이버는 내부에서 콘텐츠를 생산해야 하는 내부 생산 회사이지만, 그 전에 광고 회사이다. 그래서 내 블로그에 작성하려는 키워드를 추출할 때도 이 부분을 생각해야 한다. 즉, 내 블로그에 작성하는 키워드를 추출할 때 네이버에 손해가 되지 않는 키워드를 뽑아야 한다는 것이다. 좀 더 쉽게 말해서 네이버에게 큰돈을 벌어다 주는 키워드는 작성하지 않아야 한다.

네이버에게 큰돈을 벌어다 주는 키워드를 비즈니스 키워드라고 한다. 비즈니스 키워드는 네이버가 직접 관리하는 키워드이므로 지수가 낮은 블로그에서는 절대로 사용하면 안 된다. 우리가 네이버에서 싫어하는 행동을 자잘하게 할 때마다 -1, -2점을 받는 구조라면 비즈니스 키워드는 -10, -20점을 받는 것이므로 지금 여러분의 블로그에서는 이 키워드를 절대 작성하면 안 된다.

이 부분을 모르므로 수많은 사람이 블로그를 시작하자마자 저품질에 빠지면서 블로그 지수가 상승하지 않는 것이다. 다시 한번 더 강조하지만 여러분의 블로그에서는 절대 비즈니스 키워드를 작성하면 안 된다. 심지어 블로그 지수가 매우 높아도 절대로 비즈니스 키워드를 작성하면 안 된다. 비즈니스 키워드는 피하면 피할수록 좋다. 비즈니스 키워드를 피하려면 당연히 이 키워드에 대한 특징을 알아야 한다.

비즈니스 키워드를 구분하는 방법

비즈니스 키워드를 구분하는 세 가지 방법을 자세히 설명할 것이다. 그러므로 이 특징을 잘 기억해두고 비즈니스 키워드를 구별하는 눈을 갖도록 하자.

1. 통합 검색 화면의 오른쪽에 브랜드 광고와 같은 네이버 시스템이 노출되어 있다

비즈니스 키워드의 특징 중 하나는 키워드를 검색할 때 PC를 기준으로 오른쪽에 네이버가 추가 매출을 올릴 수 있는 네이버 시스템이 적용되어 있다. 그렇다면 추가 매출용 네이버 시스템은 무엇일까? 다음은 네이버에서 '중고차'를 검색하면 나오는 통합 검색 화면으로, 오른쪽에 특정 브랜드의 광고가 들어간 것을 확인할 수 있다.

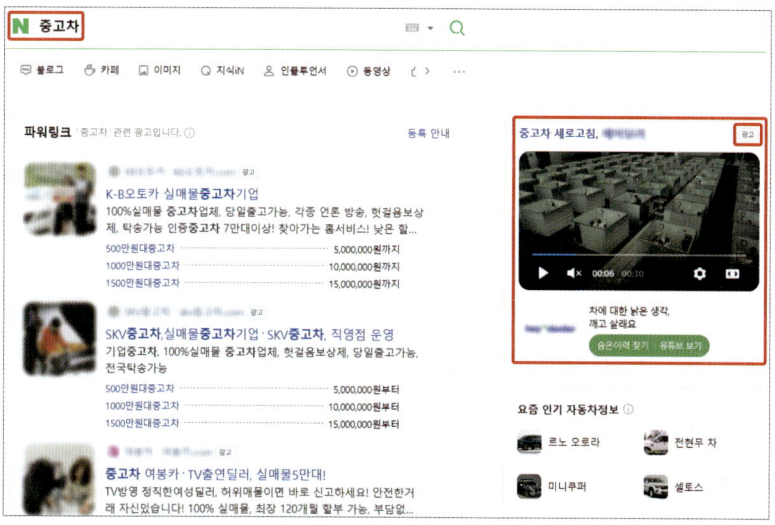

▲ '중고차' 검색 화면

그렇다면 '중고차' 키워드 하나만 그런 것일까? 다른 키워드를 검색하여 바로 확인해보자. 다음은 '태아보험'을 검색하면 나오는 통합 검색 화면으로, 화면의 오른쪽에 특정 브랜드가 노출된 브랜드 광고를 확인할 수 있다.

▲ '태아보험' 검색 화면

브랜드 광고만 추가 매출을 올리는 것이 아니다. '슬라이딩도어'를 검색하면 '함께 찾는 셀프인테리어 상품'이라는 영역이, '선글라스'를 검색하면 '내 또래가 주목하는 브랜드'와 '추천 트렌드' 등과 같은 네이버 시스템이 화면의 오른쪽에 나온다. 모두 비즈니스 키워드인 것이다.

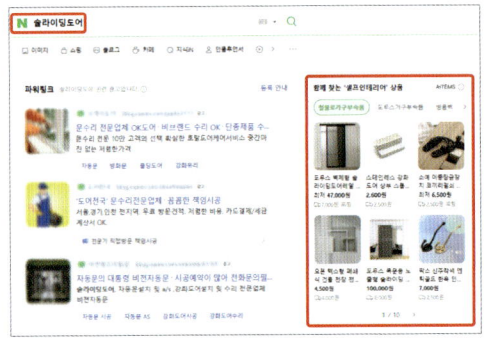
▲ '슬라이딩도어' 검색 화면

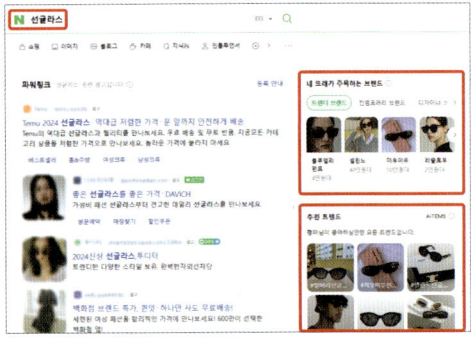
▲ '선글라스' 검색 화면

반면 비즈니스 키워드가 아닌 '사과 맛있게 먹는법'과 같은 키워드는 화면의 오른쪽에 아무 것도 없는 것을 확인할 수 있다. '갤럭시 휴지통 비우기' 키워드의 경우에도 단순한 연관 검색어가 노출되는 것을 확인할 수 있다.

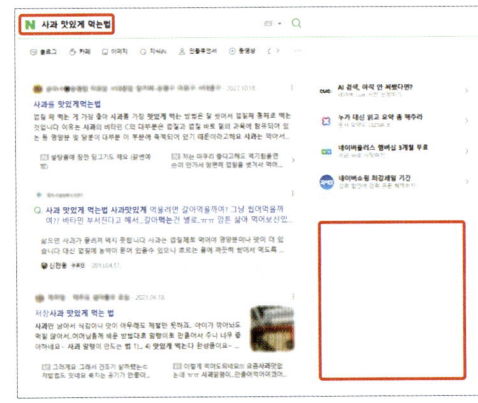
▲ '사과 맛있게 먹는법' 검색 화면

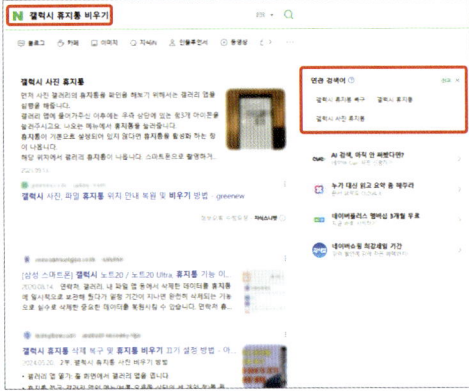
▲ '갤럭시 휴지통 비우기' 검색 화면

이와 같이 어떤 키워드를 검색했을 때 화면의 오른쪽에 추가 매출을 올릴 수 있는 네이버 시스템이 노출된다는 것이 비즈니스 키워드의 첫 번째 특징이다.

2. 통합 검색 화면에 블로그 글이나 카페 글이 최적화 순으로 노출되는 '인기글' 탭이 없다

네이버에서 다시 '중고차'를 검색하면 다음과 같은 통합 검색 화면이 나타난다. 통합 검색 화면에 어떤 내용들이 노출되는지 샅샅이 살펴보겠다.

❖ 파워링크

❖ 웹사이트

❖ 비즈사이트

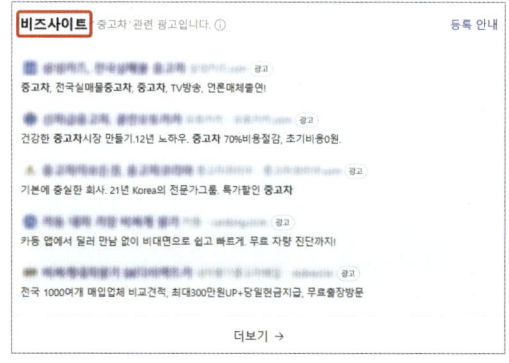

❖ 카페 중고거래

CHAPTER 03 네이버 블로그 키워드를 추출하는 방법

❖ 함께 많이 찾는

❖ 플레이스

❖ 뉴스

❖ 중고차 인기주제

❖ '중고차' 관련 브랜드 콘텐츠

❖ 중고차 가격

❖ 중고차가격시세

❖ 자동차 인플루언서 콘텐츠

❖ 중고차 정보가 많은 카페

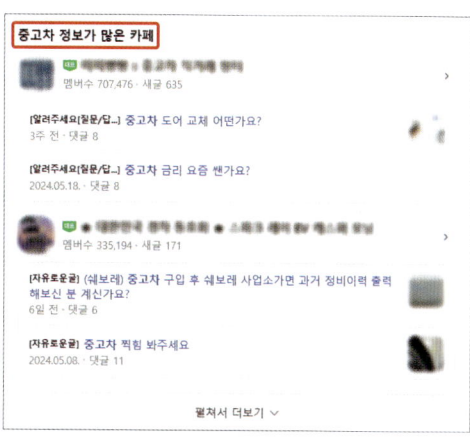

❖ 중고 차 FAQ

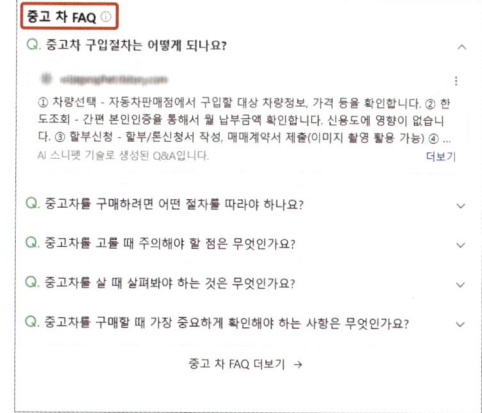

❖ 웹사이트 2[1]

---

1 웹사이트가 중복으로 나와 '웹사이트 2'로 표기

❖ 주제가 다양한 '서치피드'

❖ 토픽 추천

이제까지 '중고차'를 검색하여 통합 검색에 나온 콘텐츠 영역을 모두 살펴보았지만, '인기글' 탭은 보이지 않는다. 이 결과를 보고 다른 키워드를 검색해도 '인기글' 탭이 없는 것 아니냐고 반박할 수 있으므로 '월세 전입신고 안하면'이라는 키워드를 검색해보자. 이번에도 과연 통합 검색 화면에 '인기글' 탭이 없을까?

'월세 전입신고 안하면'을 검색하면 관련 키워드의 블로그 글과 카페 글을 최적화 순으로 나열한 '인기글' 탭이 나온다. 이렇게 블로그에 어떤 키워드를 사용할 때 키워드 통합 검색에 블로그 글이나 카페 글이 나오는 '인기글' 탭이 있는지 꼭 확인해야 한다. 만약 '인기글' 탭이 노출되어 있지 않은 키워드라면 가급적 사용하지 않는 것이 좋다. 이런 키워드들은 네이버가 관리하고 있는 비즈니스 키워드일 확률이 높기 때문이다.

▲ '월세 전입신고 안하면' 검색 화면

또 다른 예시를 하나 더 들기 위해 90쪽에서 나왔던 '갤럭시 휴지통 비우기' 키워드를 검색해보자. 이 경우 블로그 글과 카페 글을 모아놓은 '인기글' 탭이 있으면서 아래쪽에 'IT·컴퓨터 인기글 더보기'라는 버튼까지 있다. 이것은 '갤럭시 휴지통 비우기' 키워드가 완벽하게 비즈니스 키워드가 아니라는 것이다.

이 '인기글' 탭이 바로 우리가 이전에 알던 '블로그' 탭과 '카페' 탭이다. 네이버에서 로직이 바뀌면 지금 '인기글' 탭의 명칭이 바뀔 수도 있지만, 이 명칭이 중요한 것이 아니다. 비즈니스 키워드인지 확인할 때는 '인기글' 탭이 중요한 것이 아니라 반드시 통합 검색에 블로그 글이나 카페 글이 있는지 확인하는 것이 핵심이다. 그러므로 로직이 바뀌었다고, '인기글' 탭의 명칭이 바뀌었다고 당황하지 말자. 참고로 지금 '인기글' 탭은 이전에 네이버가 '뷰(view)' 탭으로 설정했다. 이와 같이 언제든지 명칭이 변경될 수 있으니 블로그 글과 카페 글을 최적화 순으로 모아놓은 탭이 있는지를 잘 확인해야 한다.

▲ '갤럭시 휴지통 비우기' 검색 화면

3. 통합 검색 화면에 FAQ가 있다

키워드를 검색했는데 FAQ 영역이 나온다면 이 키워드는 비즈니스 키워드일 확률이 높다. 그러므로 이런 키워드는 사용하지 않는 것이 좋다.

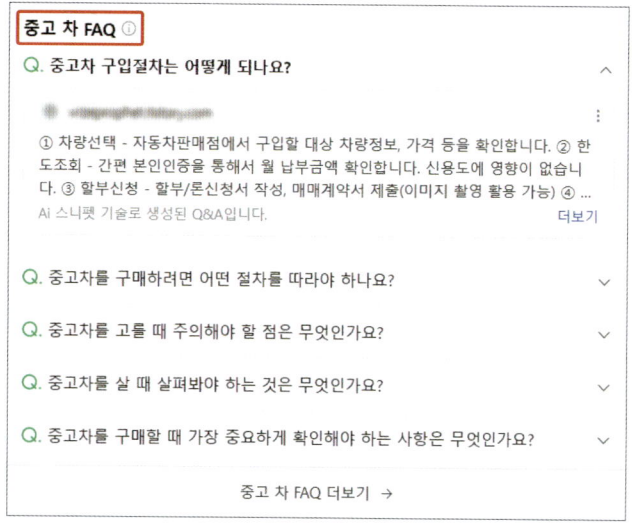

▲ '중고차' 검색 화면

요점 정리, 비즈니스 키워드의 세 가지 특징

비즈니스 키워드의 특징을 다시 정리하면 다음과 같다.

❶ 통합 검색 화면의 오른쪽에 브랜드 광고와 같은 네이버 시스템이 노출되어 있다.
❷ 통합 검색 화면에 블로그 글이나 카페 글이 최적화 순으로 노출되는 '인기글' 탭이 없다.
❸ 통합 검색 화면에 FAQ가 있다.

이 세 가지 조건을 모두 충족한다면 100% 비즈니스 키워드이다. 비즈니스 키워드는 네이버가 직접 관리하고 있으므로 최대한 사용하지 않는 것이 좋다. 많은 사람이 비즈니스 키워드가 당장 매출을 올려줄 것이라고 생각해서 '한 번쯤은 괜찮겠지?'라고 생각하지만, 이런 키워드들을 사용해도 지금 여러분의 블로그로 노출할 수 있는 확률은 매우 낮고 오히려 블로그에 좋지 않은 영향만 끼친다. 네이버에게 돈을 벌어다 주는 키워드인데, 내가 블로그에서 공짜로 홍보해버리니 네이버 입장에서는 좋지 않을 수밖에 없다. 비즈니스 키워드는 가급적 사용하지 말고 내 블로그 지수에 맞게 키워드를 추출해야 한다.

머니코치의 돈이 되는 블로그 운영 NOTE

비즈니스 키워드는 절대 사용하지 말자, 네이버는 점수제다!

비즈니스 키워드의 세 가지 특징 중 한 가지만 해당하니까 괜찮을 거라고 안일하게 생각하는 경우도 많다. 그러나 이런 상황이 계속 쌓이면 내 블로그 지수는 좋아질 수가 없다. 좋게 말해서 이 정도지, 내 블로그가 아예 안드로메다로 가버릴 수도 있고 저품질이 될 수도 있다. 그러므로 비즈니스 키워드에 괜히 욕심내지 말고 네이버가 좋아하는 키워드로 차근차근 내 블로그 지수에 맞는 키워드를 추출하도록 한다.

결국 뼈대부터 강한 블로그를 만드는 게 좋다. 블로그가 성장하려면 꾸준히 플러스(+) 점수를 쌓는 것이 중요하다. 왜냐하면 네이버는 점수제로 운영하기 때문이다. 블로그를 운영한다면 '네이버는 점수제로 운영한다.'는 사실을 꼭 기억하자.

무료로 퍼주는 머니코치의 유튜브 영상 강의

이것만 알면 초보 블로거도 2개월 만에 하루에 1,000명 방문! 키워드 검색량은 블로그 상위 노출과 상관없다!

 지금까지 설명한 내용은 유튜브 〈머니코치 최준호〉 채널에서 동영상 강의로 제공하고 있으므로 QR 코드나 URL 링크로 접속해 온라인 마케팅 전문가 머니코치의 생생한 동영상 강의를 살펴보자.

🔗 https://youtu.be/l7H7FlzoeDY?si=tqnO92gZN5Ra8Xw-

CHAPTER 04

네이버 블로그를 운영할 때 절대 하지 말아야 할 것과 지켜야 할 것

SECTION 01

내 블로그를 안드로메다로 보내는 어뷰징

　블로그를 운영하려면 엄청나게 노력해야 한다. 블로그 지수에 맞는 키워드도 추출해야 하고 이웃 활동도 적절히 해야 하는 등 신경 써야 할 것들이 많다. 가장 중요한 것은 '네이버'가 원하는 것을 정석대로 해서 블로그를 잘 키우는 것이지만, 블로그를 운영하다 보면 여러 가지 이유로 유혹의 손길을 거절하지 못하기도 한다. 블로그를 시작했지만 '블로그'라는 마라톤을 끝까지 완주할 수 있을지 걱정스럽고 초조해져서 자신의 블로그가 느리게 큰다는 생각을 하는 것이다. 바로 이럴 때 검은 유혹에 넘어가 돌아올 수 없는 강을 건너기도 하므로 조심해야 한다.

어뷰징은 왜 나쁠까?

　블로그 운영의 핵심은 '네이버'가 원하는 것을 정석대로 하는 것이다. 그런데 이렇게 정석대로 운영하면 처음 일정 기간은 블로그가 성장하는 것이 눈에 보이지 않는다. 물론 블로그는 눈에 보이지 않게 점점 더 강해지고 있지만, 이걸 느끼는 게 어렵다. 그래서 사람들은 상위 노출 욕심에, 돈 욕심에 '어뷰징(Abusing)'의 유혹에 넘어가는 것이다.

　어뷰징은 말 그대로 검색 노출 순위를 인위적으로 조작하는 것을 의미한다. 그런데 이것이 과연 내 블로그에 좋을까? 많은 사람이 어뷰징을 하면 블로그 순위가 오르고 방문자도 늘어나니 이렇게만 계속 유지되면 좋을 것이라고 생각한다. 실제 어뷰징을 통해 상위 노출되면 마케팅 효과도 볼 수 있으니 안 할 이유가 없다고 말이다. 그런데 부작용을 한 번이라도 생각해봤다면 어뷰징을 멀리해야 한다는 것을 바로 알아차릴 것이다. 장기적으로 봤을 때 절대로 내 블로그에 좋은 영향을 주지 않기 때문이다.

어뷰징이 좋지 않은 이유

① 계속 돈이 든다

우선 어뷰징을 한다는 것 자체가 인위적으로 트래픽을 발생시키는 것을 의미하므로 개인이 혼자 진행하는 데 무리가 있다. 혼자서 그 많은 트래픽을 어디에서 가지고 올 것인가? 그래서 어뷰징을 해주는 업체를 알아보는데, 업체를 끼면 자연적으로 '비용'이 발생할 수 밖에 없다. 돈을 안 들이고 온라인 마케팅을 하기 위해 네이버 블로그를 사용하고 있지만, 결국 돈을 내면서 어뷰징을 하는 아이러니가 발생하는 것이다.

한 번 어뷰징을 시작하면 블로그 방문자가 급격하게 상승하니 신기하기도 하고 놀랍기도 하다. 또한 가끔 상위 노출도 되므로 계속 어뷰징을 하게 된다. '블로그에 안 좋겠지.'라고 생각하면서도 지금 당장 눈앞에 보이는 하찮은 변화 때문에 계속 어뷰징을 하게 되고 이에 따른 비용도 계속 지불하는 것이다. 나중에는 스스로 느낀 어뷰징 효과뿐만 아니라 그동안 들였던 비용 때문에 어뷰징을 끊지 못하는 악순환이 반복된다.

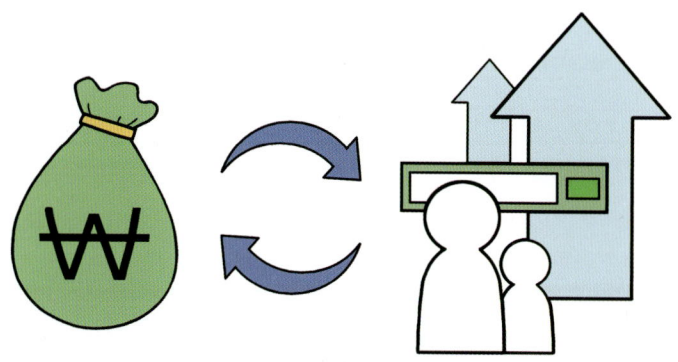

② 저품질 블로그가 될 수 있다

여기서 끝이 아니다. 어뷰징을 했을 때 발생하는 가장 심각한 문제는 내 블로그가 나중에는 아예 노출되지 않는 블로그가 될 수 있다는 것이다. 쉽게 말해 '저품질 블로그'가 될 수 있다는 이야기다. 네이버에서 공식적으로 발표한 용어는 아니지만 우리는 상위 노출이 잘되는 블로그를 '최적화 블로그', 반면 노출이 안 되는 블로그는 '저품질 블로그'라고 한다.

저품질 블로그가 되면 새로 작성하는 글이 노출되지 않을 뿐만 아니라 순위권에 있던 글의 순위도 뒤로 밀려난다. 뒤로 조금씩 밀려나는 것이 아니라 찾을 수도 없는 곳까지 한순간에 떨어지는 것이다. 내 블로그 글의 순위가 뒤로 밀려서 소비자들도 내 글을 찾을 수 없게 되고 이에 따라 방문자 수도 급감하는데, 이를 '안드로메다로 간다'고 표현한다. 어뷰징이 이렇게 무서운 것이다. 한순간의 순위 상승에 눈이 멀어 어뷰징을 계속하다 보면 결국 내가 애지중지 키운 블로그를 잃을 수도 있다는 것을 꼭 기억하자.

어뷰징은 범죄다

프로그램을 이용한 어뷰징에 대한 네이버의 생각은 어떨까? 네이버는 공식 블로그에서 다음과 같이 공지하고 있다.

> 최근 위의 기사와 같이 부정한 방법으로 블로그 순위 조작 및 자동프로그램으로 검색 결과 상위에 문서가 나오도록 어뷰징 하는 사례가 제보되고 있습니다. 이러한 것이 불법인지 모르고 식당, 병원, 법률 업종의 분들이 해당 업체에 순위조작을 의뢰하는 경우가 있는 것으로 파악됩니다.
>
> 자동 프로그램으로 네이버 서버에 접근하여 네이버의 검색 결과(순위)를 변경 또는 변경 시도를 할 경우, 그 행위자와 자동 프로그램 제작/판매자는 형법 상 컴퓨터등 장애 업무방해죄로 형사처벌 받을 수 있으며, 경우에 따라 형법 상 위계에 의한 업무방해죄와 정보통신망법 상 정보통신망 침해죄가 성립될 가능성도 있습니다.

▲ 어뷰징에 대한 네이버의 공식 입장[2]

네이버는 프로그램을 이용한 어뷰징을 좋게 보지 않는다. 더 큰 문제는 이렇게 순위를 조작

---

2 자료 출처 : 네이버 블로그팀 공식 블로그(https://blog.naver.com/blogpeople/220975791509)

하는 것이 불법이므로 처벌을 받을 수 있다는 것이다. 지금까지의 내용을 종합해보면 블로그는 네이버가 좋아하고 원하는 정석대로 진행하는 것이 중요하다. 그래서 네이버가 좋아하는 키워드로 글을 써야 하고 관련 분야에 대한 콘텐츠를 계속 발행해야 하는 것이다. 네이버는 어뷰징 행위를 싫어한다. 아예 어뷰징은 불법이니 만약 어뷰징을 한다면 처벌받을 수 있다고까지 명시해놓았다. 네이버가 싫어하는 행위라는 것을 명확히 알았는데 하면 어떻게 되겠는가? 안 봐도 뻔하다. 내 블로그는 나중에 안드로메다로 가버려서 순위권에서 글을 찾을 수도 없고 더 이상 방문자도 없는 유령 블로그가 될 것이다.

머니코치의 돈이 되는 블로그 운영 NOTE

어뷰징의 끝은 결코 달콤하지 않다

어뷰징이 이렇게 무섭다. 순간의 욕심으로 블로그를 잃을 수도 있는 행위가 바로 어뷰징이다. 앞서 스크랩, 댓글, 공감을 이용하여 순위 상승을 할 수 있다고 설명했지만, 이것도 많이 하면 안 좋다고 분명히 이야기했다. 특히 스크랩은 인위적으로 해야 하는데, 이것도 반복되면 좋지 않다. 그러므로 스크랩으로 순위 상승을 노린다면 꼭 필요한 글에만 신중하게 사용해야 한다. 어뷰징은 달콤한 유혹이지만, 그 끝은 결코 달콤하지 않다. 프로그램을 이용한 어뷰징은 아예 하지 않는 것이 좋다.

네이버는 점수제다. 안 좋은 행동을 하면 블로그에 바로 영향이 가는 것이 아니라 서서히 누적되다가 이것이 쌓이고 쌓여 결국 저품질 블로그가 된다. 저품질 블로그는 한순간에 되는 것이 아니라 그동안 우리가 블로그를 잘못 운영해서 받은 마이너스가 축적된 결과이다. 이미 어뷰징을 몇 번 했는데도 블로그가 멀쩡한 것처럼 보인다? 절대로 속지 말아야 한다. 이미 마이너스 점수를 받고 있을 수도 있기 때문이다. 이것이 쌓이면 영영 내 블로그는 돌아오지 못할 강을 건너 안드로메다로 가게 되므로 어뷰징은 생각도 하지 말고 신중하면서도 정석대로 블로그를 운영해보자. 혹시나 꼭 필요한 경우라면 절대로 과하지 않게 수십 번 고민한 다음에 하도록 하자.

SECTION 02

일일 방문자 수의
유혹을 뿌리쳐라

블로그를 운영하다 보면 여러 가지 상황을 마주하게 된다. 특히 블로그를 운영하다가 어느 시점이 되면 정체기가 오기도 한다. 블로그가 무럭무럭 성장하는 것이 눈에 보이면 신이 나서 꾸준히 운영하겠지만, 눈에 보이는 것이 적다 보니 지겨워지는 것이다. 특히 내가 공들여서 콘텐츠를 작성한 만큼 방문자들이 많이 오면 좋은데, 이것이 내 마음과는 다르다. 제자리걸음 하는 느낌이 들기도 하는 그때 유혹에 넘어가기가 쉽다.

무슨 일을 하든지 정체기가 온다면 늘 있던 유혹이 더 강하게 느껴진다. 블로그도 마찬가지다. 아무리 열심히 해도 내가 생각했던 결과와 다르고 블로그가 느리게 성장한다고 느껴지면 여러 가지 유혹에 흔들릴 수밖에 없다. 여기에 내 블로그에 방문하는 '방문자 수'도 포함된다. 우리는 방문자 수가 많은 블로그를 보고 놀라면서 '어떻게 저렇게 많은 방문자 수를 만들었을까?' 고민하기도 한다. 그런데 이런 고민도 잠시, 지금 내 블로그 방문자 수를 보면 아쉬워서 '단기간에 빠르게 방문자 수를 올리는 방법이 없을까?'라고 생각한다.

이때 방문자 수를 인위적으로 늘리는 트래픽 조작 유혹을 조심해야 한다. 프로그램을 이용하는 것은 네이버가 싫어하는 행위일 뿐만 아니라 불법 행위이다. 하지만 이것을 알면서도 방문자 수에 대한 욕심은 점점 더 커지기만 한다. 그래서 프로그램을 사용하지 않고 어떻게 방문자 수를 늘릴 수 있나 고민하는데, 이때 '이슈 키워드'에 유혹될 수 있다.

검색 트래픽을 유도하는 이슈 키워드

이슈 키워드(Issue keyword)는 말 그대로 지금 우리의 일상생활 전반에서 가장 많이 이슈가 되고 있는 키워드를 의미한다. 이전에는 네이버에 실시간 급상승 검색어가 있었다. 그래서 그때 어떤 사람들은 실시간 급상승 검색어를 이용하여 블로그 포스팅을 하는 것이 좋다고 했다. 과연 그럴까? 지금은 실시간 급상승 검색어가 없어졌지만, 여전히 사회 전반에서 이슈가 되는 이슈 키워드들이 있다. 이런 키워드들을 이용해 내 블로그에 포스팅하는 것이 정말 좋을까? 이에 대해 네이버는 어떻게 생각하고 있을까?

> **의도적으로 검색 트래픽을 유도하는 포스팅**
>
> 검색 결과를 통한 방문자가 많다면 그만큼 검색 결과에 많이 노출되고 있을 가능성이 높습니다. 그리고 검색 노출량은 검색 사용자가 검색 창에 입력한 검색어의 검색량(QC: query count)과 밀접한 관련이 있습니다.
>
> 검색을 통한 방문자가 많다면 다양한 검색어의 검색 결과로 노출되었거나, 아니면 소수 검색어의 검색 결과에 노출되었지만 해당 검색어의 검색량이 많다는 것을 의미합니다.
>
> 그러나 실제로 다양한 검색어의 결과로 노출되려면 그만큼 많은 콘텐츠가 필요하고, 콘텐츠의 양을 늘리려면 많은 시간과 노력을 투입해야 합니다. 그래서 <u>적은 비용으로 짧은 시간 내 블로그 방문자를 늘리기 위해 검색량이 많은 검색어만을 골라서 관련 포스팅을 하는 것이 대표적인 검색 트래픽 유도 사례</u>라 할 수 있습니다.
>
> 하지만 검색량이 꾸준히 많은 검색어는 이미 관련 콘텐츠가 다양하게 생산/소비되고 있기 때문에 관련된 포스팅을 하더라도 검색량만큼의 방문자를 기대하기는 어렵습니다. 그래서 갑자기 검색량이 증가해 상대적으로 검색 노출 경쟁이 적은 이른바 '이슈 검색어 포스팅'을 하는 것이 가장 효과적으로 검색을 통한 방문자를 늘리는 방법처럼 보일 수 있습니다.

▲ 이슈 키워드에 대한 네이버의 공식 입장 ①[3]

네이버에서는 정석대로 검색을 통한 방문자를 늘리려면 시간이 오래 걸린다고 이야기하면서 짧은 시간 안에 블로그 방문자를 늘리기 위한 검색량이 많은 검색어만 골라 포스팅하는 검색 트래픽 유도 사례를 언급한다. 그리고 검색 트래픽을 유도하는 대표적인 방법이 바로 이슈 검색어(이슈 키워드) 포스팅이라고 설명하고 있다. 그러면 뒤의 내용은 어떨까?

---

[3] **자료 출처** : 네이버 검색 공식 블로그(https://blog.naver.com/naver_search/220742080173)

> **달콤한 유혹, 이슈 검색어 포스팅**
>
> 갑자기 검색량이 늘어난 검색어는 검색 결과에 노출되는 기존 콘텐츠가 별로 없거나 있더라도 현재의 이슈 흐름에 벗어난 경우가 많기 때문에, 재빨리 현재 이슈의 맥락에 맞게 포스팅하면 기존 콘텐츠 대비 관련도가 높을 수밖에 없고 자연스레 검색 결과 상위에 노출되면서 많은 방문자를 블로그에 유입시킬 수 있습니다.
>
> 그럼 <u>이슈 검색어로만 계속 포스팅하면 계속 많은 방문자를 유지할 수 있는 걸까요?</u>
>
> <u>결론부터 말씀을 드리자면, 그렇게 되기는 매우 어렵습니다.</u>
>
> 이슈 검색어를 빠르게 감지하고 빠르게 포스팅하면 당장에는 방문자가 늘어날 수 있습니다. 그러나 이렇게 빨리 작성된 만큼 콘텐츠의 품질은 떨어질 가능성이 높습니다.
>
> 오랜 시간 공들인 포스팅이 아니기 때문에 뉴스 기사나 다른 출처의 콘텐츠 도용 등 짜깁기 식의 포스팅이 되는 경우가 많고, 이처럼 콘텐츠의 품질이 담보되지 않은 포스팅은 검색 사용자 만족도를 떨어뜨리는 요인으로 작용합니다.
>
> 네이버의 검색 랭킹 알고리즘은 검색 사용자의 만족을 높이기 위해 검색어별 검색 의도를 실시간으로 분석하고 관련도 높은 문서가 무엇인지 구분합니다. 뿐만 아니라 검색 사용자의 검색 패턴과 문서의 콘텐츠 구성을 분석해 검색 사용자가 좋아하는 문서가 무엇인지, 검색 사용자가 선호하는 콘텐츠가 많은 출처, 즉 신뢰할 수 있는 출처가 무엇인지를 종합적으로 판단해 검색 결과에 노출되는 순서를 결정합니다.

▲ 이슈 키워드에 대한 네이버의 공식 입장 ②[4]

이슈 검색어 포스팅 때문에 블로그 글이 상위 노출할 수 있다고 이야기하고 있다. 그런데 이렇게 이슈 검색어로 포스팅한다고 해서 그 검색 결과가 계속 유지된다는 게 아니라는 것이 문제다. 물론 현재 사회적으로 이슈가 되고 있는 내용을 포스팅하는 것이므로 이로 인한 방문자 수의 급상승은 기대할 수 있지만 이것이 계속 유지되지는 않는다. 아무래도 이것은 특정한 목적(검색 트래픽 유도)을 가지고 글을 빨리 써서 노출해야 하므로 콘텐츠의 질이 떨어지기 때문이다.

블로그 운영 목적에 맞춰 이슈 키워드를 작성하자

네이버는 콘텐츠의 질에 매우 민감하다. 네이버는 내부에서 콘텐츠를 만들어야 하고 이에 따라 사용자들을 붙잡아두려는 경향이 강하다. 그래서 네이버가 원하는 대로 질 좋은 콘텐츠를 꾸준히 잘 올리면 플러스(+) 점수로 상을 주는 것이 '최적화 블로그'이고, 반대로 네이버가 싫어하는 행동을 한다면 마이너스(-) 점수로 벌을 주는 것이 '저품질 블로그'이다. 그러므로 당연히 방문자 수(검색 트래픽 유도)를 목적으로 한 휘발성 콘텐츠는 네이버가 제일 싫어하는 행위인 것이다.

> 따라서 일시적으로 방문자가 늘어났다고 하더라도 방문자의 만족도가 낮다면 문서의 품질 평가와 블로그의 출처 신뢰도에 좋지 않은 영향을 미칩니다.
>
> 특히나 블로그를 운영하는 특정한 주제와 목적이 있음에도 불구하고 이와 무관한 이슈 포스팅을 하는 경우 방문자로부터 신뢰성 있는 출처로 평가받기 어려워지고, 자칫 홍보를 위한 낚시성 블로그로 평가받는다면 블로그의 신뢰도는 점차 하락해 검색 결과에서도 차츰 뒤처지게 됩니다.

▲ 이슈 키워드에 대한 네이버의 공식 입장 ③[5]

네이버는 검색 트래픽 유도를 목적으로 한 콘텐츠는 블로그에 좋지 않은 영향을 준다고 명확히 이야기하고 있다. 우리가 말하는 최적화 블로그를 네이버는 '신뢰할 수 있는 블로그'라고 표현한다. 위의 문장에서 검색 트래픽을 유도하기 위한 글쓰기는 블로그의 출처 신뢰도에 좋지 않은 영향을 미친다고 했는데, 이 말은 무슨 의미일까? 방문자 수 급상승을 목적으로 이슈 검색어로 포스팅한다면 블로그 지수에 좋지 않은 영향을 끼친다는 의미다.

바로 아래 문장에서 "블로그의 신뢰도는 점차 하락해 검색 결과에서도 차츰 뒤처지게 됩니다."라고 이야기한다. 이것은 네이버가 검색 트래픽을 목적으로 이슈 검색어를 포스팅한다면 우리가 흔히 말하는 '저품질 블로그'로 이어질 수 있다고 친절하게 경고하는 것이다.

검색 트래픽을 목적으로 한 이슈 키워드 포스팅은 네이버가 정말 싫어하는 행위이므로 절대 하지 말아야 한다. 그렇다면 검색 트래픽 유도 목적이 아닐 경우 이슈 검색어를 포스팅하는 것은 어떨까? 네이버는 이슈 검색어에 대해 이렇게 이야기하고 있다. 다음 쪽에서 이어서 살펴보겠다.

4, 5 자료 출처 : 네이버 검색 공식 블로그(https://blog.naver.com/naver_search/220742080173)

이럴 땐 이렇게, 이슈 키워드 작성 방법

> **| 잘못된 소문, 이슈 검색어로 포스팅하면 안 된다?**
>
> '그럼 절대로 이슈 검색어로 포스팅하면 안 되는 것일까?'
> '별 의도 없이 포스팅했는데 우연히 이슈 검색어에 걸리면 억울하게 피해를 보는 게 아닐까?'
>
> 앞선 내용에서 설명드린 대로 의도적인 검색 유입을 목적으로 이슈 검색어로 품질 낮은 콘텐츠를 포스팅하는 것은 분명 좋지 않습니다.
>
> 그리고 일부 SEO(search engine optimization, 검색 엔진 최적화) 테스트를 목적으로 작성된 이슈 검색어 포스팅의 검색 유입량이 순간적으로 증가하고 이후 감소하는 현상만을 보고 이슈 키워드 포스팅은 절대 피하라는 잘못된 주장을 하시는 분도 계십니다.
>
> 앞에서 설명드린 내용을 잘 이해하셨다면 이런 현상이 발생하는 이유는 이슈 검색어로 작성된 포스트의 품질이 좋지 않아 블로그에 방문한 검색 사용자의 만족도가 낮았기 때문이란 걸 쉽게 아실 수 있을 겁니다.
>
> 예를 들어, 드라마 덕후 블로거가 오늘 방영된 드라마의 리뷰를 맛깔나게 포스팅한다면, 또는 특정 연예인의 열렬한 팬 블로거가 해당 연예인과 관련하여 자신만 갖고 있는 콘텐츠를 포스팅한다면, 아무리 해당 검색어가 갑자기 이슈가 되어 방문자가 급증하더라도 방문자 만족도가 높기 때문에 오히려 검색 랭킹에는 좋은 영향을 주게 됩니다.

▲ 이슈 키워드에 대한 네이버의 공식 입장 ④[6]

바로 이 내용인데, 의미를 잘 해석하는 것이 중요하다. 앞의 내용을 해석해보면 이슈 검색어를 포스팅하는 것이 모두 안 좋은 것은 아니지만, 의도적으로 방문자 수 급증(인위적인 검색 트래픽 증가)을 위한 이슈 검색어 포스팅은 하지 않는 것이 좋다는 것이다. 그런데 이슈 검색어를 포스팅해도 오히려 블로그에 좋은 경우도 있다고 한다. 예를 들어, 한 분야의 콘텐츠를 꾸준히 발행한 블로그에서 그와 관련된 이슈 검색어를 사용하는 것은 오히려 좋은 영향을 미칠 수 있다는 것이다.

여러분이 산부인과 의사라고 가정해보자. 물론 내 블로그에는 산부인과 업종과 관련된 여러 가지 콘텐츠를 이미 포스팅하고 있었을 것이다. 다양한 부인과 질환에 대해서도 설명하고 임신이나 출산 등에 대한 다양한 정보도 꾸준히 포스팅하고 있었던 것이다. 이렇게 산부인과와 관련된 여러 가지 콘텐츠를 포스팅하고 있었는데, 어느 날 '낙태 합법'이라는 기사가 났다. 이 내용이 지금 사회적으로 이슈가 되는 내용이지만, 내 업종과 관련이 있으니 블로그에 포스팅을 할 수 있다. 이슈 키워드를 포스팅했으니 이에 따라 방문자 수가 급증한다. 그런데 나는 이전부터 산부인과에 대한 여러 가지 콘텐츠를 꾸준히 올렸다. 이에 따라 '낙태 합법'이라는 글을 본 사용자들은 내 블로그에서 산부인과 정보와 관련된 다양한 콘텐츠를 소비하게 된다.

이슈 검색어로 방문한 사용자들이 내 블로그에 있는 다른 콘텐츠를 읽으면서 시간을 보낸다는 것은 어떤 의미일까? 쉽게 생각해보자. 우선 '낙태 합법'에 대해 작성한 글이 마음에 든 것이다. 이 내용이 좋으니 내 글에 신뢰도가 생겼고, 평소에 산부인과와 관련해서 궁금하거나 흥미있는 것을 찾아보려는 마음이 생긴 것이다. 그리고 관련된 글을 내 블로그에서 살펴보고 싶다는 생각이 들어 이전에 작성했던 여러 가지 글을 보게 된다. 사용자들은 내 블로그에서 산부인과에 대한 여러 정보 글을 보면서 만족감을 얻는다. 이러한 행위로 내 블로그에서의 체류 시간이 길어지고 콘텐츠를 소비하면서 공감이나 댓글 등의 여러 이웃 활동을 할 수도 있다. 결국 이런 것들이 내 블로그에 좋은 영향을 미치므로 이 경우에는 이슈 검색어를 포스팅해도 괜찮다는 것이다. 이것은 오히려 이슈 키워드 때문에 사용자가 증가하고 체류 시간이 길어졌으니 블로그에 좋은 것이다.

> **짧은 결론: 뜨내기 방문자가 단골 방문자가 될 수 있는 블로그**
>
> 단순히 방문자가 많은 블로그라고 해서 방문자가 선호하는 좋은 블로그라고 할 수는 없습니다. 순간적으로 방문자를 늘리는 방법은 여러 가지 있습니다만 그렇게 유입된 방문자의 만족도가 낮은 블로그보다는, **오히려 방문자가 훨씬 적어도 만족도가 높은 블로그**가 자연스럽게 검색 결과에 잘 노출될 것입니다.
>
> 그리고 그렇게 되기 위해서는 **검색을 통해 유입된 방문자를 고려해 저마다의 블로그 운영 목적에 맞게 포스팅하는 것이 중요합니다.**
>
> 검색을 통해서 어떤 방문자가 내 블로그에 방문할지 예상하기는 어려운데요, 그런 우연한 만남을 통해 미지의 누군가와 관계를 맺는다는 것은 블로그 운영의 큰 재미와 보람 중 하나가 아닐까 합니다. 방문자가 만족할 수 있는 블로그 포스팅을 통해 좋은 관계가 이어지고 이런 관계가 모여 신뢰가 쌓이는 블로그에 뜨내기 방문자가 과연 득일지 독일지는 여러분도 어렵지 않게 판단하실 수 있을 것 같습니다.

▲ 이슈 키워드에 대한 네이버의 공식 입장 ⑤[7]

네이버에서는 단순 방문자 수를 위한 이슈성 포스팅은 하지 말아야 하고 이것은 블로그에 좋지 않은 영향을 미친다고 이야기한다. 블로그를 운영할 때는 내 타깃에 맞춰 내 업종과 관련된 내용으로 포스팅해야 한다. ==이슈 키워드를 사용해도 내 업종과 관련된 내용으로 타깃 고객들이 만족감을 얻는다면 무조건 나쁜 것은 아니다.== 다시 말해서 이미 씨랭크 알고리즘에 맞게 운영되고 있는 블로그에서 주제와 연관된 이슈 키워드를 작성한다면 나쁘게만 보기는 어렵다.

6, 7 **자료 출처** : 네이버 검색 공식 블로그(https://blog.naver.com/naver_search/220742080173)

머니코치의 돈이 되는 블로그 운영 NOTE

이슈 키워드가 무조건 나쁜 것은 아니다

이슈 키워드를 작성할 때는 이 내용이 지금 내가 블로그를 운영하는 목적과 맞는지를 생각해야 한다. 그리고 이에 따라 사용자들의 연쇄 콘텐츠 소비나 체류 시간 증가 등과 같은 효과를 기대할 수 있으면 가끔 한 번씩 이슈 키워드를 사용하는 것도 내 블로그 지수를 위해 무조건 나쁜 것만은 아니라는 것을 꼭 기억하자. 네이버가 싫어하는 것은 이슈 키워드 포스팅이 아니라 '단순 방문자 급증을 위한 이슈 키워드 포스팅'이다.

SECTION 03
외부 링크를 자주 사용하면 이득일까, 독일까?

우리는 왜 블로그를 운영할까

블로그를 키울 때는 네이버가 좋아하는 키워드를 사용해 점수를 쌓고 점점 더 노출이 잘되게 해야 한다. 이때 네이버가 좋아하면서도 소비자들이 관심 있어 하는, 블로그 지수를 올리는 데 도움이 되는 키워드를 '정보성 키워드'라고 한다. 이것을 내 블로그 지수에 맞게 잘 추출해서 사용해야 상위 노출된다. 블로그가 상위 노출되고 내 블로그를 찾는 사람들이 많아지면 이들이 이웃 활동을 하면서 블로그 지수가 점차 상승하고, 이에 따라 어느 정도 경쟁력이 있는 키워드를 사용해도 내 블로그를 상위 노출할 수 있다.

정보성 키워드를 통해서 사용자들을 모으고 그들에게 정보만 주고 싶으면 이대로 블로그를 키워도 상관없다. 하지만 우리가 블로그를 하는 목적은 블로그를 무료 마케팅 도구로 활용하면서 최종적으로는 내 상품이나 서비스를 판매하는 것이다. 그래서 이런 목적을 가지고 있으면 어느 정도 시간이 지났을 때 내 상품이나 서비스를 판매할 수 있는 직접적인 키워드를 작성하고 싶어진다. 즉, 홍보성 키워드를 활용해 수익으로 연결되는 글을 작성하고 싶어지는 것이다.

포기할 수 없는 외부 링크 활용하기

홍보성 키워드를 사용해 내 수익과 직접적으로 연결되는 글을 작성하고 소비자들의 문의를 받으려면 어떤 장치를 걸어놓아야 할까? 메신저로 바로 상담할 수 있는 채널이나 즉시 전화할 수 있는 전화번호 등의 링크를 걸어야 한다. 그리고 내 상품이나 서비스를 궁금해하는 소비자들을 위해 홈페이지나 쇼핑몰 등의 링크를 걸어놓기도 한다. 이 링크들은 소비자들이 내 상품을 구매하는 데 직접적인 도움을 준다. 결국 나의 수익을 올리려면 소비자들이 나에게 연락할 수 있도록 네이버 외의 링크, 즉 외부 링크를 사용할 수밖에 없다.

그런데 이 외부 링크에 대한 의견이 분분하다. 어떤 사람들은 외부 링크를 넣어도 블로그에 아무런 문제가 없다고 하고, 또 다른 사람들은 외부 링크를 사용하면 블로그 지수에 좋지 않다고 말한다. 정확한 정보가 없으니 꼭 필요한 경우에도 링크를 넣지 못하는 상황이 생긴다. 혹시 블로그에 좋지 않은 영향을 줄까봐 걱정되기 때문이다. 솔직히 외부 링크를 사용하면 블로그 지수에 좋지 않다는 말은 양호한 편이다. 소문 중에는 외부 링크를 사용하면 블로그가 바로 저품질이 된다는 말도 있어서 더욱 꺼려지는 것이다. 그렇다면 과연 어떤 말이 맞는 것일까? '외부 링크를 사용하는 것만으로도 내 블로그에 좋지 않은 영향을 주는 것이 사실일까?'

외부 링크에 대해서 알아보자

① 외부 링크 개념을 명확히 이해해라

외부 링크라는 것은 말 그대로 네이버 외의 모든 링크를 말한다. 내가 운영하는 홈페이지나 페이스북, 인스타그램 외에도 다른 여러 사이트 수익 알바와 관련된 링크는 모두 외부 링크에 속한다. 많은 분이 블로그 글을 작성할 때 함께 보면 좋은 내 블로그의 글이나 다른 블로그의 글을 링크하고 싶어 한다. 네이버 카페를 운영한다면 블로그에 글을 작성할 때 관련 있는 네이버 카페 글을 링크하고 싶어 한다. 그렇다면 이것은 외부 링크일까? '링크'를 걸었다는 것 자체로 외부 링크라고 생각할 수도 있지만, 이것은 내부 링크이다. 왜냐하면 네이버에서 네이버로 이동한 것이기 때문이다.

다른 쇼핑몰 사이트나 페이스북, 인스타그램의 링크는 어떨까? 이것은 외부 링크이다. 네이버 안에서의 이동이 아니라 네이버에서 다른 채널로 이동한 것이므로 외부 링크에 속하는 것이다. 쉽게 이야기해서 네이버가 아닌 플랫폼, 즉 페이스북, 인스타그램, 구글, 쇼핑몰 홈페이지, 쿠팡, 유튜브 등은 외부 링크에 속한다.

② 내부 링크인 척하는 외부 링크

네이버 스마트스토어를 운영한다면 블로그 글에 나의 스마트스토어 링크를 거는 것은 내부 링크일까, 외부 링크일까? 앞에서 설명한 것처럼 네이버 안에서 이동하는 것이니 내부 링크에 속한다고 생각할 것이다. 결론부터 이야기하면 내부 링크가 맞다. 하지만 외부 링크 취급을 받는 내부 링크이다.

네이버 안에서의 이동인데 왜 스마트스토어가 외부 링크 취급을 받을까? 결론부터 이야기하면 네이버 스마트스토어는 홍보성 링크이기 때문이다. 쉽게 말해서 블로그에 글을 쓰고 나서 마지막에 내 스토어 링크를 거는 이유는 사용자들이 내 스토어에 방문해 물건을 구매해주기를 바라기 때문이다. 즉, 내 수익이 발생하기를 원하기 때문이다. 네이버는 광고 회사이므로 우리가 무료로 블로그를 이용하여 우리만의 수익이 발생하는 것을 별로 좋아하지 않는다.

외부 링크의 효율적인 활용 방법

네이버는 플랫폼 비즈니스 기업이다. 그래서 네이버는 사용자들이 '네이버'라는 마을 안에서만 활동하기를 원한다. 네이버 안의 다양한 채널에서 사용자들이 활동하며 자신들이 심어둔 광고를 클릭하기를 바라고, 자신들의 수익 모델에서 수익이 나기를 원한다. 사실 네이버뿐만 아니라 모든 플랫폼 기반의 비즈니스 회사들도 똑같을 것이다. 사용자들이 자신의 플랫폼에서만 머물기를 바라고 다른 곳으로 이동하는 것을 원하지 않는다.

그렇다면 결론은 무엇일까? 내 블로그에 외부 링크를 사용하는 것은 이득일까, 독일까? 이 질문에 대한 답은 지금까지 설명한 내용을 바탕으로 생각해보면 금방 알 수 있다. ==외부 링크는 내 블로그 지수에 맞게 주 1~2회 정도 쓰는 것이 가장 적합하다.==

블로그를 운영할 때는 반드시 득과 실을 잘 따져야 한다. 그래야 내 블로그에 어떤 게 좋은 건지, 어떤 걸 하지 말아야 하는지를 파악할 수 있다. 지금 당장은 네이버 정책에 반하는 행동을 해도 문제가 생기지 않는 것처럼 보이지만, 사실은 마이너스 점수가 계속 쌓이고 있다. 이

점만 잘 염두에 두고 블로그를 운영해도 다른 사람들보다 훨씬 탄탄한 블로그를 만들 수 있을 것이다.

머니코치의 돈이 되는 블로그 운영 NOTE

외부 링크의 끝은 저품질 블로그이다

이전에 쿠팡 파트너스 활동을 하는 사람들이 네이버 블로그에 쿠팡 링크를 걸고 상품을 쿠팡에서 구매하도록 유도했던 적이 있다. 물론 지금도 있지만, 이들 중 1년 이상 블로그가 유지된 사람이 없다. 심지어 이렇게 하라고 돈 받고 가르쳤던 강사조차 저품질 블로그를 맞았고 현재는 블로그를 운영하고 있지 않다. 이런 블로그들의 최후는 결국 '저품질 블로그'이다.

외부 링크에 대해 꼼수랍시고 다른 내용을 강의하는 강사들이 있다. 물론 그들도 먹고살아야 하니 이런 이야기를 하는 것이다. 그렇다면 그들은 어떤 내용으로 강의할까? 그들은 우선 쿠팡으로 연결되는 블로그 글 한 개를 미리 작성하라고 한다. 그리고 새로 작성하는 글에 미리 쿠팡 링크를 작성한 그 블로그 글을 링크로 연결하라고 한다. 글을 쓸 때마다 외부 링크를 거는 것이 찜찜하다면 외부 링크가 있는 글을 미리 하나 작성하고 블로그에 글을 쓸 때마다 외부 링크가 작성되어 있는 블로그 글을 링크로 삽입하라는 것이다. 그러면 소비자들은 블로그 링크를 클릭하는 것이고 그 블로그 링크를 클릭하면 쿠팡 링크가 글 내용에 있으니 문제없다는 것이다. 이 내용을 얼핏 들으면 괜찮은 것 같다. 어차피 외부 링크는 한 번만 사용한 것이고 나머지 글은 내 블로그 글을 링크하는 것과 마찬가지니까.

그런데 네이버는 바보가 아니다. 네이버는 어떻게 외부 링크인지 확인할 수 있을까? 네이버는 그 한 포스팅에 걸린 링크만 보고 판단하지 않는다. 네이버가 외부 링크, 홍보성 링크를 판단할 때는 최종 도착지의 URL을 본다. 다시 말해서 내가 아무리 블로그 글을 링크했어도 링크를 건 블로그 글에 외부 링크가 있으면 네이버는 외부 링크, 홍보성 글로 인식한다는 것이다. 물론 이런 경우에도 블로그의 최후는 '저품질 블로그'이므로 이상한 강사들의 언변에 속지 말자.

무료로 퍼주는 머니코치의 유튜브 영상 강의

쿠팡 파트너스 강사도 저품질 블로그에 걸리는 웃긴 상황(네이버 외부 링크, CPC, CPS)

 지금까지 설명한 내용은 유튜브 〈머니코치 최준호〉 채널에서 동영상 강의로 제공하고 있으므로 QR 코드나 URL 링크로 접속해 온라인 마케팅 전문가 머니코치의 생생한 동영상 강의를 살펴보자.

https://youtu.be/4XhpKkYxL4M?si=HbM6wlGeasmjOQju

SECTION 04

블로그 운영 시 기억해야 할 세 가지 - 꾸준함, 대행사, 저작권

'꾸준하게' 운영하기

블로그를 기초부터 탄탄하게, 정석대로 운영한다는 것은 정말 어려운 일이다. 하지만 반드시 해내야 하며 이때는 '꾸준함'이 받쳐주어야 한다. 나와 관련되어 있으면서도 소비자들과 네이버가 좋아하는 콘텐츠를 꾸준하게 생성해야 우리가 목표하는 씨랭크 블로그, 즉 돈이 되는 블로그로 성장할 수 있다. 그런데 무엇인가를 창작해서 꾸준하게 콘텐츠를 만들어낸다는 것은 무척 어려운 일이다. 특히 자영업자들은 본업에 집중하기도 바쁜데 블로그에 투자하는 시간이 많아질수록 부담을 느끼기도 한다.

블로그 지수를 높이고 상위 노출이 잘되는 블로그로 만들려면 좋은 콘텐츠를 만드는 것부터 시작해야 한다. 콘텐츠의 퀄리티가 좋고 다른 곳에서는 하지 않는, 소비자들에게 진짜 도움이 되는 정보를 주어야만, 소비자의 체류 시간이 늘어나고 내 블로그에 있는 다른 글을 연속적으로 소비하며 공감이나 댓글 등의 활동을 한다. 결국 이것이 쌓여 블로그 지수 상승에 도움이 되는 것이다.

그런데 우리가 하루 종일 블로그만 운영할 수 없다는 것이 문제다. 우리는 블로그만 전문적으로 운영하는 것이 아니라 다른 본업이 있다. 그래서 이 내용을 다 알지만 실천하기가 무척 어렵다. 특히 콘텐츠를 꾸준하게 올리는 것이 부담스럽기도 하고 시간을 많이 투자해야 하니 중도에 포기하는 경우도 많다. 그래서 블로그가 방치되는 것이다. 그러면 내가 목표로 했던 '돈 되는 블로그'는 커녕 제대로 시작조차 못 한 블로그로 남아있게 된다.

또 다른 문제도 있다. 주변에서 블로그를 해야 된다고 해서 시작했는데, 잘 몰라서 운영하기가 싫은 경우이다. 시간 투자도 부담스러운데, 블로그를 잘 운영하려면 알아야 할 것들이 많으니 의욕도 안 생기고 하기가 싫은 것이다. 매일매일 억지로 글을 올리지만, 블로그가 성장하는 기미도 안 보이고 시간은 시간대로 버리면서 쳇바퀴 돌 듯 똑같은 일만 반복하는 게 지쳐서 그만두고 싶은 마음이 들기도 한다. 결국 주변 말만 듣고 아무것도 모르고 시작한다면 블로그를 운영하는 흉내만 내다가 방치해버리는 것이다.

그렇다고 해서 블로그에 손을 놓아버리자니 매출 생각이 나 마냥 손 놓고 있기도 불편하다. 이때 내 블로그를 대신 운영해줄 '온라인 마케팅 대행사'를 생각하는 사람들이 많다. 만약 '꾸준함'이 부담되어 대행사를 끼고 싶다면 다음 내용을 잘 읽어보자.

무작정 '대행사'에 맡기지 않기

블로그를 운영하기 위해 대행사와 계약하면 이제 내 부담감을 덜었다는 안도감이 들 것이다. 전문가가 운영하면서 매일매일 콘텐츠를 발행하므로 블로그가 금방 성장할 것이라고 기대한다. 과연 그럴까? 물론 내 소중한 블로그를 대행사에 맡기기로 마음먹었다면 여러 업체에 연락해본 후 그들이 제시한 조건을 비교해보고 마음에 드는 곳을 선택할 것이다. 대부분 이렇게 대행사와 계약을 하고 그들이 일을 시작하면 무작정 믿고 있는 경우가 많다. 내가 따로 신경을 쓸 겨를도 없고 블로그에 대해서는 그들이 전문가라고 생각하니 그냥 하는 대로 놔두는 것이다. 그런데 이렇게 하는 게 맞을까?

결론부터 말하자면 아니다. 물론 안 그런 대행사들도 많지만, 일부 대행사들은 이런 점을 악용한다. 아무래도 처음에는 대행을 맡긴 대표가 꼼꼼하게 살펴보니 열심히 일하는 '척'만 한다. 처음 며칠만 이렇게 열심히 하는 '척'을 하다가 이제 광고주 대표가 피드백을 안 하는 것 같으면 나 몰라라 손을 놔버린다. 그리고 놀랍겠지만 블로그 콘텐츠에 대한 지식 수준이 광고주보다 낮은 경우도 있다. 당연히 키워드도 잘 추출하지 못해서 블로그 성장은커녕 아무것도 안 할 때보다 결과가 더 안 좋아지는 경우도 있다. 심지어 블로그 지수에 맞는 키워드를 추출하는 방법조차 몰라서 씨랭크 로직에 맞지 않는 키워드로 글을 작성하기도 한다. 또한 상위 노출에 대한 생각 없이 단지 보여지는 것만 생각해서 대충대충 포스팅을 올리는 경우도 있다.

대행사에서 눈에 보여지는 것에만 신경 써서 매일매일 콘텐츠를 올린다면 우리는 어떻게 생각할까? 만약 블로그에 대해 아무것도 모르고 무작정 맡겼다면 '아, 정말 일을 성실하게 잘 하는구나!'라고 생각할 것이다. 그런데 내 블로그는 성장하지 않는다. 뭔가 이상해서 문의해도 대행사가 훌륭한 언변으로 나를 상대한다면 그 말을 그대로 믿고 계약을 연장할 수도 있다. 그런데도 내 블로그는 성장하지 않는다. 결국 돈과 시간만 날리는 것이다.

반대로 내가 블로그에 대한 지식은 있는데, 본업이 너무 바빠 도저히 블로그를 운영할 시간이 없어서 대행사에 맡겼다면 어떨까? 블로그에 대해 알고 있으므로 대행사가 대충 계약한 개수만 채우려고 포스팅하는 것이 보일 것이다. 게다가 블로그 지수에 맞는 키워드를 잘 추출하는지, 씨랭크 로직에 맞는 키워드를 잘 추출하는지도 눈에 보인다. 이것들을 잘 살펴보다가 의문점이 들었을 때 대행사가 아무리 화려한 언변으로 변명을 늘어놓아도 절대 넘어가지 않는다. 그러면 내 블로그를 지킬 수 있다.

이와 같이 내가 직접 블로그를 운영하지 않아도 블로그에 대해 조금이라도 아느냐, 모르느냐에 따라 내 블로그의 성장을 방해할 수도, 내 블로그를 지킬 수도 있다. 현재 상황에서 도저히 블로그를 운영할 수 없어 대행사에 맡겨야 하더라도 무작정 맡기는 것은 지양해야 한다. 적어도 내가 블로그에 대해 어느 정도의 지식을 갖추고 있을 때 맡기는 것이 좋다.

그리고 반드시 대행사를 비교할 때는 여러 곳을 접촉해야 한다. 보이는 것에만 신경 써서 포스팅을 남발하는 것이 아니라 정말로 네이버 로직에 맞게 잘 운영하는 곳을 골라야 한다. 다시 한번 더 강조하지만 대행사에 블로그를 맡길 때도 블로그에 대해 어느 정도 지식을 갖추고 있어야 한다. 하지만 이 책만 잘 보면 실력 없는 대행사보다는 훨씬 높은 지식을 갖추게 되므로 너무 걱정하지 말자.

'저작권' 조심하기

블로그를 운영하려면 반드시 글을 작성해야 하고 또 그에 맞는 적절한 이미지도 삽입해야 한다. 그런데 사실 글에 대한 모든 이미지를 직접 만들 수는 없다. 디자인을 잘하는 사람이라도 본업이 있으면 내 블로그에 사용할 이미지를 제작해 매일매일 콘텐츠를 업로드할 수 없다. 글도 창작해야 하는데 이미지까지 손수 다 제작하려면 블로그에 들어가는 시간이 매우 부담스러울 것이다. 그래도 내 블로그가 성장하려면 '꾸준함'이 중요하므로 이미지를 좀 더 쉽게 제작하는 방법을 생각하게 된다.

이미지 사용 시 주의사항

많은 사람이 인터넷에서 사진을 가지고 와서 블로그 작성에 이용한다. 그런데 '저작권'을 생각하지 않고 인터넷에 돌아다니는 사진 중 내 글에 잘 맞을 것 같은 것을 퍼온다는 것이 문제다. 저작권은 저작자가 스스로 만든 창작물에 대해 가지고 있는 권리다. 그러므로 내가 인터넷에 돌아다니는 어떤 사진을 내 블로그에 사용하고 싶다면 그 사진을 찍은 원작자에게 허락을 받아야 한다. 대부분의 사람은 여기까지 생각하지 못한다. 아무래도 콘텐츠를 빨리 발행하고 싶기도 하고 저작권 문제를 심각하게 생각하지 않기 때문이다.

그러나 한 가지 팁이 있다. 저작권이 없는 사이트에서 사진을 다운로드해서 사용하는 방법이다. 가장 대표적인 사이트는 '픽사베이'로, 저작권에 대한 신경을 쓰지 않고 내가 원하는 이미지를 무료로 다운로드할 수 있다. 그래도 이미지를 사용하기 전에 저작권 허용 범위를 반드시 확인하는 것이 좋다. 픽사베이 외에도 여러 사이트가 있으니 사진을 직접 촬영하기가 어렵다면 활용해본다.

▲ 픽사베이 사이트(https://pixabay.com/ko)

이번에는 글에 대한 저작권을 이야기해보겠다. 블로그 지수를 높이기 위해 정보성 키워드를 사용할 때 저작권에 대한 문제가 발생할 수 있다. 사실 내 제품이나 서비스에 대해 작성하는 '홍보성 키워드' 같은 경우에는 내 업체만의 특장점을 살려 작성하면 되므로 크게 어렵지 않다. 내 제품이나 서비스에 대해 잘 알고 있고 어떻게 글을 써야 하는지 감이 오기 때문이다.

문제는 정보성 키워드를 작성할 때다. 물론 정보성 키워드로 글을 작성할 때도 나의 업종과 관련된 키워드를 추출해 작성하는 것이니 어느 정도 기본 지식이 있는 경우가 많다. 그런데 글을 작성하다 보면 추가 정보를 넣고 싶을 때가 있다. 아무래도 사용자들이 내 블로그에 오래 머무를 수 있게 하려면 좋은 콘텐츠의 글을 작성해야 하는데, 아무리 내가 관련 정보를 많이 알고 있어도 여러 가지 참고 자료를 살펴봐야 더욱 풍부한 콘텐츠를 만들 수 있기 때문이다. 하지만 글에도 '저작권'이 있다. 남의 글을 그대로 작성하는 것은 남의 저작권을 위반하는 행위이므로 내가 자료를 수집하여 글을 작성하는 경우에도 신중해야 한다.

다른 블로그나 기타 홈페이지 등에서 자료를 수집한 경우 다른 곳에서 사용된 표현을 그대로 작성해도 안 된다. 특히 다른 블로그나 네이버 카페 등에서 본 표현을 내 블로그에 그대로 써도 저작권법 위반이므로 문제가 커진다. 그러므로 더욱 풍부한 콘텐츠를 위해 자료 수집을 할 때는 절대 남의 콘텐츠를 베끼지 말고 나만의 언어로 다시 해석하여 작성해야 한다. 그래야 저작권법 위반이라는 불명예도 갖지 않게 된다. 블로그를 운영하는 사람들은 대부분 알고 있지만, 네이버에는 '유사 문서'와 '유사 이미지'라는 개념이 있다. 이것은 말 그대로 이전에 사용했던 글이나 사진 등을 재활용하는 것인데, 네이버는 새로운 창작물을 원하므로 이것을 싫어한다. 그러므로 블로그에는 최대한 새로운 글과 이미지를 올리는 것이 좋다.

다시 한번 강조하지만 '저작권'은 소중한 '지적 재산'이다. 저작권 보호는 그 창작물을 만든 저작권자의 권리를 보호하는 것이기도 하다. 그러므로 우리는 아무런 죄책감 없이 그들이 고생해서 만든 창작물을 절대로 그냥 사용하면 안 된다. 필요하다면 정당한 값을 지불해야 하고, 저작권의 범위가 어디까지인지 꼭 확인한 후 신중하게 사용해야 한다. 글을 작성하기 위한 자료를 수집할 때도 다양한 내용을 살펴보고 이것을 나만의 언어, 나만의 콘텐츠로 작성해야 한다는 것을 꼭 기억해야 한다. 네이버 블로그의 유사 문서와 유사 이미지를 생각하기 전에 '저작권법 위반'이 범법 행위라는 것을 절대로 잊지 말자.

머니코치의 돈이 되는 블로그 운영 NOTE

동영상을 활용할 때도 저작권을 조심하자

저작권 문제는 생각보다 심각하다. 저작권은 '지적 재산'이므로 남의 재산을 함부로 사용하면 안 되고 반드시 정당한 대가를 지불해야 한다. 그렇지 않으면 관련법에 위반될 수도 있으므로 인터넷에 있는 글과 사진을 사용할 때는 항상 저작권을 고려해야 한다.

이 외에도 블로그에 콘텐츠를 올릴 때 관련 동영상을 삽입할 수 있는데, 이 경우에도 저작권에 주의해야 한다. 요즘에는 동영상 관련 플랫폼이 발달해서 동영상과 관련된 저작권 문제가 발생할 확률이 높으므로 반드시 저작권 문제를 신중하게 살펴봐야 한다. 가장 좋은 방법은 내가 직접 글을 쓰고 사진이나 동영상을 촬영해서 올리는 것이다.

CHAPTER 05

네이버 블로그 로직 활용법 - 씨랭크 로직 & 다이아 로직

SECTION 01

씨랭크(C-Rank)란 무엇인가?

블로그의 신뢰도를 평가하는 씨랭크

지금까지 블로그는 '씨랭크'에 맞춰서 운영해야 한다고 설명했다. 앞서 씨랭크에 대해 간단하게 설명했지만, 블로그를 운영하려면 씨랭크 알고리즘을 꼭 알아야 하므로 여기서 자세히 다루어보겠다.

▲ 씨랭크의 정의[8]

네이버에서는 씨랭크(C-Rank)를 '블로그의 신뢰도를 평가하는 알고리즘'이라고 설명하고 있다. 그리고 블로그 신뢰도를 어떻게 평가하는지에 대해 설명하고 여기에 대한 결과가 블로그 검색 순위에 반영된다고 이야기한다. 그렇다면 네이버는 어떤 요소로 내 블로그의 신뢰도를 평가하는 것일까? 이것도 네이버 검색(NAVER Search & Tech) 블로그에서 그림으로 자세히 설명하고 있다.

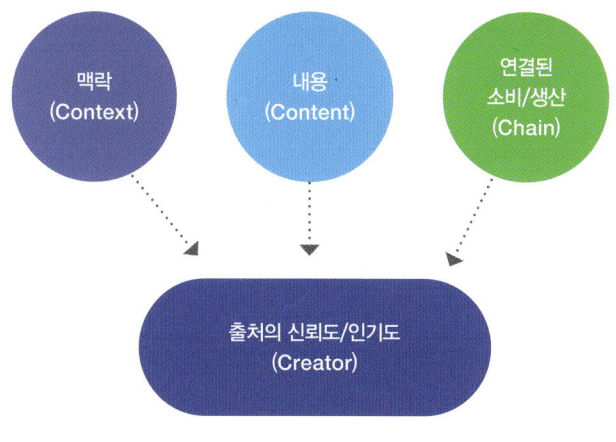

▲ 블로그의 신뢰도 평가 기준[9]

위 그림을 통해 네이버에서 얼마나 종합적으로 내 블로그를 평가하는지 알 수 있다. 심지어 내 블로그의 주제나 콘텐츠 품질만 보는 것이 아니라 이를 통해서 어떤 연쇄 반응이 일어나는지에 대해서도 종합적으로 평가한다. 이 내용만 보면 네이버에서 확인하는 것이 많으니 어떻게 블로그를 키워야 할지 감이 안 올 수도 있다. 네이버에서 이야기하는 것을 종합하면 한 문장으로 정리할 수 있다.

씨랭크(C-Rank) 알고리즘에서는 전문성이 중요하다.

씨랭크에 적합한 블로그를 만들려면 한 분야에 대해 꾸준히 품질이 좋은 글을 작성해야 한다는 것이다. '맥락(Context)'은 블로그 전체의 맥락을 의미하므로 내 업종과 관련된 한 분야에 집중해서 콘텐츠를 발행해야 한다. '내용(Content)'은 사용자들에게 도움이 되는 내용을 얼마나 발행하는지를, '연결된 소비/생산(Chain)'은 사용자들의 연쇄 반응을 의미한다.

연쇄 반응은 내 블로그에 들어온 사용자들이 내 블로그의 또 다른 글을 소비하는 것이다. 사용자들이 연쇄 반응으로 다른 콘텐츠를 읽는다는 것은 검색을 통해 읽은 내 글이 마음에 들었다는 것이고 내 콘텐츠가 그 사용자의 니즈에 적합했다는 것이다. 그러므로 또 다른 것에 관

8, 9 **자료 출처** : 네이버 검색 공식 블로그(https://blog.naver.com/naver_search/220774795442)

심이 생겨 내 블로그 안에 있는 다른 콘텐츠를 읽는 것이다. 이에 따라 체류 시간도 길어지고 공감이나 댓글 등의 다양한 활동을 하기도 한다. 이 모든 것은 내 콘텐츠가 마음에 들었기 때문이다. 자, 그렇다면 생각해보자. 검색을 통해 블로그에 들어왔는데 제목과는 다른 내용이 있거나 자신의 니즈에 맞지 않는다면 사람들이 끝까지 내 블로그 콘텐츠를 읽고 다른 콘텐츠도 소비할까? 전혀 아니다. 블로그에 진입했어도 바로 나가버린다.

씨랭크는 이런 모든 것들을 확인하겠다는 말이다. 한 주제에 대한 글을 꾸준히 발행하면서도 사용자들에게 좋은 퀄리티의 콘텐츠를 제공하는 블로그를 찾아내겠다는 것이다. 하나의 주제로 관련 콘텐츠를 꾸준하게 작성하는 것이 무엇보다 중요하므로, 씨랭크는 전문성을 강조하는 로직이라고 할 수 있다. 실제로 네이버는 다음과 같이 이야기했다.

> C-Rank 알고리즘에서 블로그의 신뢰도와 인기도를 측정하는 핵심은 해당 블로그가 특정한 주제, 즉 '<u>특정 관심사에 대해서 얼마나 깊이가 있는 좋은 콘텐츠를 생산해 내는가</u>'입니다.
>
> 이전 포스트에서도 <u>의무적으로 포스팅되는 일상 글보다는 전문성을 살린 단 하나의 글이 블로그 검색 결과 노출에 더 도움 될 것</u>이라고 말씀 드린 바 있는데요. 블로그 검색 결과에 C-Rank 알고리즘 반영 비율을 높일수록 더욱 더 그러한 블로그와 그렇지 않은 블로그의 차이가 커집니

▲ 씨랭크에 대한 네이버의 공식 입장[10]

'특정 관심사에 대해 얼마나 깊이가 있는 좋은 콘텐츠를 생산해 내는가'라는 것은 앞에서 이야기한 것과 일맥상통한다. 심지어 그 아래 내용을 살펴보면 '의무적으로 포스팅되는 일상 글보다는 전문성을 살린 단 하나의 글이 블로그 검색 결과 노출에 더 도움 될 것'이라고까지 이야기하고 있다.

전문성 = 씨랭크

일부 블로그 강의나 책에서는 처음에 블로그를 시작할 때 1일 1포스팅, 1일 2포스팅에 맞춰 일단 일상적인 글을 쓰라고 한다. 쉬운 소재로 글쓰기를 먼저 시작하라는 것이다. 그런데 이 책에서는 돈이 되는 블로그, 씨랭크 블로그로 성장하기 위해서는 일상적인 글보다 내 업종

---

[10] 자료 출처 : 네이버 검색 공식 블로그(https://blog.naver.com/naver_search/220774795442)

에 맞는 관련 주제로 글을 써야 한다고 이야기했다. 일상적인 글은 남들이 관심 있는 콘텐츠가 아니며, 지금은 1일 1포스팅, 1일 2포스팅이 큰 의미가 없다고까지 설명했다.

네이버도 똑같이 이야기하고 있다. 전문성이 없고 사용자들이 관심을 가지지 않는 일상적인 글 말고 전문성이 있고 콘텐츠의 퀄리티가 좋은 글을 작성하라고 말이다. 네이버는 사용자들이 관심을 가지면서 연쇄 반응까지 끌어내는 좋은 퀄리티의 글을 작성하라고 직접 말하고 있는데, 이 말을 절대로 그냥 넘겨서는 안 된다. 네이버가 원하는 것은 사용자들에게 질 좋은 콘텐츠를 제공하는 것이고 그 사용자들이 네이버를 떠나지 않는 것이다. 네이버 사용자들을 위해 질 좋은 콘텐츠를 작성하라고 안내하고 있으니 우리는 '전문성', 즉 씨랭크를 생각하면서 블로그를 운영해야 한다.

SECTION 02

다이아(D.I.A) 알고리즘, 그것이 궁금하다

블로그를 운영한다면 '씨랭크' 외에 '다이아(D.I.A) 알고리즘'도 들어봤을 것이다. 다이아 알고리즘이라고 하면 많은 사람이 '내 블로그가 최적화 블로그, 씨랭크 블로그가 안 되어도 상위 노출된다는 거구나.'라고 생각한다. 다이아 알고리즘뿐만 아니라 '다이아 플러스 알고리즘'도 들어봤을 것이다. 사실 다이아 플러스를 깊게 들어가면 지금 설명하려는 다이아 로직보다는 상위 버전이 맞다. 그러나 지금은 통용되어 함께 사용하고 있으니 편하게 '다이아 로직(알고리즘)'이라고 이야기하겠다.

문서의 신뢰도를 분석하는 다이아 알고리즘

네이버 블로그 검색에서는 두 개의 알고리즘, 씨랭크(C-Rank)와 다이아(D.I.A)가 가장 핫하다. 씨랭크는 전문성과 관련이 있어서 한 분야의 주제를 잡고 그에 대한 것으로 꾸준하게 블로그를 운영해야 한다고 이야기했다. 씨랭크가 전문성과 문서 출처의 신뢰도를 분석한다면 다이아는 문서의 신뢰도를 분석한다. 즉, 씨랭크는 '문서의 출처' 신뢰도를, 다이아는 '문서'의 신뢰도를 분석하는 것이다.

이들 두 알고리즘의 차이를 좀 더 자세히 설명해보겠다. 씨랭크 알고리즘은 '블로그'를 얼마나 신뢰도 있게 지속적으로 운영했는지 본다. 그래서 한 가지 주제로 꾸준히 전문성 있는 글을 발행해야 하는 것이다. 반면 다이아 알고리즘은 블로그 전체의 신뢰도가 아니라 '글 하나'의 신뢰도를 본다. 따라서 '블로그 전체'의 신뢰도를 보느냐, 아니면 '글 하나만'의 신뢰도를 보느냐가 씨랭크와 다이아의 차이라고 할 수 있다. 우리가 흔히 알고 있는 최적화 블로그를 만들어야 상위 노출되는 것, 이것은 다이아 알고리즘이 아니고 씨랭크 알고리즘에 의한 것이다. 그런데 최적화 블로그가 되지 않아도 상위 노출할 수 있게 하는 것은 바로 '다이아 알고리즘'에 의한 것이다.

다이아 알고리즘에서는 '글 인기도 지수'가 중요하다

먼저 블로그의 4대 지수 지표를 살펴보자(앞서 설명한 블로그 4대 지수가 잘 생각나지 않는다면 46쪽을 복습해본다).

1.	블로그 활동성 지수
2.	블로그 인기도 지수
3.	글 주목도 지수
4.	글 인기도 지수

씨랭크 로직은 블로그 운영 기간, 게시글 수, 글쓰기 빈도, 최근 활동성 등이 포함된 '블로그 활동성 지수'와 '블로그 인기도 지수'를 본다. '블로그 인기도 지수'에는 방문자 수, 방문 수, 페이지 뷰, 이웃 수, 스크랩 수 등이 포함되는데, 블로그 인기도 지수를 통해 블로그에 들어온 사용자들의 활동성을 본다는 것이다.

그렇다면 다이아 로직은 어떤 것을 볼까? 다이아 로직에서는 블로그 4대 지수 지표 중 '글 인기도 지수'를 본다. '글 인기도 지수'를 통해서 글 내용이 얼마나 좋은지, 얼마나 많은 방문자가 글을 읽었는지를 살펴보면서 댓글이나 공감과 같은 활동이 많은지 등도 체크한다. 여기에 '글 주목도 지수'도 살펴보면서 사용자들의 반응과 클릭률 등을 추가로 본다. 이때 '글 주목도 지수'는 블로그 홈의 주목받는 글과 같은 주목도 지수를 활용한다.

자, 종합해보자. 내가 원하는 키워드가 상위 노출되려면 당연히 좋은 출처에서 나온 콘텐츠여야 하고 신뢰도 있는 문서여야 한다. 즉 최적화/씨랭크 블로그이면서 다이아 로직에 맞춰서 콘텐츠를 작성해야 우리가 원하는 키워드를 상위 노출할 수 있다. 왜냐하면 최적화/씨랭크 블로그는 씨랭크 로직에 맞게 글을 작성했으니 블로그가 이미 검증되었다는 의미이기 때문이다. 또한 문서의 퀄리티도 좋아야 하니 다이아 로직에 맞춰서 작성한 콘텐츠여야 하고, 이 콘텐츠는 검증된 것이니 상위 노출에 유리한 것이다. 하지만 다이아 플러스로 업그레이드되면서 확실히 최적화되지 않은 상태에서도 상위 노출되는 경우가 종종 생기고 있다. 다시 말해서 문서 출처(블로그)의 신뢰도가 쌓여 있지 않아도 상위 노출된다는 것이다.

다이아 알고리즘에 맞게 글 쓰는 세 가지 방법

내 블로그가 최적화가 되지 않은 상태에서 상위 노출하려면 어떻게 해야 할까? 다이아 플러스로 업그레이드되면서 굳이 내 블로그가 최적화 블로그가 아니어도 상위 노출할 수 있는 확률이 이전보다 높아졌는데, 이제 어떻게 해야 할까? 가장 중요한 것은 다이아 알고리즘에 맞게 글을 작성하는 것이다. 아래 세 가지 방법을 정리했으니 이 방법만 제대로 익혀보자. 이 방법으로 글을 작성하면 최적화가 안 된 내 블로그로도 상위 노출을 시도해볼 수 있을 것이다.

1. 텍스트 마이닝 데이터대로 글을 작성해라

텍스트 마이닝(Text mining)은 문서에 있는 글자, 즉 텍스트를 통해 문서를 판단하는 것으로, 네이버는 텍스트 마이닝 기법을 바탕으로 문서의 신뢰도를 판단한다. 쉽게 말해서 '속성 키워드', '연결된 키워드'라고 생각할 수 있다. '일본 여행'을 검색하면 이와 관련된 '일본 항공권', '일본 맛집', '일본 관광 코스', '일본 숙소 추천' 등 여러 가지 키워드들이 빠르게 연결되면서 이것들을 검색하는데, 이것이 텍스트 마이닝이다. 이와 같이 텍스트 마이닝은 내가 검색하려는 메인 키워드와 연관되어 있는 '속성 키워드'인데, 텍스트 마이닝 기법을 활용하여 블로그 글을 작성해야 네이버는 내 콘텐츠를 보고 '소비자가 궁금해하는 내용을 미리 적어놨구나.'라고 생각해 상위 노출해준다. 아무래도 소비자들이 원하고, 검색하고 싶어 하는 내용을 미리 적은 포스팅이니 상위 노출에 더 유리한 것이다.

다음 화면은 네이버 검색 공식 블로그에 나와 있는 내용으로, 네이버가 텍스트 마이닝 기법으로 문서의 신뢰도를 판단한다는 것을 확인할 수 있다.

```
[D.I.A.+ 의 알고리즘]
- 질의 의도 분석기 : 의미 기반 클러스터링과 학습을 통해 질의 패턴을 분석합니다.
- 문서 패턴 분석기 : 문서의 구조, 본문 텍스트, 이미지 정보 등으로부터 추출된 새로운 패턴 피처들을 D.I.A.+ 랭킹 로직에 활용합니다.
- 문서 확장 모듈 : 의미적으로 대체가 될 만한 단어를 문서에 추가함으로써 문서와 검색어의 매칭 확률을 높이고 검색품질을 높이고 있습니다.
 》 기술소개 자세히
- D.I.A.+ 랭킹 : 다양해진 패턴 피처들과 사용자 피드백을 통해 질의 의도에 적합한 문서인지 유동적으로 파악해 다채로운 검색 결과를 제공합니다.
- 피드백 반영 : 이러한 알고리즘은 계속 새로운 데이터를 반영해 학습되고 개선되고 있습니다.
```

▲ 텍스트 마이닝의 정의[11]

네이버는 텍스트를 이용해 문서의 구조나 본문 텍스트로 정보를 수집한다고 하면서, 이것을 활용해 상위 노출하겠다고 말하고 있다. 그러므로 텍스트 마이닝을 바탕으로 블로그 글을 작성해야 상위 노출에 유리하다. 다이아 알고리즘을 활용하여 내 블로그가 상위 노출되기를 원한다면 텍스트 마이닝을 바탕으로 글을 작성해야 최적화 블로그가 아니어도 다이아 알고리즘으로 상위에 노출될 확률이 높아진다.

2. 키워드 방향에 맞춰서 글을 발행해라

말이 조금 어렵다고 느낄 수도 있지만 그렇지 않다. 소비자가 원하는 콘텐츠, 즉 소비자가 니즈를 느끼는 콘텐츠를 발행하라는 뜻이다. '다이어트 한약 후기'라는 키워드로 검색하는 사람들의 니즈는 무엇일까? 이들의 니즈는 '후기'라는 단어에 있다. 말 그대로 다이어트 한약을 복용하면 정말로 다이어트가 되는지 궁금해 먼저 경험한 사람들의 경험담, 후기를 읽고 싶은 것이다. 실제로 이 약을 복용하면 다이어트가 되는지, 식이요법을 병행해야 하는지, 부작용은 없는지 등에 대해 알아보고 싶은 것이다. 그러므로 '다이어트 한약 후기'라는 키워드로 글을 작성할 때는 실제로 한약을 어떻게 복용했는지, 부작용은 어땠는지 등 다이어트 한약을 복용한 후 '자신이 실제로 경험한 것들'을 바탕으로 작성하는 게 상위 노출에 유리하다. 그러므로 검색한 키워드에서 힌트를 찾아야 한다. '자신이 실제로 경험한 것들'이라고 말했는데, 이 말은 글

---

[11] **자료 출처** : 네이버 검색 공식 블로그(https://blog.naver.com/naver_search/222147478268)

을 작성할 때 1인칭 시점의 말투로 콘텐츠를 발행하는 게 상위 노출에 유리하다는 것이다.

그렇다면 '다이어트 한약 가격'이라는 키워드로 검색하는 사람들의 니즈는 무엇일까? 말 그대로 다이어트 한약의 '가격'이 궁금한 것이다. 이 경우에는 앞에서 이야기한 '후기'와는 다르게 '가격'에 집중해서 글을 작성해야 한다. 사람들이 궁금해하는 것은 '가격'이므로 정가가 얼마인지, 이벤트 가격은 얼마인지 등에 대한 정보를 주어야 한다.

결국 소비자들이 검색하는 키워드에 맞춰 그들의 니즈에 맞는 정보를 주는 것이 핵심이다. 물론 어떤 키워드를 사용하느냐에 따라 콘텐츠 작성 방법이 다르고 복잡하다. 그래서 키워드마다 어떤 방식으로 글을 작성해야 하는지 힌트가 있다.

네이버 검색 결과의 1~5위에 노출되어 있는 글이다. 이런 글을 읽어보면서 이들이 어떤 내용을 중점으로 콘텐츠를 발행했는지 살펴보면 된다. 네이버가 로직을 많이 추가하고 바꾸지만 이런 상황에서도 무조건 1~5위 상위권을 유지하는 글이 있다. 이 글에 숨겨진 내용만 잘 파악해서 내 블로그에 작성해도 네이버 로직에 맞게 글을 작성할 수 있다.

1~5위에 작성된 내용, 말투, 키워드, 서브 키워드 등 내가 그 글을 보면서 알아낼 수 있는 모든 것을 알아내야 한다. 그리고 이렇게 알아낸 것을 바탕으로 내 블로그에 글을 작성하면 된다. 강조하지만 이번 내용의 핵심은 내가 작성하려는 키워드에 대한 소비자들의 니즈를 파악하는 것이다. 소비자들이 원하는 내용에 맞게 콘텐츠를 발행해야 한다.

3. 글 인기도 지수와 글 주목도 지수에 사활을 걸어라

'블로그 4대 지수 지표'를 또 언급하려고 한다. 이제는 블로그 4대 지수 지표가 어떤 것이라 했는지 툭 치면 자동으로 나와야 한다.

1.	블로그 활동성 지수
2.	블로그 인기도 지수
3.	글 주목도 지수
4.	글 인기도 지수

블로그 4대 지수 지표 중에서 '글 인기도 지수'는 글 내용이 좋은지, 또 얼마나 많은 방문자가 글을 읽었는지에 대한 것이다. 여기에다가 그 방문자들이 댓글이나 공감과 같은 활동을 얼마나 많이 했는지 등에 대한 지수이다. '글 주목도 지수'는 사용자들의 반응이나 클릭률 등 블로그 홈에서 주목받는 글과 같은 주목도 지수를 활용한다.

내 블로그가 최적화 블로그가 아니어도 다이아 알고리즘으로 상위 노출하려면 '글 인기도 지수'와 '글 주목도 지수'에 사활을 걸어야 한다. '글 인기도 지수'를 높이려면 어떻게 해야 할까? 이것은 말 그대로 사용자들이 블로그에 얼마나 많이 방문했는지, 글 내용이 얼마나 좋은지를 평가하는 것이므로 많은 사용자가 들어올 수 있게 해야 한다. 그래서 클릭률을 높일 수 있는 제목을 지어야 하고 제목을 클릭해서 들어온 사용자들이 이탈하지 않게 제목과 맞는 내용을 작성해야 한다. 사용자들이 바로 이탈하지 않도록 낚시성 콘텐츠를 작성해서는 안 된다는 말이다.

그렇다면 '글 주목도 지수'를 높이려면 어떻게 해야 할까? 사용자들의 반응과 클릭률을 높일 수 있는 눈에 잘 띄는 섬네일을 만들어야 한다. 물론 눈에 띄는 것뿐만 아니라 클릭률이 높아질 수 있는 섬네일을 제작해야 한다. 우선은 클릭이 되어야 내 블로그로 사람들이 유입되고 내가 작성한 콘텐츠를 보니 이 부분에 신경 쓰자.

머니코치의 돈이 되는 블로그 운영 NOTE

다이아 로직을 통한 상위 노출 방법 핵심 정리

다이아 로직을 통해 상위 노출하는 방법을 정리하면 다음과 같다. 정말 중요한 이야기이므로 여러 번 강조한다.

1. 텍스트 마이닝 데이터로 글을 작성해라.
2. 키워드 방향에 맞춰서 글을 발행해라.
3. 글 인기도 지수와 글 주목도 지수에 사활을 걸어라.

그런데 '다이아 로직으로 내 블로그가 상위 노출된다면 굳이 블로그 지수에 맞는 키워드를 추출하면서 최적화 블로그로 만드는 노력을 계속 해야 하나?'라는 의문이 생길 수 있다. 이 부분에 대해서는 SECTION에서 자세히 다룰 것이다.

SECTION 03

다이아 로직으로 상위 노출하면 최적화 블로그가 필요 없을까?

　다이아 로직을 이용하면 최적화 블로그가 아니어도 상위 노출을 할 수 있다. 그래서 앞에서는 다이아 로직으로 상위 노출할 수 있는 글 작성 방법에 대해서 이야기했다. 이렇게 다이아 로직을 통해 내 블로그가 상위 노출된다면 굳이 최적화 블로그까지 키워야 할까?

　사실 많은 사람이 다이아 로직으로 상위 노출하는 게 쉬울 것이라고 생각한다. 또한 이런 방법으로 내 블로그가 상위 노출된다면 굳이 시간을 투자해서 최적화 블로그를 만들어야 하는지에 대해 의문점을 가지기도 한다. 결론부터 이야기하면 다이아 로직으로 최적화 블로그가 아닐 때 상위 노출할 수 있어도 분명히 최적화 블로그는 필요하다. 이 이유를 알고 나면 아무리 최적화 블로그가 한물갔다고 이야기해도 변함없이 꾸준히 블로그를 키울 수 있을 것이다. 그래서 이번에는 이 의문에 대해 자세히 다루고, 다이아 로직으로 블로그가 상위 노출될 경우 내 블로그 지수를 고려하지 않고 키워드를 잡아도 되는지에 대해서도 살펴볼 것이다.

최적화 블로그가 상위 노출에 유리하다

　일단 우리가 블로그를 키우는 목적에 대해 다시 생각해보자. 우리가 블로그를 키우는 목적은 내 일기장으로 운영하려는 것이 아니라, 내 업종과 관련된 블로그를 네이버 로직에 맞게 잘 키워서 나중에 이것으로 마케팅 효과를 보기 위해서다. 돈 안 들이고 할 수 있는 마케팅에 블로그가 적합하니 블로그를 어떻게 키우는지 궁금하고 책까지 사서 읽고 있는 것이다.

블로그를 마케팅 도구로 활용하려면 우선 상위 노출되어야 한다고 계속 이야기했다. 그만큼 많은 사람이 봐야 하므로 블로그 지수에 맞는 키워드를 잘 추출해 상위 노출부터 해야 한다고 강조했다. 그것도 내 업종과 관련된 것으로 말이다. 물론 다이아 로직 때문에 내 블로그가 최적화 블로그가 아니어도 상위 노출될 수 있다고 했다. 그러나 상위 노출에 유리한 블로그는 결국 '최적화 블로그'이다.

다이아 로직에만 의지하면 안 되는 두 가지 이유

① 다이아 로직으로 최적화 블로그가 될 확률이 높지 않다

다이아 로직 때문에 최적화 블로그가 아니어도 상위 노출될 수 있지만, 확률은 그렇게 높지 않다. 상위 노출 확률을 굳이 수치로 따지자면 키워드마다 10~20% 이하이다. 따라서 이렇게 높지 않은 확률에 의존하기보다 차라리 최적화 블로그를 만들어서 내가 원하는 키워드를 노출하는 것이 훨씬 유리하다. 그러므로 다이아 로직으로 상위 노출된다는 이야기를 들었어도 최적화 블로그로 키우는 것을 절대로 그만두지 말아야 한다. 소비자들에게 노출될 확률은 최적화 블로그가 압도적으로 높다.

② 블로그 순위를 잘 지키려면 최적화 블로그를 키워놓아야 한다

나중에 네이버 순위를 변동 없이 잘 유지하려면 최적화 블로그를 키워놓는 것이 좋다. 네이버는 블로그(출처)에 대한 신뢰도와 문서에 대한 신뢰도를 함께 본다. 블로그에 대한 신뢰도는 씨랭크 알고리즘으로, 문서에 대한 신뢰도는 다이아 알고리즘을 이용해서 평가한다.

지금 다이아 로직으로만 노출하고 싶다는 것은 문서에 대한 신뢰도만 가지고 노출하겠다는 말이다. 그런데 블로그에 대한 신뢰도가 높은 블로그, 즉 최적화 블로그를 가지고 다이아 로직에 맞춰 글을 작성한다면 어떤 일이 일어날까? 그러면 네이버는 당연히 문서에 대한 신뢰도만 있는 글보다 훨씬 높은 확률로 '최적화 블로그+다이아 로직'에 맞춘 글을 쓴 블로그를 상위 노출할 것이다. 이것이 바로 네이버가 원하는 궁극적 목표이다. 한마디로 경력직이면서 실력도 좋은 사원에게 좋은 프로젝트를 맡기겠다는 것이다. 아무리 실력이 좋은 대리라도 20년 차 베테랑이면서 실력까지 좋은 부장님을 이길 수 없으니 말이다.

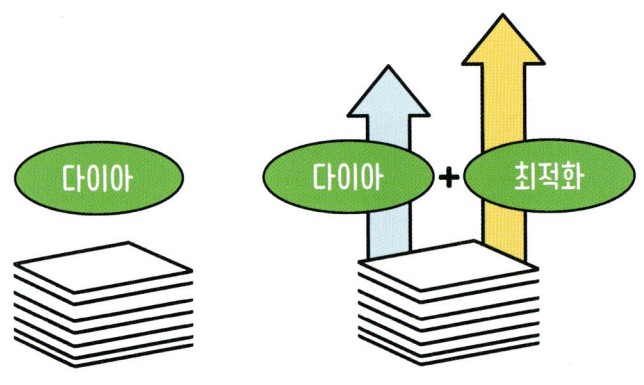

블로그 지수에 맞는 키워드를 추출해야 한다

자, 이번에는 두 번째 궁금증을 해결해보겠다. 다이아 로직으로 블로그가 상위 노출된다면 굳이 내 블로그 지수에 맞는 키워드를 꼭 추출해야 할까? 다이아 로직만 있으면 블로그 지수가 아무리 낮아도 원하는 키워드를 작성했을 때 상위 노출될까?

결론은 다이아 로직으로 블로그가 상위 노출되어도 내 블로그 지수에 맞는 키워드를 추출해야 한다. 다이아 로직으로 훌륭하게 잘 작성된 글을 노출할 수 있지만, 이것이 다가 아니다. 여기에 문서 출처(블로그)의 신뢰도까지 있어야만 더 많이 노출된다. 다시 말해서 막 생성된 블로그에서 최적화 키워드를 작성했어도 다이아 로직으로는 노출이 안 된다. 최소한이라도 문서 출처의 신뢰도, 즉 블로그 지수를 가지고 있어야 다이아 로직으로 비벼볼 수 있다.

내가 원하는 키워드를 상위 노출하려면 그 키워드에 맞는 블로그 지수를 최소한이라도 가지고 있어야 다이아 로직에 의해서 상위 노출할 수 있는 기회가 생긴다. 그러므로 우선 블로그 지수를 높이는 것이 중요하고 그에 맞는 키워드를 잘 추출해야 최적화/씨랭크 블로그로까지 키우면서 다이아 로직에 의한 상위 노출도 노려볼 수 있다. 다이아 로직이라고 해서 모든 블로그, 모든 키워드를 상위에 노출하지는 않는다. 다이아 로직으로 키워드를 상위 노출하려면 블로그 지수가 어느 정도 올라와 있어야 한다. 그래서 블로그 지수에 맞는 키워드를 잘 추출하는 것이 가장 중요하다.

'다이아 로직으로 최적화 블로그가 아니어도 상위 노출해주겠다고 했으면 블로그 지수와 키워드에 상관없이 해줘야 하는 것 아니야?'

이렇게 생각할 수도 있다. 예를 들어, 내 업종에 맞고 내 블로그 지수에 맞는 키워드를 잘 찾아서 1년 동안 꾸준히 운영했다고 생각해보자. 소비자들과 네이버가 원하는 글을 잘 작성했고 시간을 많이 투자해서 애지중지 키운 블로그이다. 그런데 갑자기 다이아 로직으로 어제 만든 블로그의 키워드가 상위 노출되어 있으면? 너무 억울하고 그동안 투자한 시간이 아까울 것이다.

하나 더, 오랜 시간 블로그를 운영해 겨우 씨랭크 키워드를 띄울 수 있을 정도로 만들어놨다고 가정해보자. 그런데 갑자기 나보다 훨씬 적은 시간을 운영한 준최적화 블로그가 나와 같은 키워드를 상위에 노출하고 있으면 또한 얼마나 억울한 일인가? 이렇게 된다면 사람들이 굳이 블로그에 시간을 투자하면서 다양한 글을 발행하고 운영하지는 않을 것이다. 어차피 다이아 로직 한 방으로 내가 원하는 키워드를 노출할 수 있을 테니 말이다. 이렇게 된다면 네이버 블로그에 발행되는 문서량도 많이 줄어들 것이다.

다이아 로직은 어느 정도 최소한의 기간 동안 블로그를 운영했고, 블로그 지수가 어느 정도 쌓였으며, 그에 맞는 키워드를 작성했고 문서의 품질이 좋을 때 상위 노출될 수 있는 로직이다. 아무 키워드나 아무 블로그에서 상위 노출되는 로직이 아니다. 그리고 글의 신뢰도뿐만 아니라 문서 출처(블로그)의 신뢰도까지 있어야만 상위 노출이 더 잘될 수 있다. 그러므로 우리는 좋은 콘텐츠를 만들면서 블로그를 꾸준히 운영해야 하는 것이다.

머니코치의 돈이 되는 블로그 운영 NOTE

다이아 로직에 의한 상위 노출은 후순위다

앞서 이야기했듯이 다이아 로직에 의한 상위 노출은 키워드마다 10~20% 정도로, 생각보다 비율이 적다. 그러므로 블로그를 운영할 때는 다이아 로직에 의한 상위 노출을 기대하는 것보다 당장 내 블로그 지수를 높이면서 그에 맞는 키워드를 잘 추출해야 안정적으로 블로그를 운영할 수 있고 우리가 원하는 최적화/씨랭크 블로그까지 키울 수 있다. 이렇게 블로그를 운영하는 과정 중에서 품질이 좋고 사용자들이 원하는 문서일 경우 다이아 로직으로 상위 노출도 노려볼 수 있는 것이다. 제발 우선순위를 헷갈리지 말자.

SECTION 04

내 블로그에서 상위 노출 가능한 키워드인지 어떻게 알 수 있을까?

블로그 지수에 맞는 키워드 추출은 어렵지만 중요하다

블로그 지수에 맞는 키워드를 추출하는 것은 내 블로그를 최적화 블로그, 더 나아가 씨랭크 블로그로 키우는 과정 중 매우 중요한 일이다. 또한 다이아 알고리즘을 통해 상위 노출하려는 경우에도 절대 간과해서는 안 된다. 블로그를 조금이라도 운영해봤다면 키워드를 잘 추출하는 것이 얼마나 중요한지 잘 알 것이다.

그런데 네이버와 소비자들이 좋아하는 키워드, 그리고 내 블로그 지수에 맞는 키워드를 추출해야 한다는 것을 알면서도 막상 제대로 뽑아내지 못한다는 것이 문제다. 또한 내 블로그 지수에 맞는 키워드라고 생각해서 작성했는데 상위 노출되지 않아 고민하는 사람도 많다.

네이버에 있는 모든 키워드는 '급'이 있어서 키워드의 '급'과 블로그의 '급'이 일치해야만 내 블로그의 키워드가 상위 노출된다. 그래서 내 블로그 지수에 맞는 키워드를 추출해 상위 노출하는 과정이 매우 중요하다.

내 '급'에 맞는 키워드 추출하기

내 블로그에서 어떤 키워드를 상위 노출할 수 있는 세 가지 분석 방법을 오픈하려고 한다. 이 세 가지 방법을 확실히 알고 내 블로그에 적용하면 웬만한 키워드들은 내 블로그 지수에 맞게 상위 노출을 할 수 있을 것이다. 조금 너스레를 떨자면 이 세 가지 방법을 안다는 것은 웬만한 블로그 강사들보다 훨씬 더 훌륭한 지식을 가지고 있다고 자부해도 좋다. 자, 그러면 지금부터 내 '급'에 맞는 키워드 분석 방법 세 가지를 자세하게 알아보자.

키워드 분석 방법 세 가지

다음 세 가지 조건을 기준으로 상대방 블로그와 내 블로그를 비교해본다. 이 세 가지 조건만큼은 내 블로그가 이겨야 상대방 블로그 위로 상위 노출된다. 생각보다 어렵지 않고 블로그에 진입한 지 얼마 안 되었어도 바로 실행할 수 있으니 이 지식을 바탕으로 어렵지 않게 상위 노출하기를 바란다.

① 블로그 연혁 파악하기

네이버 아이디를 생성하면 네이버에서 간단한 클릭만으로 블로그가 생성된다. 즉 네이버 아이디가 블로그 아이디가 되는 셈이다. 이때 블로그가 생성된 날짜가 있는데, 이것을 파악하는 것이다.

내 블로그 연혁과 내가 띄우려고 하는 키워드로 상위 노출되어 있는 상대방의 블로그 연혁을 비교하는 것이다. 그렇다면 블로그 연혁은 어떻게 확인할 수 있을까? 가장 기본적인 방법은 블로그에 들어가는 것이다.

블로그에 들어가면 다음 쪽에서 볼 수 있는 그림과 같은 화면이 나온다. 화면 그림을 하나하나 함께 보면서 블로그 화면에서 연혁을 확인할 수 있는 방법을 구체적으로 알아보겠다. 다음 쪽으로 넘어가보자.

❶ 연혁을 파악하고 싶은 블로그에 들어간 후 [프로필]을 클릭한다. ❷ 프로필과 관련된 다양한 메뉴 중 [블로그 히스토리]를 클릭한다. ❸ '블로그 히스토리'에서 블로그의 시작 최초 날짜를 확인한다. 이 블로그는 최초 날짜가 2021년 6월 18일이다. 이렇게 블로그의 최초 날짜를 기준으로 해서 내 블로그가 상위 노출되어 있는 블로그보다 더 오래되었다면 내가 이긴 것으로 보면 된다.

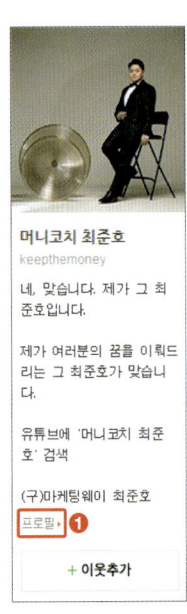
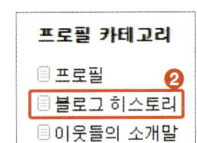

예를 들어, 내 블로그는 2021년 6월 18일이 최초 날짜다. 그런데 내가 띄우려고 하는 키워드로 상위 노출되어 있는 블로그는 최초 날짜가 2020년 5월 23일다. 이 경우 내 블로그는 이긴 것일까, 진 것일까? 맞다. 진 것이다. 첫 날짜가 내 블로그보다 오래되었기 때문이다. 그렇다면 반대로 상위 노출되어 있는 상대방의 블로그 최초 날짜가 2022년 4월 3일이라면? 상대방 블로그 최초 날짜가 더 늦으므로 내 블로그가 이겼다. 블로그 연혁은 이렇게 파악하면 된다.

② **전체 글 개수 파악하기**

그다음에는 블로그에 발행되어 있는 전체 글 개수를 파악해야 한다. 블로그에 들어가면 친절하게 현재 이 블로그에 글이 총 몇 개 있는지 확인할 수 있다.

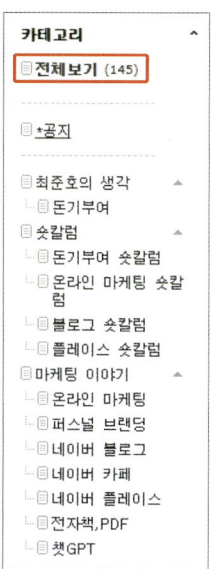

[전체보기] 옆에 '145'라는 숫자가 적혀 있는데, 이것은 현재 내 블로그에 총 145개의 글이 있다는 것이다. 이 전체 글의 개수도 상대방 블로그와 비교하면 되는데, 전체 글 개수는 많을수록 좋다.

한 마디로 상대방 블로그보다 내 블로그에 발행된 글의 개수가 더 많다면 내 블로그가 이긴 것이고, 반대이면 진 것이다. 어렵지 않게 파악할 수 있으므로 내 블로그에 맞는 키워드를 추출할 때는 전체 글 개수를 꼭 확인해야 한다.

③ 일일 방문자 수 파악하기

블로그를 운영한다면 당연히 '일일 방문자 수'를 알 것이다. 내 블로그에서 키워드를 상위 노출할 수 있는지 알아보려면 '일일 방문자 수'도 파악해야 하는데, 이것도 상대방의 블로그보다 많을수록 좋다.

자, 이제 내 블로그에서 키워드를 상위 노출하기 위해 분석해야 하는 내용을 모두 알려주었다. 사실 내용은 어렵지 않지만, 처음부터 이런 부분을 파악해 내 블로그에서 상위 노출되는 키워드를 찾으려면 많이 헷갈릴 수 있다. 그래서 예시를 통해 지금까지 설명한 내용을 다시 이해해보자.

예시로 알아보는 키워드 분석 방법

내 블로그에 '전구 가는 법' 키워드를 작성한다고 가정해보자. 우선 내 블로그의 스펙은 이렇다. 블로그 최초 날짜는 2020년 1월 20일, 전체 글은 521개, 일일 방문자 수는 730명이다. 반면 검색 결과 1위에 있는 블로그의 최초 날짜는 2019년 4월 8일, 전체 글은 830개, 일일 방문자 수는 1,500명이다. 내 블로그와 해당 키워드 검색 결과 1위에 있는 블로그를 비교해서 정리하면 다음과 같다.

내 블로그	VS	1위 블로그
최초 날짜 : 2020년 1월 20일 전체글 : 521 일일 방문자 수 : 730		최초 날짜 : 2019년 4월 8일 전체글 : 830 일일 방문자 수 : 1,500

블로그는 오래될수록, 전체 글이 많을수록, 일일 방문자 수가 많을수록 더 좋다. 내 블로그와 해당 키워드 검색 결과 1위에 있는 블로그를 비교하면 내 블로그보다 1위 블로그가 최초 날짜도 더 오래되었고 전체 글과 일일 방문자 수도 더 많다. 이 경우에는 내 블로그가 1위 블로그 위에 노출될 수 없다.

동일 키워드로 6위에 있는 블로그를 봤더니 이 블로그의 최초 날짜는 2021년 5월 13일, 전체 글은 210개, 일일 방문자 수 350이다.

내 블로그	VS	6위 블로그
최초 날짜 : 2020년 1월 20일 전체글 : 521 일일 방문자 수 : 730		최초 날짜 : 2021년 5월 13일 전체글 : 210 일일 방문자 수 : 350

정리하자면 6위 블로그와 비교를 했을 때는 내 블로그가 더 오래되었고, 전체 글도 더 많으며, 일일 방문자 수도 더 많다. 비교해야 하는 세 가지 조건을 모두 이긴 것이다. 이때는 키워드를 상위 노출 조건에 맞게 작성하면 내 블로그는 6위 블로그보다 위에 노출될 수 있는 확률이 높다. 이와 같이 내 블로그에서 어떤 키워드를 띄우려고 할 때 이렇게 비교하면 경쟁력을 파악할 수 있다. 검색량으로만 키워드 경쟁력을 비교하는 것이 아니다.

머니코치의 돈이 되는 블로그 운영 NOTE

10위권 안에 노출할 목적으로 키워드를 추출하자

지금까지 설명한 세 가지 방법을 활용해서 키워드 경쟁력을 비교한다면 검색량으로만 비교하는 것보다 훨씬 더 정확하게 내 블로그의 순위를 예측할 수 있다. 그러므로 이 방법을 바탕으로 10위권 안에 노출할 목적으로 키워드를 추출해서 내 블로그에 작성하면 된다. 지금까지 설명한 이 세 가지 방법을 활용해서 당장 오늘부터 키워드를 추출한다면 이전보다 훨씬 더 수월하게 상위 노출할 수 있을 것이다.

CHAPTER 06

저품질 블로그에 빠지지 않는 방법

SECTION 01

저품질 블로그
제대로 알기

블로그를 운영해봤으면 '저품질 블로그'라는 단어가 익숙할 것이다. 또한 주변에서 '저품질 블로그가 되었다'는 경우도 종종 봤을 것이다. 이런 이야기를 듣는다면 언젠가 한 번쯤은 내 블로그도 저품질이 될까봐 걱정하기도 한다. 그렇다면 과연 저품질 블로그가 무엇이기에 블로그를 운영하는 사람들이 두려워하는 것일까?

저품질 블로그 = 네이버가 신뢰하지 않는 블로그

네이버에서는 '저품질 블로그'는 없다고 이야기한다. 이 말이 무엇일까? 분명히 저품질 블로그가 되어 피해를 본 사람들이 있다고 하는데, 네이버에서는 없다고 하니 이 말의 진실은 무엇일까? 우선 네이버의 공식 입장을 살펴보자.

> **■ 최적화/저품질 블로그란 있는가?**
>
> **정답. X**
>
> 최적화 블로그나 저품질 블로그와 관련해서 한 번이라도 네이버 고객센터에 문의해 본 적이 있는 분이라면 "최적화/저품질 블로그란 없다."라는 답변을 받아보셨을 텐데요. "내 눈으로 직접 본 사실인데 왜 없다고 거짓말하느냐?"라고 생각하셨을 수도 있을 것 같습니다.

▲ 최적화/저품질 블로그에 대한 네이버의 공식 입장 ①[12]

네이버에 '최적화/저품질 블로그가 있는가?'라고 묻는다면 네이버에서는 '없다'라고 답변한다. 이 내용만 보고 일부 사람들은 네이버에 '최적화'와 '저품질'이라는 개념 자체가 아예 없다고도 말한다. 그런데 과연 이 말이 사실일까? 이 부분에 대해 제대로 이해하려면 다음의 내용도 중요하게 살펴봐야 한다.

> 이에 대해 설명을 드리자면, '최적화 블로그, 저품질 블로그, 3페이지 블로그, 최신순 저품질블로그, 안드로메다 블로그, 블로그지수' 등은 네이버에서 만든 개념이 아닙니다.
> **특정 조건 아래에서 나타나는 몇 가지 공통된 현상을 수렴해 누군가가 만들어낸 개념이며, 전파되면서 그 정의 또한 계속 조금씩 바뀌어 왔습니다. 쉽게 말해 그 정체가 불분명하고 모호한 개념입니다.**
> 그런데 이러한 개념이 블로그를 운영하는 많은 분들께 널리 퍼지고 기정 사실화 되면서 많은 부작용을 낳고 있어 다시 한번 안내 드립니다.

▲ 최적화/저품질 블로그에 대한 네이버의 공식 입장 ②[13]

네이버는 '최적화/저품질 블로그가 있는가?'라는 질문에 대해 위와 같이 답변하고 있다. '특정 조건 아래에서 나타나는 몇 가지 공통된 현상을 수렴해 누군가가 만들어낸 개념'이라는 답변을 잘 해석해보면 네이버가 말하는 의도를 알 수 있다. 네이버에서는 '최적화/저품질'이라는 단어를 만들지 않았으므로 '없다'고 하는 것이다. 이 단어들을 비롯해 예시로 나온 단어들도 네이버가 만든 단어가 아니므로 없다고 말하는 것이다.

네이버 블로그 팀의 공지 사항을 보면 네이버는 '최적화 블로그'를 '신뢰할 수 있는 블로그'라고 표현하고 있다. 이 말은 '최적화/저품질 블로그'라는 개념은 네이버에서 만들지 않았지만, 특정 조건에서 나타나는 몇 가지 공통된 현상은 있다는 것이다. 이런 현상을 수렴해서 누군가가 '최적화 블로그', '저품질 블로그'라는 용어를 만들었다는 것으로 해석할 수 있다. 다시 말해서 '최적화 블로그'처럼 '저품질 블로그'라는 용어는 없지만, 특정한 블로그가 잘 노출되거나 특정 블로그가 검색 순위에서 밀리는 등의 현상은 공통적으로 나타난다는 것이다. 이것을 누군가가 '최적화 블로그', '저품질 블로그'라는 개념으로 만들어서 부른다는 것을 알 수 있다.

결론은 '네이버가 신뢰하지 않는 블로그'가 바로 우리가 알고 있는 '저품질 블로그'인 것이다. 네이버에서 표현하는 용어인 '신뢰할 수 있는 블로그', 즉 '최적화 블로그'의 반대가 바로 '신뢰받지 못하는 블로그', '저품질 블로그'인 것이다. 하지만 이 책에서는 그냥 편하게 '저품질 블로그'라는 용어를 사용하겠다.

12, 13 **자료 출처** : 네이버 검색 공식 블로그(https://blog.naver.com/naver_search/220766056734)

저품질 블로그가 되면 이렇게 된다

'저품질 블로그'라는 용어가 어떤 의미인지 정리했으니 저품질 블로그가 되면 어떤 현상이 나타나는지 알아보자.

1. 검색(포스팅)이 누락된다

저품질 블로그의 가장 대표적인 특징은 검색 결과의 변화이다. 내 블로그 지수에 맞는 키워드들로 콘텐츠를 작성해 상위 노출했고 순위에 잘 반영되어 있었는데, 이 부분이 변동되는 것이다. 결론부터 말하면 순위에 노출되었던 글이 갑자기 너무 낮은 순위로 밀려서 찾을 수도 없는 한참 뒤에 있는 페이지로 가버리는 것이다. '안드로메다로 간다'고도 표현하는 이 현상이 갑자기 내 블로그에 나타나면 저품질 블로그가 되었는지 의심해야 한다.

만약 내 블로그가 저품질 블로그가 되었다면 이런 현상만 나타나는 것이 아니다. 처음에 순위권에 있던 글이 찾을 수도 없을 만큼 뒷쪽 페이지로 가버리는 것을 보고 불안해서 바로 다음 글을 작성해보는데 이때도 문제가 발생한다. 블로그 지수에 맞게 키워드를 추출하고 상위 노출될 수 있게 글을 작성했어도 상위 노출이 안 되는 것이다. 이전이라면 무리 없이 상위권에 노출되었을 키워드들이 이제는 더 이상 상위권에 노출되지 않는 일이 벌어진다. 게다가 이런 현상은 한 번만으로 끝나는 것이 아니라 계속 이어지고 이전에 순위권에 있던 글도 다시 순위권으로 돌아오지 않는다면 이때는 강력하게 저품질 블로그를 의심해야 한다.

2. 방문자 수가 급감한다

내 블로그의 방문자 수가 크게 떨어졌으면 저품질 블로그로 의심할 수 있다. 사실 저품질 블로그가 되었을 때 방문자 수가 급감하는 것은 어찌 보면 당연한 것이다. 왜냐하면 일단 저품질 블로그가 되면 순위에 머물러 있던 글이 갑자기 사라져서 사용자들이 내 글을 찾지 못하므로 자연히 내 블로그에 방문할 수 없게 되는 것이다. 이전에 작성했던 글뿐만 아니라 새로 작성한 글도 노출되지 않아 내 블로그에 방문하는 사람들은 점차 줄어든다. 따라서 블로그의 방문자 수가 급감하면 검색 누락 때문에 생기는 저품질 현상으로 생각해봐야 한다.

어떤 사람들은 이때 블로그 방문자 수의 급증을 노리고 이슈성 키워드를 작성하기도 한다.

말 그대로 현재 사회에서 이슈가 되고 있는 내용을 키워드로 작성하는 것이다. 이렇게 글을 작성한다면 당연히 방문자 수가 급증하지만, 이슈가 사라지면 방문자 수도 줄어든다는 것이 문제다. 이때도 저품질 블로그처럼 방문자 수가 급감하므로 내 블로그가 저품질이 되었다고 생각하는 경우가 많지만, 그렇지 않을 수도 있다. 말 그대로 검색량이 많은 이슈 키워드를 사용해서 내 블로그에 글을 작성했고 이것을 통해 사용자들을 유입했지만, 이슈성이 낮아지면서 자연스럽게 사용자들이 줄어든 것이기 때문이다. 그러므로 다른 포스팅이 잘 노출되고 있으면 크게 걱정할 필요는 없다. 하지만 이슈 키워드를 자주 작성한다면 내 블로그에 좋지 않다는 것을 꼭 기억해야 한다. 결국 과한 욕심 때문에 내 블로그를 스스로 저품질에 빠뜨리기도 하니 욕심을 내려놓는 것이 좋다.

3. 네이버가 아닌 다른 사이트에서 방문하는 외부 유입이 많아진다

블로그를 운영할 때는 정석대로 운영하는 것이 중요하다. 그리고 내 블로그 지수에 맞는 키워드를 추출해야 그 키워드가 상위 노출되어 사용자들을 끌어올 수 있다. 잘 키운 블로그는 네이버 여기저기에 노출되므로 네이버 안의 다양한 채널에서 블로그로 유입되는 경우가 많다.

'통계'를 살펴봤을 때 사용자들이 네이버 안의 채널이 아니라 다른 사이트를 통해 내 블로그로 유입된다면 저품질 블로그를 의심해봐야 한다. 특히 통계에서 '유입 분석'을 살펴봤을 때 1위가 네이버가 아닌 다음 등 외부 사이트라면 한 번쯤 저품질 블로그의 신호라고 의심해보는 것이 좋다. 물론 예외인 경우도 있다. 이제 막 블로그를 시작했다면 초기에는 다음 등 다른 사이트에서 사용자들이 유입될 수도 있기 때문이다.

머니코치의 돈이 되는 블로그 운영 NOTE

저품질 블로그는 예방이 중요하다

저품질 블로그는 살펴본 세 가지 신호로 의심할 수 있다. 블로그에 이런 현상이 나타난다고 해서 무조건 저품질은 아니므로 너무 속단하지는 말자. 아무래도 저품질 블로그가 되었다는 느낌이 들면 심장이 쿵 내려앉을 만큼 놀랍고, 열심히 키운 블로그인데 왜 이런 일이 일어났는지, 내가 무엇을 잘못했는지 하루 종일 고민하면서 해결 방법을 찾고 싶을 것이다. 저품질 블로그가 되어도 탈출을 할 수 있는 방법은 있지만, 이렇게 되지 않도록 '예방'하는 것이 가장 중요하다는 것을 꼭 기억해야 한다.

SECTION 02

왜 저품질 블로그가 되는 것일까?

애지중지 키운 내 블로그가 저품질이 되었다면 당황스러울 것이다. 게다가 언제 정상적으로 돌아올지 모르니까 스트레스를 받기도 하며, 내 블로그가 이전처럼 돌아오더라도 '다시 또 저품질에 걸리는 것은 아닐까?'라는 생각이 들어 불안하기도 한다.

블로그를 운영하는 동안 저품질을 겪었다면 왜 이런 상황이 생기는지 궁금할 것이다. 어떤 문제든지 문제가 생긴 후에 해결하기보다는 문제가 터지지 않게 미리 예방하는 것이 중요하다. 블로그도 마찬가지다. 저품질이 나타나는 이유를 미리 알고 이런 것들을 조심해서 블로그를 운영해야 한다. 저품질 블로그가 되고 나서 해결하는 것보다 예방하는 게 훨씬 쉬운 일이니까 말이다. 그렇다면 저품질 블로그가 되는 이유는 무엇일까?

마이너스(-) 점수가 쌓이면 저품질 블로그가 된다

일단 저품질 블로그에 대해 이야기하려면 네이버의 '점수제'를 알아야 한다. 네이버가 좋아하는 대로 운영하면 플러스(+) 점수를, 싫어하는 대로 운영하면 마이너스(-) 점수를 받는다. 플러스 점수가 계속 쌓이면 블로그 지수가 상승해서 최적화/씨랭크 블로그에 가까워지고 반대로 마이너스 점수가 쌓이면 블로그 지수가 하락해서 저품질 블로그에 가까워지는 것이다.

다시 이야기하자면 내 블로그가 저품질이 된 이유는 내가 블로그를 운영하면서 플러스 점수가 아니라 마이너스 점수를 쌓았기 때문이다. 네이버가 싫어하는 여러 가지 행동을 하면서 나도 모르는 사이에 마이너스 점수를 받은 것이고 이것이 쌓여 패널티로 '저품질 블로그'가 된 것이다. 많은 사람이 자신의 블로그가 저품질이 된 이유는 한 가지 정도밖에 없다고 생각한다. 가령 홍보성 글을 올린 후 바로 저품질 블로그가 되었다면 홍보성 글 하나 때문에 저품질이 되었다고 생각하는데, 이것은 아니다.

네이버는 그렇게 야박하지 않다. 홍보성 글을 올리고 나서 바로 저품질이 된 것은 공교롭게도 타이밍이 맞았기 때문이다. 즉, 내가 블로그를 운영하면서 네이버가 싫어하는 어떤 행동을 했는데, 이것이 한두 번이 아니었을 것이다. 그래서 당연히 플러스 점수가 아니라 마이너스 점수가 적립되었을 것이다. 마이너스 점수를 많이 받아 네이버가 더 이상 봐줄 수 없는, 즉 저품질과의 경계선에 있었는데, 이때 마침 홍보성 글을 올린 것이다. 이때 마이너스 점수가 추가 적립되면서 블로그가 저품질에 빠졌을 가능성이 높다. 지금 이 내용을 보고 이렇게 생각하는 사람이 많을 것이다.

'블로그 저품질에 안 걸리려면 네이버가 싫어하는 행동을 아예 하지 말고 좋아하는 것만 하면 되겠네? 그러면 도대체 네이버가 싫어하는 행동은 무엇일까? 명확하게 정해진 기준이 있나?'

안타깝게도 네이버에서 '이런 건 하지 마세요.'라고 정해준 가이드라인은 없다. 그러므로 우리가 블로그를 운영하면서 네이버가 싫어할 것 같은 것들을 알아서 피하는 방법밖에는 없다.

이것만 알아도 저품질을 피한다

네이버에서 제시한 가이드라인은 없지만, 그동안 저품질이 된 블로그를 살펴보면 몇 가지 공통점이 있다. 이런 것들을 잘 파악하여 네이버가 싫어할 만한 행동은 하지 말고 좋아할 만한 행동을 통해 블로그 지수를 높이는 것이 저품질 블로그를 예방하는 방법이다. 그렇다면 블로그를 운영하면서 무엇을 조심해야 할까?

1. 과도한 홍보성 포스팅을 자제한다

우리가 블로그를 운영하는 목적은 '마케팅의 도구'로 사용하기 위해서다. 무료로 내 서비스를 홍보하고 고객들을 모으는 것이 목적이며, 이로 인한 매출 증대가 블로그 운영의 최종 목적이다. 그래서 블로그를 운영할 때 내가 제공하는 서비스에 대한 홍보성 글을 많이 작성하게 된다. 한 마디로 네이버 사용자들에게 유익한 정보를 주는 포스팅을 작성하는 것이 아니라 오로지 내 매출에만 집중된 포스팅을 작성하는 것이다.

내 업체를 홍보하기 위한 포스팅을 과도하게 작성하므로 네이버에서는 이를 좋게 볼 리 없다. 앞에서도 이야기했지만, 네이버는 '광고 회사'이다. 광고로 인해 벌어들이는 수익이 많은데, 블로그를 운영하는 사용자들은 공짜로 자신의 업종을 홍보하고 있으니 네이버에서는 이를 좋게 볼 리가 없다. 또한 네이버를 사용하는 사용자들도 자신들에게 유익한 정보가 아니라 업체들의 홍보성 강한 글만 나오면 피로감이 심해져서 자연히 네이버를 이용하는 빈도가 줄어들 수밖에 없다. 네이버는 '네이버'라는 하나의 마을에 사용자들이 오래 머무르기를 원하지만, 앞에서와 같은 이유로 사용자들이 네이버를 더 이상 이용하지 않게 되면 악순환이 반복된다. 네이버를 사용하는 사용자들이 줄어들고 광고성 글만 넘쳐나게 되니까 말이다. 이런 이유로 네이버는 홍보성 글을 과도하게 포스팅하는 블로그에게 마이너스(-) 점수를 줄 수밖에 없다.

2. 외부 링크를 너무 자주 사용하지 않는다

네이버는 플랫폼 비즈니스 회사여서 자신의 채널 안에 많은 사용자가 오랜 시간 동안 머무르는 것을 원한다. 한 마디로 다른 채널로 이동하는 것을 좋아하지 않는다. 그런데 외부 링크를 달아 놓으면 네이버를 사용하는 많은 사람이 더 이상 네이버에 머무르지 않고 외부 링크를 통해 다른 사이트로 이동할 것이다. 네이버에서는 사용자들이 네이버 안에 오래 머물러야 좋은데, 외부 링크가 이것을 방해하는 셈이다. 그러므로 블로그를 잘 운영하고 싶으면 외부 링크도 너무 자주 사용하지 않도록 주의해야 한다.

3. 어뷰징은 절대 과하게 하지 않는다

'스크랩, 댓글, 공감(스, 댓, 공)'을 설명하면서 방문자 수와 관련한 어뷰징에 대해서 이야기했다. 어뷰징은 '인위적으로 순위를 조작'하는 상황으로, 네이버는 이를 매우 싫어한다. 스크랩을 하면 순위 상승 효과를 볼 수 있어 이에 맛들린 사람들이 모든 글에 스크랩을 넣는데, 네이버에서는 반복적으로 규칙이 발생하는 스크랩도 어뷰징이라고 간주한다. 그러므로 이런 행동을 하는 것은 내 블로그를 저품질로 빠뜨리는 지름길이라는 것을 기억하자. 어뷰징 행위에는 스크랩만 있는 것이 아니다. 댓글이나 공감 등과 같은 활동도 어뷰징을 할 수 있다. 이 외에도 프로그램을 사용하여 블로그 방문자 수를 조작하는 행동도 어뷰징으로, 네이버는 이런 모든 행위를 싫어한다.

지금까지 이야기한 세 가지 포인트는 블로그 지수를 하락시키는 큰 원인이다. 한 마디로 이러한 행동을 너무 자주 한다면 네이버는 마이너스 점수를 줄 확률이 높다는 것이다. 이렇게 마이너스 점수가 계속 쌓이면 내 블로그는 점점 더 저품질에 가까워질 것이다. 다시 한번 이야기하지만 네이버는 절대로 한 번의 잘못으로 블로그에 저품질을 주지 않는다.

머니코치의 돈이 되는 블로그 운영 NOTE

네이버가 싫어하는 행동을 계속하면 저품질 블로그가 된다

네이버는 '점수제'로 운영된다. 그러므로 블로그를 운영하면서 네이버가 싫어하는 행동을 한 결과로 마이너스 점수가 누적되고, 이것이 계속 쌓여서 저품질 블로그가 되는 것이다. 네이버는 점수제로 운영되므로 똑같은 행동을 해도 저품질 블로그가 안 되는 경우도 있다. 예를 들어, 똑같이 10개의 홍보성 글을 올려도 A 블로그는 저품질이 되고 B 블로그는 저품질이 되지 않는다. 왜냐하면 네이버는 점수제이기 때문이다!

A 블로그의 경우에는 10개의 홍보성 글을 포함하여 네이버가 싫어하는 행동을 해서 마이너스 점수를 받아 이것이 누적되어 결국 저품질 블로그가 된 것이다. 반면 B 블로그는 홍보성 글을 10개나 올렸어도 그동안 네이버가 좋아하는 대로 블로그를 운영해 플러스(+) 점수를 쌓았으므로 홍보성 글 10개로 마이너스 점수를 받아도 저품질 블로그가 되지 않은 것이다. 똑같은 행동을 해도 내 블로그만 저품질에 빠지는 이유는 바로 이것이다. 네이버에서 싫어하는 행동을 계속했고 이전에 플러스 점수를 넉넉하게 받지 못했으므로 내 블로그는 저품질에 빠지는 것이다.

물론 내 블로그 지수가 하락하고 결국 저품질 블로그가 되는 이유는 정말 다양하므로 이 책에서 모두 오픈할 수는 없다. 그러나 이제까지 이야기한 것들만 조심하고 '네이버'라는 회사의 특성을 이해해서 블로그를 운영한다면 저품질에 대한 두려움이 조금은 줄어들 것이다. 게다가 네이버 블로그 지수를 올리는 방법까지 공개했으므로 블로그를 운영할 때는 항상 이 부분을 생각하고 운영하기를 바란다.

SECTION 03
저품질 블로그에서 탈출할 수 있을까?

저품질 블로그가 되는 이유는 매우 다양하다. 그래서 저품질 블로그가 된 것 같으면 매우 당황스럽지만, 정확한 원인을 몰라 답답하고 스트레스도 많이 받는다. 무엇보다 저품질이 된 내 블로그를 다시 정상으로 되돌릴 수 있는지의 여부가 가장 궁금할 것이다.

결론부터 이야기하자면 저품질에서 탈출할 수 있는 방법이 아예 없는 것은 아니다. 하지만 저품질을 탈출하기까지 어느 정도 인내가 필요하다. 아울러 저품질 블로그에서 무조건 탈출할 수 있는 것도 아니어서 최대한 노력했는데도 결국 탈출하지 못하는 경우도 있다.

내 블로그가 저품질이 되었다면 대부분 무엇이든 해보려고 노력한다. 그동안 애지중지 키운 블로그이기도 하고 또 나의 시간과 정성이 들어간 자산이므로 쉽게 놓을 수 없기 때문이다. 저품질 블로그가 된 원인을 잘 파악했다면 그 원인에 맞는 저품질 블로그 탈출법을 알아보고 실천해야 한다.

하지만 지금은 1:1 컨설팅이 아니므로 저품질 블로그가 된 원인을 딱 잘라 특정하기가 어려워서 저품질 블로그가 되었을 때 일반적으로 실천해볼 수 있는 방법을 설명하겠다. 내 블로그가 저품질이 되었다면 다음 쪽부터 이어지는 내용을 꼼꼼하게 읽어보고 내 블로그에 적용해보자.

네이버 '점수제'를 정확히 이해하자

내 블로그가 저품질이 된 것 같다면 우선 무엇을 해야 할까? 이것이 가장 큰 고민이다. 저품질 블로그에서 탈출하고 싶지만 막상 어디서부터 어떻게 손을 대야 할지 잘 모르겠고, 원인을 찾아야 해결할 텐데 원인도 명확하지 않아 어떻게 건드려야 할지 감이 잘 안 올 것이다. 게다가 괜히 잘못 건드렸다가 블로그가 아예 소생할 수 없는 상태로 될까봐 너무 걱정스럽지만, 그렇다고 손을 놓고 있을 수만은 없을 것이다.

우선 내 블로그가 저품질에 걸린 이유는 무엇일까? 우리가 원인을 특정할 수는 없지만 생각해볼 수는 있다. 네이버는 '점수제'로 운영하고 있는데, 저품질 블로그가 되는 것도 이것과 관련이 있다. 플러스(+)가 아니라 마이너스(−) 점수를 받을 경우 저품질에 걸리므로 '점수제'와 관련지어 저품질에서 탈출하는 방법을 생각해보자.

저품질 탈출의 핵심, 네이버 블로그 지수 올리는 두 가지 방법

저품질 블로그에서 탈출하려면 네이버 블로그 지수를 올리는 데 집중해야 한다. 아무래도 마이너스 점수를 받아 저품질이 된 것이니 다시 플러스 점수를 쌓아서 블로그 지수를 올려야 저품질에서 벗어날 수 있다. 내 블로그가 저품질이 되었고 정말 탈출하고 싶다면 닥치는 대로 하는 것보다 하나씩 신중하게 생각하면서 블로그 지수를 높일 수 있는 방법을 실천해야 한다.

1. 양질의 콘텐츠를 쌓는다

저품질 블로그에서 탈출하고 싶으면 가장 먼저 내 블로그에 양질의 콘텐츠를 쌓아야 한다. 여기서 말하는 '양질의 콘텐츠'는 블로그 지수를 높일 수 있는 좋은 글을 의미한다. 블로그 지수를 높일 수 있는, 네이버와 소비자들이 좋아할 만한 정보성 키워드로 글을 작성해야 한다. 저품질 블로그가 된 원인 중 하나가 과도한 홍보성 글일 수도 있다. 내 업체를 무료로 과도하게 홍보하는 글은 네이버에서 좋아하지 않는다. 그러므로 마음이 급해도 우선 홍보성 글을 발행해야겠다는 생각과 욕심을 버리자. 그런 다음 인내심을 갖고 사용자들과 네이버가 좋아하는 '정보성 키워드'로 글을 발행해보자.

2. 이웃과 꾸준하고 활발하게 소통한다

블로그를 운영한다면 이웃 소통을 잘하는 것이 얼마나 중요한지 잘 알고 있을 것이다. 흔히 '이웃 활동'이라고 하면 스크랩과 댓글, 공감 등의 활동을 이야기하는데, 이 활동을 잘해야 한다. 지금까지 블로그를 잘 운영해왔다면 비록 저품질 블로그가 되었어도 그동안 모은 이웃들이 있을 것이다. 이 이웃들은 내가 올리는 글이 좋아서, 나의 콘텐츠가 좋아서, 내 소식을 듣기 위해서 내 블로그와 이웃을 한 것이므로 저품질 블로그를 탈출하려면 역시나 나의 이웃들과 내 타깃 고객들이 좋아할 만한 글을 발행하고 이웃 활동을 꾸준히 해야 한다. 이미 저품질 블로그가 되었다면 이전에 작성한 포스팅뿐만 아니라 새로 작성하는 포스팅도 노출이 안 된다. 그러므로 새로운 사용자들을 모으는 것이 현실적으로 힘들다는 것을 인정한 후, 블로그 지수를 높일 수 있도록 기존의 이웃들과 더욱 적극적으로 소통해야 한다는 사실을 잊지 말자.

스크랩, 댓글, 공감(스, 댓, 공)에 대해 이야기하면서 스크랩으로 어떻게 어뷰징을 할 수 있는지, 그리고 무엇을 주의해야 하는지 설명했다. 일부 사람들은 저품질 블로그가 된 상태에서 블로그 지수를 높이려고 이웃 활동을 열심히 하는 '것처럼' 보이기 위해 프로그램을 사용하는 등 어뷰징 행위를 생각할 수도 있다. 그런데 다시 한번 강조하지만 네이버에서 가장 싫어하는 것이 바로 '어뷰징'이다. 그러므로 이런 꼼수는 생각조차 하지 말자. 이미 네이버의 눈 밖에 났는데 더 눈 밖에 나면 저품질 블로그를 탈출할 수 있다는 희망조차 산산조각 날 것이다.

머니코치의 돈이 되는 블로그 운영 NOTE

다시 강조! 저품질은 예방이 최선이다

내 블로그가 저품질이 되었다고 해서 블로그를 포기해야 하는 것은 아니다. 저품질 블로그가 되었어도 앞에서 설명한 저품질 탈출 방법과 이 외의 다른 조치까지 모두 취해서 탈출하는 경우도 있으므로 너무 좌절할 필요는 없다.

사실 블로그는 저품질에 걸려서 탈출하는 것보다 아예 안 걸리는 것이 낫다. 처음부터 제대로 운영해 네이버의 눈 밖에 날 일을 만들지 않는 것이 가장 좋다는 말이다. 항상 강조하지만 꼼수를 쓰지 말고 정석대로 블로그를 키우는 것이 가장 중요하다. 저품질 블로그에서 탈출하는 사례가 있지만, 이것은 엄청난 인내심을 요구하므로 이 과정에서 스트레스를 많이 받는다. 정신 건강을 생각한다면 저품질에 걸린 블로그는 버리고 새로 블로그를 키우는 것이 훨씬 더 좋은 대안이 될 수도 있으므로 각자 상황에 따라서 잘 판단해야 한다. 어쨌든 저품질 블로그에 걸리는 것보다 예방하는 것이 최선이라는 것을 명심하자.

SECTION 04

저품질 블로그 이렇게 예방하자

꼼수 대신 정석대로 키우는 게 관건!

　내 블로그가 저품질이 되었어도 아예 탈출하지 못하는 것은 아니다. 잘 키운 블로그를 버릴 필요는 없다는 말이다. 인내심을 가지고 블로그 지수를 높인다면 탈출하는 경우가 더러 있다. 그런데 냉정히 말하자면 블로그 저품질은 탈출하는 것도 어렵고, 엄청난 인내심을 요구하며, 블로그를 애지중지 키우는 것보다 더 많은 시간을 투자하고 깊은 정성을 쏟아야 한다. 그래서 솔직히 저품질 블로그에서 탈출하는 것보다 애초에 저품질이 되지 않도록 제대로 관리하는 것이 가장 중요하다.

　내 블로그를 마케팅으로 활용하려는 경우에는 탈출하기가 더 어렵다. 블로그를 잘 키워 나만의 브랜딩을 하고 관련된 상품 및 서비스를 판매하려면 블로그가 탄탄해야 한다. 이것은 너무 당연한 이야기다. 이미 블로그로 매출 효과를 보고 있으면 저품질 블로그가 되는 순간 매출이 눈에 띄게 급감할 수도 있다. 저품질 블로그에서 탈출하려고 하거나 새로운 블로그를 다시 키워도 이전에 블로그를 키웠던 만큼의 시간보다 더 많은 시간을 투자해야 할 수도 있다. 내가 다시 블로그를 만드는 사이 경쟁자들은 더욱 탄탄한 블로그로 앞서 나간다.

　이런 경우 아무래도 급한 마음에 정석대로 탄탄하게 가는 것이 중요하다는 것을 알지만 꼼수를 쓸 수도 있다. 그러면 다시 저품질 블로그의 수렁에 빠지게 된다. 새로 블로그를 키우는 경우에는 시간이 더 오래 걸릴 수 있다. 그러므로 한 번 블로그를 시작했다면 '내 블로그는 절대 저품질에 빠뜨리지 않겠다.'는 각오로 운영해야 한다. 다시 한번 더 강조하지만 블로그는 저품질에서 탈출하는 것보다 애초에 저품질 블로그가 되지 않게 예방하는 게 훨씬 중요하다.

그렇다면 소중한 내 블로그가 저품질이 되지 않게 하려면 어떻게 해야 할까? 솔직히 정답은 간단하다. 이미 앞에서 정답을 모두 제공했으니 그대로만 하면 된다. 실제로 우리 회사에 블로그 대행을 맡기는 광고주들은 남들이 다 저품질 블로그 대란으로 걱정할 때 우리 회사에서 탄탄하게 키운 블로그에 놀란 경우가 많다.

이 밖에도 네이버에서 로직을 바꾸거나 기타 여러 가지 이유로 저품질 블로그 대란이 발생하는 경우가 있다. 네이버 로직이 변경될 때마다 저품질 블로그가 되는 것은 어쩔 수 없는 일이지만, 앞에서 이야기한 대로 블로그를 운영한다면 저품질이 될 확률을 크게 낮출 수 있다. 그리고 이때 살아남으려면 무조건 초반에 블로그를 시작할 때부터 꼼수를 쓰지 않고 정석대로 키우는 게 중요하다. 블로그를 운영할 때 꼼수를 쓰는 것은 당장은 좋을 수도 있지만, 길게 보면 절대로 블로그에 이득 되는 것이 없다.

저품질로 가지 않는 다섯 가지 예방법

저품질 블로그가 되는 이유는 네이버의 '점수제'에 의해서라고 했다. 블로그를 운영할 때 네이버의 점수제에 따라 플러스(+) 점수를 많이 받으면 우리가 원하는 최적화 블로그와 씨랭크 블로그에 가까워진다. 반대로 마이너스(-) 점수를 많이 받으면 어느새 저품질의 경계선까지 내려갔다가 마이너스 점수가 더 쌓이면 결국 저품질 블로그가 되는 것이다. 그렇다면 내 블로그를 저품질에 빠뜨리지 않게 하려면 어떻게 해야 할까?

1. 블로그 지수에 신경 쓰자

플러스 점수를 받기 위해 '블로그 지수'에 신경을 써야 한다. 결국 플러스 점수를 받는다는 것은 블로그 지수가 잘 쌓이고 있다는 것을, 마이너스 점수를 받는다는 것은 블로그 지수가 하락한다는 것을 의미한다. 그러므로 내 블로그를 저품질에 빠뜨리지 않으려면 블로그 지수 쌓는 방법을 제대로 공부해서 내 블로그에 적용해야 한다.

결국 정석대로 블로그를 잘 키우는 것이 저품질 블로그를 예방하는 방법이다. 네이버가 싫어하는 행동을 하면 안 되고 네이버와 사용자들이 좋아하는 행동으로 블로그 지수를 쌓아야 한다. 네이버는 많은 사용자가 네이버 안에서만 머물기를 원하므로 이에 반하는 행동을 했을 경우에는 네이버가 싫어할 가능성이 높다. 그러므로 내 블로그 지수를 잘 쌓고 싶고 마이너스 점수를 받지 않으려면 네이버가 무엇을 좋아할지 항상 생각해야 한다. 그리고 너무 욕심을 내서 내 서비스와 상품에 대한 홍보만 하면 안 된다. 네이버는 광고 회사이므로 자신들의 매출이 마이너스가 되는 것을 싫어한다는 것도 기억하며 블로그를 운영하자.

2. 내 것만 홍보하지 말고 정보성 키워드를 활용하자

너무 내 것만 홍보하려고 하지 말자. 그리고 네이버와 사용자들이 동시에 만족할 수 있는 '정보성 키워드'를 잘 활용해서 콘텐츠를 작성하자. 물론 키워드를 추출할 때는 내 블로그 지수를 고려하여 상위 노출할 수 있게 추출해야 한다. 키워드 추출하는 방법을 잘 모르겠으면 씨랭크 로직과 비슷하게 흘러가는 유튜브에서 힌트를 얻자(유튜브에서 힌트를 얻어 키워드를 추출하는 방법은 83쪽을 참고한다). 키워드를 추출할 때는 네이버가 직접 관리하는 '비즈니스 키워드'는 절대 작성하지 말고 이웃 활동도 열심히 해야 한다.

3. 절대 어뷰징을 과하게 하지 말고 외부 링크도 신중하게 사용하자

어뷰징은 네이버가 싫어하므로 블로그에 좋지 않고, 지속했을 경우에는 결국 저품질 블로그가 될 수 있다. 그러므로 당장의 유혹에 넘어가서 어뷰징 행위를 과하게 하는 일은 절대 없어야 한다. 특히나 프로그램을 이용한 어뷰징 행위는 꿈도 꾸지 말자. 외부 링크를 자주 사용하는 것도 네이버 입장에서는 사용자들을 빼앗기는 것이므로 싫어한다. 실제로 네이버 블로그를 통해 쿠팡 파트너스 활동을 하던 블로그들이 저품질이 된 경우도 있다.

4. 저작권 침범은 절대 NO! 대행사에 맡길 때도 신중하자

네이버에는 '유사 문서'와 '유사 이미지' 개념이 있으므로 남의 것을 베끼는 것은 좋지 않다.

내 블로그 지수가 하락할 뿐만 아니라 베끼는 것은 다른 사람의 지적 재산을 침범하는 행위이므로 저작권을 소중하게 생각하자. 글과 이미지도 남의 재산이다. 블로그 콘텐츠를 작성할 때는 '저작권'에 대해서도 신경을 써야 하므로 가급적이면 내가 직접 작성한 원고와 이미지를 활용하자. 혹시 시간이 부족해서 대행사에 블로그 운영을 맡기는 경우 아무것도 모르고 맡기는 것은 좋지 않다. 대행사가 일을 잘하는지, 그리고 블로그를 잘 키우는지 알기 위해서는 나도 어느 정도 블로그 운영에 대해 알고 있어야 한다.

5. 일상 글만 채우지 말자

블로그에 일상 글을 작성해도 된다고 하지만, 당장 쓸 소재가 없다고 일상 글만 채우는 것은 좋지 않다. 우리는 씨랭크 블로그, 돈이 되는 블로그로 키우는 것이 목적이고 블로그를 마케팅 도구로 사용하려고 한다는 점을 항상 명심하자. 블로그는 내 일상을 기록하려고 만든 일기장이 아니므로 씨랭크 로직에 맞게, 내 업종에 맞는 키워드를 추출하자. 이제 1일 1포스팅, 1일 2포스팅이 중요한 시대는 지났다. 글 하나를 써도 네이버 사용자들과 네이버 마음에 들게 작성해야 하며, 사용자들이 내 글에서 얻어가는 것이 많을수록 좋다.

지금 이야기한 것들만 잘 기억해도 내 블로그는 절반 이상 먹고 들어간다. 네이버가 싫어하는 것들은 하지 말고 네이버에서 좋아하는 것 위주로만 신경 써서 블로그를 운영하면 된다. 네이버 저품질 블로그 대란이 있을 때도 늘 멀쩡하고 상위 노출되는 블로그들이 있다. 내가 꼼수를 쓰지 않고 정석대로 잘 블로그를 운영한다면 저품질 블로그 대란에서도 내 블로그가 저품질이 될 확률은 남들보다 적다. 다시 한번 더 강조하지만 저품질 블로그에서 탈출하는 것보다 애초에 저품질에 안 걸리는 게 훨씬 이득이다. 이 책에서 설명한 내용대로만 블로그를 운영해도 남들보다 저품질이 될 확률을 줄일 수 있을 것이다.

머니코치의 떼돈 버는 핵심 코칭 네이버 블로그

POINT 01 네이버 블로그는 사람들이 좋아하는 '최신성'이 포함되어 있는 채널이다

네이버 블로그에는 지금도 하루에 수만 건의 글이 올라오고 그 글로 돈을 벌고 있는 사람들이 많다. 네이버 블로그는 수십 년에 걸쳐 검증받은 채널로, 사람들이 좋아하는 '최신성'이 포함되어 있어서 절대 망할 수 없다.

▶ 다시 보기 : 26쪽

POINT 02 콘텐츠 리유즈를 적극 활용해라

콘텐츠 리유즈를 통해 하나의 콘텐츠로 5~10개의 채널을 운영할 수 있다. 콘텐츠 리유즈를 잘 활용하면 '노출×가치=성공' 공식에 따라 큰돈을 벌 수도 있다.

▶ 다시 보기 : 28쪽

POINT 03 블로그 글쓰기가 어려워도 '일상 글'은 피해라

블로그를 운영하는 목적은 돈이 되는 블로그, 즉 공짜 마케팅 도구로 활용하기 위해서다. 사람들은 내가 누구를 만나고 어디에서 무엇을 했는지가 아니라 내가 판매하는 제품이나 서비스와 관련된 주제에 대한 내용에만 관심이 있다. 소비자들은 전문적인 지식이 있는 블로그에 훨씬 더 많은 시간을 머무르고 신뢰한다. '전문성'이 있는 블로그로 운영하는 것은 나중에 '씨랭크' 로직과도 관련이 있으니 꼭 한 가지 주제를 잡고 꾸준하게 블로그를 운영하자.

▶ 다시 보기 : 34쪽

POINT 04 블로그 지수 상승에는 '키워드'가 중요하다

키워드 하나만 잘 잡아도 내가 원하는 타깃 고객들을 모을 수 있고 이들을 내 팬으로 만들 수 있다. 키워드는 내가 작성하고 싶은 것을 무작정 잡는 것이 아니라 내 블로그와 연관성이 있으면서 상위 노출을 할 수 있게 잡아야 한다.

▶ 다시 보기 : 38쪽

POINT 05 블로그 4대 지수를 알고 지수 상승에 주력해라

블로그에는 '4대 지수'가 있어서 이것들을 모두 알고 골고루 신경 쓰는 것이 중요하다. 우리는 최적화/씨랭크 블로그를 만드는 것이 목적이므로 각각의 지수에 우선순위를 두어야 한다. 최적화/씨랭크 블로그가 되기 위해 블로그 4대 지수를 중요한 순서대로 나열하면 '블로그 인기도 지수' → '글 인기도 지수' → '블로그 활동성 지수' → '글 주목도 지수'이다.

▶ 다시 보기 : 47쪽

POINT 06 블로그 지수가 상승하려면 '정보성 키워드'를 사용해라

블로그 지수가 상승하려면 소비자들뿐만 아니라 네이버도 좋아하는 키워드를 사용해야 한다. 이것이 바로 '정보성 키워드'로, 점수제로 운영되는 네이버에서 플러스(+) 점수를 받을 수 있다.

▶ 다시 보기 : 55쪽

POINT 07 블로그 지수가 상승하려면 숨겨진 세 가지 버튼(스, 댓, 공)을 활용해라

블로그 지수가 상승하려면 우리가 흔히 이야기하는 스, 댓, 공(스크랩, 댓글, 공감) 버튼을 잘 활용해야 한다. 이들 버튼은 너무 과하지 않게 적절히 활용하는 것이 중요하다.

▶ 다시 보기 : 57쪽

POINT 08 블로그 키워드 경쟁력을 제대로 파악하고 틈새시장을 공략해라

우리의 블로그는 대부분 최적화/씨랭크 키워드를 띄울 만큼 성장하지 않았다. 아직 약한 내 블로그에서 상위 노출을 원한다면 키워드 경쟁력을 제대로 파악할 줄 알아야 한다. 검색량이 낮아도 무조건 쉬운 키워드가 아니며 이것은 씨랭크 키워드일 수도 있다. 경쟁력이 너무 강한 키워드보다는 오히려 틈새시장을 노린 세부 키워드, 롱테일 키워드가 더욱 효과적일 수 있다.

▶ 다시 보기 : 76쪽

POINT 09 소비자들이 좋아하는 키워드를 잘 발굴해라

소비자들이 좋아하는 키워드를 발굴할 때는 다양한 방법을 활용할 수 있다.

① 네이버 검색 광고 시스템 활용
② 자동 완성 검색어, 연관 검색어 활용
③ 유튜브 활용

▶ 다시 보기 : 80쪽

POINT 10 '비즈니스 키워드'만큼은 절대 피해라

비즈니스 키워드는 크게 세 가지 특징을 가지고 있는데, 이 중 한 가지라도 해당하면 내 블로그에 절대로 작성해서는 안 된다.

① 통합 검색의 오른쪽에 브랜드 광고와 같은 네이버 시스템이 노출되어 있다
② 통합 검색에 블로그 글이나 카페 글이 최적화 순으로 노출되는 '인기 글' 탭이 없다
③ 통합 검색에 FAQ가 있다

▶ 다시 보기 : 87쪽

머니코치의 떼돈 버는 핵심 코칭 네이버 블로그

POINT 11 어뷰징하면 내 블로그는 안드로메다로!

어뷰징은 인위적으로 순위를 조작하는 행위로, 네이버는 어뷰징을 매우 싫어한다. 블로그 순위에 욕심이 생겨 계속 어뷰징을 하다가는 영영 돌아오지 못할 강을 건널 수도 있으므로 주의해야 한다.

▶ 다시 보기 : 100쪽

POINT 12 외부 링크는 적당히 사용해라

네이버는 플랫폼 비즈니스 기업이므로 네이버 안에서만 머무르는 것을 좋아한다. 그러므로 블로그에 글을 작성할 때 외부 링크를 너무 많이 삽입하는 것은 좋지 않다. 외부 링크로 인해서 네이버 안에서만 머물러야 하는 소비자들이 다른 사이트로 빠지기 때문이다. 그러니 외부 링크는 일주일에 한두 번 정도만 적당히 사용하자.

▶ 다시 보기 : 113쪽

POINT 13 블로그를 운영할 때 저작권을 조심해라

블로그는 꾸준하게 운영하는 것이 중요하고 저작권에도 반드시 신경 써야 한다. 저작권은 남의 지적 재산을 의미한다. 따라서 저작권을 그냥 사용할 경우에는 법적 책임이 발생할 수도 있으므로 항상 허용 범위를 확인하자.

▶ 다시 보기 : 118쪽

POINT 14 씨랭크 로직

씨랭크는 블로그의 '전문성'을 이야기하는 것으로, 씨랭크 로직은 '문서 출처 신뢰도'를 분석하는 로직이다. 씨랭크 로직에 적합한 블로그를 만들려면 한 분야에 대해 꾸준히 품질이 좋은 글을 작성해야 한다.

▶ 다시 보기 : 122쪽

POINT 15 다이아 알고리즘(로직)

다이아 알고리즘은 '문서의 신뢰도'를 분석하는 로직으로, 블로그 4대 지수 중에서는 '글 인기도 지수'와 관련이 깊다. 다이아 알고리즘대로 글을 작성한다면 내 블로그가 최적화 블로그가 아니어도 다음 세 가지의 조건을 충족할 경우에는 상위 노출을 시도해볼 수 있다.

① 텍스트 마이닝 데이터를 토대로 글을 작성해라
② 키워드에 맞는 콘텐츠 방향에 맞춰서 글을 발행해라
③ 글 인기도 지수와 글 주목도 지수에 사활을 걸어라

▶ 다시 보기 : 126쪽

POINT 16 내 블로그에서 상위 노출할 수 있는 키워드인지 확인하는 방법은?

블로그 상위 노출은 블로그 '급'과 키워드 '급'이 일치해야 가능하므로 이것을 잘 분석하는 것이 중요하다. 다음 세 가지 방법만 잘 알고 있으면 웬만한 키워드의 상위 노출을 시도해볼 수 있다. 이미 노출되어 있는 블로그들보다 내 블로그에서 이들 세 가지 조건을 모두 이겨야 순위권에 진입할 수 있다.

① 블로그 연혁 파악하기
② 전체 글 개수 파악하기
③ 일일 방문자 수 파악하기

▶ 다시 보기 : 137쪽

POINT 17 저품질 블로그

저품질 블로그는 마이너스(-) 점수가 계속 쌓여 발생했을 확률이 높다. 저품질 블로그를 탈출할 수 있는 방법이 있지만, 그냥 블로그를 처음부터 키우는 것보다 훨씬 더 힘들 수 있다. 따라서 블로그를 운영할 때는 네이버가 좋아하는 대로 운영하면서 플러스(+) 점수를 잘 쌓아야 한다. 결국 저품질 블로그가 되고 나서 탈출하는 것이 아니라 사전에 예방하는 것이 가장 중요하다.

▶ 다시 보기 : 147쪽

PART 02

네이버
스마트플레이스,
최종 구매 결정에
꼭 필요한 채널

CHAPTER 01

네이버 스마트플레이스를 시작해야 하는 이유

SECTION 01

네이버 스마트플레이스는 선택이 아니라 필수다

네이버 온라인 마케팅이 중요하다

　요즘은 자영업을 하는 사람들이 많다. 이 말은 그만큼 경쟁자도 많다는 이야기다. 실제로 몇 걸음만 걸어도 근처에 같은 업종의 가게가 많은 것을 볼 수 있다. 요즘 소비자들은 걸어 다니면서 가고 싶은 곳을 찾는 게 아니라 인터넷 검색부터 먼저 한다. 이전에는 갈비가 먹고 싶으면 동네에 있는 갈빗집으로 가는 경우가 많았는데 이제는 맛집으로 유명한 곳을 찾아가서 먹는다. 웨이팅이 길어도 상관없다. 한 끼를 먹더라도 맛있는 곳에서 만족스러운 식사를 하고 싶어 한다.

　맛집에만 해당되는 것이 아니다. 커피를 마시러 카페를 가거나 운동하려고 필라테스나 헬스장 등을 알아볼 때도 마찬가지다. 이왕이면 돈이 더 들어도 디저트나 커피가 맛있는 카페, 사진이 잘 나오는 카페에 가고 싶어 한다. 헬스장이나 필라테스센터라면 잘 가르치는 곳, 제대로 내 몸에 대해 알려줄 수 있는 곳을 찾아가려고 한다. 그렇다면 사람들은 이런 정보를 어디에서 찾을까? 답은 뻔하다. 온라인에서 찾는다. 좀 더 구체적으로 말하면 네이버 검색을 활용해 찾는다.

　이쯤에서 우리의 패턴을 잘 생각해보자. 가족과 함께 경기도 가평에 있는 펜션에 놀러 갈

계획이 있다면 제일 먼저 네이버에 접속한다. 그다음에는 '가평 펜션', '가평 예쁜 펜션' 등을 검색한다. 아이들이 있으면 '가평 키즈 펜션' 등의 키워드로 검색하기도 한다. 여기서 중요한 것은 내가 원하는 니즈를 반영해서 검색한다는 것이다. 그런 다음 바로 아래쪽에 여러 펜션이 나오는 부분을 보면서 하나하나 비교해본다.

그렇다. 이 영역이 바로 네이버 스마트플레이스, 즉 '지도'이다. 혹시 검색 결과 바로 아래쪽에 스마트플레이스가 나오지 않아도 네이버의 전체 메뉴 중에서 '지도' 부분을 검색해 하나하나 살펴볼 수도 있다. 여기서 각 펜션의 주소를 보면서 위치도 확인하고 우리 집에서 얼마나 걸리는지 확인하기도 하며, 사진을 보면서 대략 어떤 곳인지 감을 잡는다. 여기서 끝이 아니다. 자차가 없는 경우에는 대중교통으로 가는 방법을 확인해보기도 한다. 나아가 전체적으로 펜션의 위생 상태를 포함하여 바베큐를 할 수 있는 곳은 어떻게 되어 있는지, 방은 몇 개 있는지 등에 대한 정보를 매우 자세하게 알아본다.

이것이 보통 소비자들의 검색 패턴이다. 다시 이야기하자면 무한 경쟁 시대, 가뜩이나 같은 업종이 많이 몰려있는 경우에는 소비자들을 끌어들이기 위해서 '온라인' 경쟁을 해야 한다. 특히 우리나라의 경우 구글보다 네이버에서 더 많이 검색하므로 네이버에 집중해서 온라인 마케팅을 해야 한다. 지금 예시를 든 것처럼 소비자들이 직접 찾아와야 하는 곳들의 경우에는 블로그뿐만 아니라 스마트플레이스에도 신경을 써야 한다.

네이버 마케팅은 블로그와 스마트플레이스를 병행하는 것이 관건이다

우리가 생각하는 것보다 소비자들은 훨씬 더 많이 네이버 스마트플레이스를 이용하고 있다. 또한 이 채널을 통해서 생각보다 많은 정보를 습득하고 있다. 자신이 찾아갈만큼 가치가 있는 곳인지 알아보기 위해 정말 꼼꼼히 살펴본다. 그러므로 '네이버 마케팅'이라고 하면 블로그와 스마트플레이스, 이 두 가지는 무조건 잡고 가야 한다. 다시 말해서 스마트플레이스는 소비자들이 처음에 어딘가를 가려고 검색할 때 찾아볼 확률이 높은 채널이다. 그런 다음 블로그에서 추가 정보를 습득해 보완하는 경우가 많으므로 스마트플레이스와 블로그를 모두 가지고 가야 하는 것이다.

네이버 마케팅 = 블로그 + 스마트플레이스

스마트플레이스가 필요한 업종이 많다. 내가 가게를 운영하고 있으면 스마트플레이스는 무조건 잡고 가야 한다. 심지어 병원이나 한의원도 마찬가지다. 소비자들은 스마트플레이스를 통해서 매우 다양한 정보를 습득한다. 사업자는 소비자들이 원하는 정보를 습득할 수 있게 스마트플레이스에 정보를 세세하게 제공해야 한다. 스마트플레이스에서는 지금 이야기한 게 정말 중요한 내용이니 꼭 기억하자.

소비자 니즈에 맞게 스마트플레이스를 세팅하자

소비자들은 각자 자신들의 '니즈'를 가지고 검색한다. 그렇다면 사업자 입장에서는 스마트플레이스를 어떻게 세팅해야 할까? 간단하다. 내가 하고 싶은 말을 하는 것이 아니라 소비자들이 어떤 정보를 얻고 싶어 하는지 그들의 니즈에 맞게, 그들이 원하는 정보를 습득할 수 있게 세팅해야 한다. 그래야 소비자들이 스마트플레이스를 보고 내 가게에 방문할 확률이 높아진다.

소비자들은 정말 똑똑하다. 스마트플레이스를 봤을 때 원하는 정보가 없으면 바로 다음 가게로 넘어간다. 사업자가 온라인에서 소비자들의 구미를 당기지 못한다면 그대로 경쟁에서 뒤처지는 것이다. 소비자들에게는 선택지가 많아서 마음에 들지 않으면 그대로 다른 가게를 찾아 나선다. 사업자는 이 부분을 항상 명심하고 스마트플레이스를 세팅할 때 반드시 소비자가 원하는 정보를 얻을 수 있게 해야 한다.

물론 스마트플레이스도 상위 노출되는 것이 중요하다. 우선 높은 순위에 있어야 소비자들이 내 가게의 스마트플레이스를 볼 확률이 높고 여기서 마음에 들면 내 매장에 방문할 확률이 높아지기 때문이다. 자, 이제까지 스마트플레이스를 왜 해야 하는지 충분히 설명했으니 스마트플레이스를 할지, 말지는 여러분의 몫이다. 그러나 자영업을 하는 입장에서 스마트플레이스를 활용한 온라인 마케팅을 하지 않는다면 소비자들은 내 업장을 모를 확률이 높다는 것을 기억하자.

머니코치의 돈이 되는 스마트플레이스 운영 NOTE

소비자가 지나가는 길에 내 매장을 들르는 시대는 지났다

막국수를 먹으려고 검색을 통해 결정한 가게로 가는 길이었다고 생각해보자. 그런데 지나가다 보니 꽤 오래전에 생긴 듯한 가게가 하나 있는 것이다. 지나가면서 '어? 여기도 막국수 집이 있었네?'라고 생각하지만, 그 가게에 들르지 않고 그냥 지나친다. 왜일까? 우리는 이미 가고 싶은 곳을 온라인에서 찾아봤고 그 중 마음에 드는 곳으로 향하고 있기 때문이다.

우리가 온라인으로 찾아서 가는 가게는 그동안 해당 가게에 방문했던 사람들의 리뷰뿐만 아니라 가게에 대한 상세한 사장님의 설명 등을 근거로 맛이 있을 것이라고 판단한 가게이다. 정확히 말해서 이미 결정하고 가는 것이다. 그런데 지나가다가 본 가게는 아무런 정보가 없으므로 가던 길을 멈추고 들어가는 것이 좀 불안하다. 이렇게 경쟁에서 밀리게 되는 것이고, 경쟁에서 밀리지 않으려면 스마트플레이스를 활용한 온라인 마케팅이 필요한 것이다.

이제는 옛날과 다르게 온라인에서 정보를 찾고 싶어 하는 사람들이 많아졌으므로 우리도 변화에 맞춰 바뀌어야 한다. 온라인 경쟁에서 이겨야 오프라인 경쟁에서도 이길 확률이 높다. 다시 이야기하지만 소비자들을 끌어모으려면 그들이 원하는 정보를 구체적으로 습득할 수 있게 네이버 스마트플레이스를 잘 세팅해야 한다. 이제 스마트플레이스 세팅 방법을 자세히 설명하려고 한다. 스마트플레이스에 대한 내용도 블로그처럼 어디에서도 듣지 못한 내용이 많이 나올 예정이니 이 책의 정보를 꼭 습득해서 내 것으로 만들기를 바란다.

SECTION 02

스마트플레이스는 블로그와 함께 해야 시너지 효과가 난다

업종불문! 자영업자에게 스마트플레이스는 꼭 필요하다

앞에서 설명한 것처럼 소비자들은 이제 자신이 가고자 하는 곳을 미리 온라인으로 정하고 움직인다. 특히 스마트플레이스를 많이 참고하고 꼼꼼하게 비교하여 최종으로 자신이 가려고 하는 곳을 정한다. 따라서 내가 어떤 업종에 종사하든지 자영업을 하고 있으면 스마트플레이스는 꼭 해야 한다. 지금 내 가게의 매출을 올리려면 스마트플레이스를 꼭 해야 한다. 이미 네이버 블로그를 운영하고 있어도 스마트플레이스는 절대 버려서는 안 된다.

스마트플레이스는 그 자체로 소비자들을 끌어올 수 있는 강력한 마케팅 채널이기도 하지만, 블로그와 병행하면 더 좋다. 이 둘이 합쳐지면 매우 큰 시너지 효과를 내기 때문이다. 다른 온라인 마케팅을 몰라도 너무 걱정할 필요가 없다. 네이버에서 블로그와 스마트플레이스만 잡고 가면 웬만한 매출 상승을 기대할 수 있기 때문이다. 그렇다면 이 둘이 어떻게 시너지 효과를 내는 것인지 자세히 살펴보자.

블로그가 스마트플레이스를 보완하게 만들자

사람들이 스마트플레이스에서 다양한 정보를 비교하고 습득하므로 스마트플레이스를 꼭 해야 한다고 설명했다. 그리고 정보가 부족하다고 느껴지면 추가 정보를 'ㅇㅇㅇ'에서 얻는다고 했다. 이 'ㅇㅇㅇ'에 들어갈 말은 무엇일까?

맞다. '블로그'이다. 블로그에는 스마트플레이스보다 더 많은 내용을 적을 수 있다. 스마트플레이스에 소비자들을 끌어올 수 있는 멘트를 작성하고, 부족할 경우에는 블로그로 정보를 보완할 수 있다. 네이버에서는 스마트플레이스를 세팅할 때 운영하는 블로그가 있으면 블로그를 연결하라고 권장한다. 이 말은 네이버도 스마트플레이스와 블로그를 함께 운영하는 것을 긍정적으로 평가한다는 의미다.

자, 이쯤에서 우리의 검색 패턴을 다시 한번 살펴보겠다. 다이어트를 위해 PT를 받을 수 있는 헬스장을 알아본다고 가정해보자. 물론 집 가까운 곳 위주로 찾겠지만, 잘 가르치는 트레이너가 있는 게 중요하다. 이왕이면 경력도 오래됐으면 좋겠고 인체를 잘 알아서 어떤 근육을 어떻게 써야 하는지 잘 설명해주는 트레이너면 더 좋겠다고 생각한다. 이렇게 체계적이고 전문적인 트레이너가 있는 곳을 찾기 위해 내 주변에 있는 헬스장을 알아보기 시작한다. 물론 스마트플레이스로 말이다. 스마트플레이스에 올라와 있는 여러 사진을 보기도 하고 업체에서 써놓은 '상세 설명'과 '찾아오는 길' 영역을 보면서 헬스장에 대한 정보를 습득한다. 또 실제로 이 헬스장에 다니는 사람들은 만족하면서 다니고 있는지, 운동 효과가 좋은지를 알아보기 위해 방문자들의 리뷰도 보면서 여러 업체를 비교하게 된다.

그런데 여기서 끝나는 것이 아니다. 헬스장을 알아보다 보니 마음에 드는 곳이 A와 B 두 군데 정도 있다. 도대체 어디로 가야 할지 감이 안 잡힌다. 어? 그런데 스마트플레이스를 보니 A 헬스장은 헬스장 자체에서 운영하는 블로그를 연결해놓았다. 추가 정보를 얻을 수 있을까 싶어서 블로그에 들어갔더니 전문적인 콘텐츠가 많은 것이 아닌가. 평소 자세에 따라 아플 수 있는 곳, 이 경우에는 어떤 운동이 도움이 되는지 등의 내용뿐만 아니라 실제로 PT를 받은 다른 회원은 어떤 변화가 있었는지 등의 내용이 깔끔하게 정리되어 있다. 이에 비해 B 헬스장은 스마트플레이스에만 정보를 입력해놨을 뿐 추가 정보를 습득할 수 있는 채널이 없다.

 이 경우 과연 여러분은 어떤 헬스장을 선택할까? 높은 확률로 A 헬스장을 선택할 것이다. 왜 그럴까? 스마트플레이스만 봤을 때는 A와 B 헬스장의 차이가 없어 고민했지만, A 헬스장은 헬스장 자체에서 운영하는 블로그 주소를 링크해놓았고 이 블로그에서 전문적인 추가 정보를 습득할 수 있었기 때문이다. 아무래도 꽤 긴 시간 동안 '운동'이라는 한 가지 주제로 꾸준하게 블로그 글을 작성했으므로 이 부분에 신뢰가 쌓였을 가능성이 높다. 그래서 A 헬스장으로 가면 좀 더 전문적인 PT 수업을 받을 수 있다고 생각하게 되는 것이다.

 자, 얼핏 보면 블로그의 중요성을 강조한 예시라고 생각할 수 있겠지만, 사실 아니다. 왜 그런지 함께 살펴보겠다. 우선 예시에서 나오는 '나'는 헬스장을 알아보려고 '온라인'을 통해 비교했다. 그것도 다른 채널이 아니라 '스마트플레이스'를 통해서 말이다. 그리고 이 스마트플레이스에서 업체가 작성해놓은 모든 정보를 꼼꼼히 살펴본 후 마음에 드는 두 군데 업체를 선택했다. 이 말은 무엇일까? 내가 헬스장을 운영하는 경우 스마트플레이스를 등록해놓지 않았다면 내 업체는 선택지에 없다는 것이다. 결과적으로 경쟁하기도 전에 경쟁에서 뒤처졌다는 의미가 된다. 소비자들은 내 업체가 있는지도 모른다.

 이미 스마트플레이스를 통해서 가장 마음에 드는 업체 두 곳을 우선 선정했다. 그리고 헬스장 두 곳의 실력이 비슷해 보이니 어디로 가야 할지 고민스러웠지만, A 업체가 스마트플레이스에 함께 연결해놓은 블로그에서 추가 정보를 습득한 후 최종 결정을 할 수 있었다. B 업체로 향할 수 있는 마음을 A 업체의 블로그가 되돌린 것인데, 이것이 바로 스마트플레이스와 블로그의 시너지 효과이다. 이 예시에서 가장 중요한 것은 이미 '스마트플레이스'라는 채널을 통해

1차적으로 업체를 고르고 실력이 비슷해 보이는 업체들 사이에서 고민이 되니 블로그로 추가 정보를 습득했다는 것이다.

만약 A 업체 한 군데만 마음에 들었다면 블로그로 추가 정보를 습득하는 일은 없었을지도 모른다. 이미 스마트플레이스를 통해서 헬스장에 대한 여러 가지 정보를 파악했고 해당 헬스장으로 가려고 마음을 굳혔기 때문이다. 이 말은 스마트플레이스 하나만 잘 운영해도 소비자들이 내 업체를 선택할 가능성이 높다는 것이다. 그러나 예시에서 나온 것처럼 소비자들이 마음에 드는 업체가 두 곳 이상일 경우에는 블로그를 통해 추가 정보를 제공하는 곳이 소비자들의 마음을 굳히는 결정적인 역할을 한다는 것을 꼭 기억하자.

이런 이유로 네이버 스마트플레이스를 제대로 운영하는 것도 중요하지만, 블로그와 함께 운영하는 것이 훨씬 좋다. 소비자들이 추가 정보를 얻고 싶을 때 블로그가 결정적인 역할을 할 수도 있기 때문이다.

머니코치의 돈이 되는 스마트플레이스 운영 NOTE

내 스마트플레이스와 관련 있는 블로그를 연결하자

스마트플레이스를 세팅할 때 블로그를 연결하는 게 좋다고 무작정 연결하면 안 된다. 이렇게 하면 오히려 역효과가 생길 수 있다. 스마트플레이스를 세팅할 때 블로그를 연결하려면 내 스마트플레이스와 시너지 효과를 낼 수 있는 블로그여야 한다. 예를 들어, 내 업종에 맞게 전문적인 콘텐츠를 쌓아 씨랭크 로직대로 키운 블로그 말이다.

CHAPTER 02

네이버 스마트플레이스 세팅을 시작할 때 꼭 알아야 하는 것

SECTION 01

스마트플레이스 상위 노출에 필요한 필수 세팅 요소

소비자들은 스마트플레이스에서 생각보다 많은 정보를 얻어가므로 이들이 원하는 '니즈'에 맞추어 꼼꼼하게 세팅하는 것이 중요하다. 소비자들이 원하는 정보를 줄줄이 나열만 해서는 안 된다. 소비자들을 내 가게로 오게 하려면 세팅하는 방법도 남들과 달라야 한다. 스마트플레이스도 상위 노출을 염두에 두고 세팅해야 소비자들에게 선택받을 확률이 높아진다.

스마트플레이스 상위 노출을 위한 다섯 가지 조건

이번에는 스마트플레이스를 상위 노출하기 위해 꼭 세팅해야 하는 것에 대해 먼저 살펴보겠다. 이 내용만 잘 이해하고 그대로 적용해도 남들보다 훨씬 더 쉽게 상위권에 노출할 수 있다. 누구나 가능한 정석이므로 절대로 포기하지 말고 끝까지 세팅해야 경쟁 업체보다 더 상위에 노출되고 이로 인한 효과를 톡톡히 볼 수 있다. 우선 내 스마트플레이스를 상위 노출하려면 다음 다섯 가지 조건을 꼭 알아두어야 한다.

❶ 네이버가 원하는 정보를 정확히 적었는가?
❷ 네이버 권장 시스템을 잘 활용했는가?

❸ 다양한 곳에서 내 스마트플레이스를 언급했는가?

❹ 사람들이 클릭할 만한 요소를 넣었는가?

❺ 사진을 제대로 넣었는가?

이미 스마트플레이스를 세팅해본 경험이 있으면 세팅할 때 정말 많은 정보를 등록할 수 있다는 사실을 알 것이다. 전화번호, 주소, 찾아오는 길, 영업 시간 등 수많은 항목을 등록할 수 있는데, 여기서 포인트는 네이버에서 요구하는 정보를 정확히 적어야 한다는 것이다. 그런데 그냥 적느냐? 그것은 또 아니다. 상위 노출하려면 네이버에서 요구하는 정보를 적을 때도 신중해야 하는데, 그 방법을 이제부터 자세히 설명하겠다.

1. 네이버가 원하는 정보를 정확히 적었는가?

네이버 스마트플레이스에서 요구하는 정보는 '텍스트 마이닝' 정보를 바탕으로 적어야 한다. 텍스트 마이닝은 블로그에서도 중요하다고 강조했던 내용이다. 복습하자면 텍스트 마이닝은 메인 키워드와 관련된 '속성 키워드'라고 생각하면 된다. '연남동 카페'라는 키워드에 대한 텍스트 마이닝, 즉 속성 키워드는 '연남동 카페 추천', '연남동 예쁜 카페', '연남동 데이트' 등이 해당할 수 있다. 텍스트 마이닝은 블로그뿐만 아니라 스마트플레이스를 세팅할 때도 중요하다.

텍스트 마이닝을 바탕으로 작성해야 하는 이유는 명확하다. 네이버가 블로그에서 정보를 긁어갈 때처럼 스마트플레이스에서도 텍스트를 바탕으로 정보를 긁어가기 때문이다. 그러므로 스마트플레이스를 세팅할 때도 텍스트 마이닝을 바탕으로 정보 작성을 해야 한다는 것을 꼭 기억하자.

그렇다면 텍스트 마이닝을 바탕으로 정보를 작성할 때는 어떤 방식으로 해야 할까? 예를 들어, '찾아오는 길'에 대한 정보를 작성할 때는 '몇 분 거리', '주변 관광지 이름', '대중교통', '방문', '내비게이션', '도보', '지하철역 이름' 등과 같은 정보가 들어가야 한다. 지금 설명한 것 그대로 진짜 내 업장까지 오려면 어떻게 와야 하는지 '찾아오는 길'과 관련된 키워드들을 넣어주어야 하는데, 이것은 지역 특색에 맞게 작성하면 된다.

지금 설명한 '찾아오는 길'뿐만 아니라 네이버에서 적어달라고 요구하는 정보는 모두 텍스트 마이닝을 바탕으로 작성해야 한다. 이 부분이 스마트플레이스 상위 노출을 노릴 때 가장 중요한 부분이다. 그러므로 귀찮고 시간 없다고 대충 적지 말고 어떻게 하면 소비자들에게 효율적으로 내 업장까지 오는 동선을 키워드로 잘 알려줄 수 있을지, 그리고 우리 업장을 찾는 소비자들이 어떤 속성 키워드를 원하는지를 신중하게 고민한 후 텍스트 마이닝을 바탕으로 작성해야 한다.

2. 네이버 권장 시스템을 잘 활용했는가?

스마트플레이스에는 정말 기능이 많다. '전화 걸기'나 '예약하기' 등을 포함하여 주소 '복사하기', '내비게이션' 등 소비자가 원하면 바로 업체와 접촉할 수 있는 시스템이 매우 잘되어 있다. 여기서 소비자들이 업체와 접촉할 수 있는 여러 가지 시스템을 '자발적으로' 이용할 수 있게끔 유도해야 한다는 것이 핵심이다.

네이버는 소비자들의 만족도를 높이기 위해서 네이버를 이용하는 사람들에게 좋은 콘텐츠를 끊임없이 추천해주어야 한다. 이 중에서 스마트플레이스는 소비자들이 자발적으로 네이버 시스템을 이용해서 그 장소에 방문했다는 것을 파악한 후 분석 결과를 바탕으로 다른 소비자들에게도 좋은 콘텐츠라고 추천한다. 소비자들이 주소를 복사하거나, 공유하거나, 해당 장소를 저장했거나, 예약했다는 것은 그 장소가 마음에 들었다는 것을 의미한다. 그 장소가 마음에 들고 만족했다는 것을 증명하기 전에 최소한 해당 장소에 대한 호기심을 증명하는 것이기도 하다. 이런 이유로 네이버는 네이버 시스템을 많이 활용한 업체와 소비자들이 많이 클릭한 업체에 좋은 점수를 줄 수밖에 없는 것이다.

3. 다양한 곳에서 내 스마트플레이스를 언급했는가?

네이버는 플랫폼 회사이다. 플랫폼 회사의 특징은 내 플랫폼 안에서만 사람들이 머무는 것을 좋아한다는 것이다. 한 마디로 다른 사이트로 이동하는 것을 원하지 않는다. 하지만 이와 반대로 다른 플랫폼, 즉 다른 사이트에서 네이버 플랫폼으로 넘어오는 것은 좋아한다. 이것은 네이버에 도움이 되기 때문이다.

스마트플레이스도 결국 네이버이므로 상황이 다르지 않다. 일단 네이버 안에는 대표적으로 블로그와 카페를 포함해서 지식인 등 사용자들이 즐길 수 있는 여러 가지 채널이 있다. 지금 이야기한 블로그나 카페, 지식인 등에서 내 스마트플레이스가 자주 언급되면 당연히 내 스마트플레이스에 좋다. 이 외에도 다른 회사의 플랫폼인 페이스북이나 X(구 트위터), 구글, 인스타그램 등에서 내 스마트플레이스에 직접적으로 관심 있는 사용자들이 넘어오면 네이버에서 가산점을 줘 상위 노출에 더욱 유리해진다.

그런데 다른 플랫폼이나 네이버 안에서 내 네이버 스마트플레이스로 넘어오게 하려면 무조건 돈이 들까? 그것은 아니다. 잘 생각해보면 우리의 목적대로 돈을 들이지 않고 다른 회사의 플랫폼이나 네이버 안에서 내 스마트플레이스로 넘어오게 하는 방법이 많다. 대표적으로 ==내 스마트플레이스에 소비자들이 관심을 가질 수 있게 아주 정성스럽게 세팅하고 돈이 들지 않는 플랫폼을 활용하여 내 스마트플레이스의 링크를 뿌리면 된다.== 이 외에도 방법은 아주 많다. 이미 내 업종과 관련된 인스타그램 등을 운영하고 있으면 여기에 내 스마트플레이스를 홍보하는 방법도 있다. 이런 식으로 방법은 찾으면 많으니 신중하게 고민한 후 내 스마트플레이스로 소비자들을 끌어모으자.

4. 사람들이 클릭할 만한 요소를 넣었는가?

스마트플레이스는 우선 소비자들이 내 업장에 대해 알 수 있고, 내 업장이 궁금하도록 세팅하는 것이 포인트이다. 다시 이야기하자면 많은 경쟁사 사이에서 내 업장이 소비자들 눈에 띄어야 한다는 것이다. 그래야만 소비자들이 내 업장을 클릭하고 그때서야 비로소 내가 정성스럽게 세팅해놓은 스마트플레이스를 볼 수 있는 것이다. 그렇다면 소비자들 눈에 띄게 하려면 어떤 것에 신경을 써야 할까?

정답은 바로 '섬네일'이다. '섬네일이 뭐가 중요해? 순위가 중요하지!'라고 생각하는 사람들도 있겠지만, 생각보다 네이버 스마트플레이스에서는 섬네일이 중요하다. 이 부분에 대해 일부 스마트플레이스 강사들은 이렇게 말한다.

"섬네일은 무조건 사람으로 해야 한다."
"섬네일은 글자가 들어가야 한다."
"섬네일은 그냥 무조건 눈에 띄게 제작해야 한다."

그러나 모두 아니다. 섬네일을 제작할 때는 각 업종에 맞게, 그리고 각 키워드의 니즈에 맞게 구성하는 것이 가장 중요하다. '인천 강아지 놀이터'라는 키워드를 소비자들이 검색한다고 생각해보자. 우선 이 키워드를 검색한 사람들이 무엇을 원하고 검색하는지 파악해야 한다. '인천 강아지 놀이터'라고 검색한 사람들은 내 강아지를 목줄 없이 마음껏 뛰어놀게 하고 싶은 마음을 가지고 있다. 그래서 이왕이면 넓고 강아지가 행복해할 수 있는 놀이터를 선택하려고 한다. 그러면 이와 관련된 사진을 섬네일로 지정하는 것이다. 강아지가 엄청나게 뛰면서 행복하게 웃고 있는 사진을 말이다.

섬네일은 이렇게 그 키워드를 검색하는 사용자들의 눈높이에서 생각한 후에 지정해야 한다. 내가 예쁘다고 생각하는 사진을 섬네일로 지정하는 것이 아니다. 이것은 소비자가 원하는 것이 아니기 때문이다. 온라인 마케팅이 잘되려면 항상 소비자의 입장에서 그들이 원하는 것을 찾아내고 그것을 제공해야 한다. 온라인 마케팅의 기본은 내가 아니라 내 업장을 방문할 소비자가 중점이 되어야 한다는 것을 꼭 기억하자. 그리고 한 가지 더! 소비자의 눈높이와 그들의 니즈에 맞추면서 동시에 다른 사업장보다 눈에 띄어야 소비자들이 내 스마트플레이스를 클릭할 수 있다. 다음 말을 꼭 기억하자.

소비자가 클릭하지 않은 스마트플레이스는 죽은 스마트플레이스이다.

5. 사진을 제대로 넣었는가?

스마트플레이스 사진 영역에 대해서 많은 사람이 이런 질문을 한다.

"사진은 많이 넣어야 하나요? 아니면 적게 넣어도 상관없나요?"
"상위 노출하기에 가장 적당한 사진 개수는 몇 개 정도인가요?"

안타깝게도 사진 개수는 스마트플레이스 상위 노출에 많은 영향을 주지 않는다. 이 말은 내 스마트플레이스가 상위 노출되려면 사진 개수보다 다른 것에 신경을 써야 한다는 의미다.

스마트플레이스에서 사진을 넣을 때는 사진을 '제대로' 넣는 것이 가장 중요하다. 그렇다면 '사진을 제대로 넣는 것'의 의미는 무엇일까? 이것은 '기획'을 잘해야 한다는 의미다. 기획을 잘 해서 사진을 넣어야만 소비자들이 내 스마트플레이스에 머무르는 체류 시간이 늘어난다.

머니코치의 돈이 되는 스마트플레이스 운영 NOTE

사진 개수는 상위 노출에 큰 영향을 주지 않는다

일부 강사들은 사진을 무조건 많이 넣으면 스마트플레이스가 상위 노출된다고 이야기하는 경우가 있다. 이 이야기는 정답도 아니고 오답도 아니다. 왜냐하면 사진 개수가 많으면 소비자들이 그 사진을 살펴볼 때 시간이 어느 정도 걸리므로 체류 시간이 늘어나기 때문이다. 이렇게 잠깐 늘어난 체류 시간 때문에 상위 노출될 확률이 조금 높아지는 것일 뿐 절대로 사진 개수가 많아서 상위 노출되는 것이 아니다.

그렇다면 어떻게 '기획'을 해야 할까? 사실 이 '기획'과 관련해서는 우리의 뇌를 생각해봐야 한다. 우리의 뇌는 정보를 처리하는 데 한계가 있다. 이 말은 뒤죽박죽인 사진을 보면 거부감이 생기기 쉽다는 의미이기도 하다. 스마트플레이스를 세팅할 때 내가 생각나는 대로 마구잡이로 사진을 넣었다고 생각해보자. 그러면 소비자 입장에서는 정리되지 않은 느낌뿐만 아니라 심지어 부산스럽다는 느낌이 들어서 내 가게에 방문하지도 않았는데 부정적인 감정부터 갖게 될 수 있다. 방문하기 전부터 내 가게가 안 좋은 이미지로 찍혀버리는 것이다.

소비자들은 내 스마트플레이스에 있는 사진을 볼 때 전체 보기로 한번에 살펴보기도 하지만, 한 장씩 클릭하면서 보는 경우도 있다. 사실 어떤 식으로 사진을 살펴보건 뒤죽박죽으로 세팅되어 있으면 보기가 싫어진다. 이렇게 사진을 뒤죽박죽 넣으면 내 가게에 대한 임팩트도 없고 소비자들의 뇌에서 정리도 되지 않으므로 아무리 봐도 기억에 안 남는 것이다. 사진 기획에 대해서는 다음 SECTION에서 다른 영역 기획과 함께 자세히 설명할 것이므로 우선 지금까지 설명한 스마트플레이스 상위 노출을 위한 다섯 가지 조건을 잘 기억하자.

SECTION 02

소비자들을 끌어모으는 스마트플레이스 '기획'을 하자

스마트플레이스는 '최종 결정'을 위한 채널이다

스마트플레이스를 세팅할 때는 네이버가 요구하는 정보를 다 적으면서도 소비자가 원하는 정보를 얻어갈 수 있도록 작성해야 한다. 이와 관련해서는 '기획'을 잘하는 것이 중요하다고 이야기했다. 그렇다면 어떤 방식으로 기획해야 할까? 경쟁사들 사이에서 내 업체가 선택받아야 하므로 기획 방식에 대해 더욱 신중해야 한다. 특히 178쪽에서 사진을 잘 기획해서 스마트플레이스에 올리는 것도 중요하다고 했는데, 사진을 포함해 스마트플레이스에서 기획이 필요한 부분에 대해 이야기해보겠다.

스마트플레이스는 블로그와 다르다는 것을 명확히 알아야 한다. 소비자들이 정보를 얻기 위해 살펴본다는 점에서는 비슷해 보이는데 과연 무엇이 다를까? 블로그는 소비자들이 어떤 물건을 구매하거나 어떤 곳에 가려고 알아볼 때 '검증'을 하는 채널이다. 그렇다면 스마트플레이스는 어떨까?

스마트플레이스는 '검증'을 하는 채널이 아니라 '최종 결정'을 하는 채널이다. 내가 강아지를 데리고 애견 펜션을 간다고 가정해보자. 물론 좋은 곳에 가고 싶고, 가격이 적당했으면 하며, 시설도 좋았으면 하니까 여러 가지 조건을 검색해볼 것이다. 블로그를 보면서 실제로 가본 사람들의 후기를 보기도 한다. 블로그에서 어느 정도 정보를 찾아보다가 '아, 여기라면 정말 재미있게 놀 수 있을 것 같다!'라는 생각이 들면 스마트플레이스로 넘어가 펜션에 대한 더욱 정확한 정보를 찾아보게 된다. 현재 내가 예약하려는 날짜에 객실이 있는지, 위생은 좋은지, 강아지들이 뛰어놀기 좋은 시설인지, 사장님의 서비스는 친절한지 등을 확인한다. 물론 이 과정에서 사장님에게 직접 문의하기도 한다. 이 외에도 살고 있는 집에서는 거리가 어느 정도인지 등 구체적인 정보를 다시 한번 확인하면서 마음에 들면 예약을 진행한다. 이미 이전에 다른 채널들을 통해서 어느 정도 검증이 끝난 상황이라면 마지막으로 스마트플레이스를 꼼꼼하게 확인하면서 최종적으로 해당 업체에 방문할지 여부를 결정하는 것이다.

물론 스마트플레이스를 먼저 본 후에 스마트플레이스만으로 우열을 가릴 수 없을 때 블로그를 추가로 보는 경우가 있다. 이때는 이미 찾아가려고 마음을 먹고 최종 결정을 하기 위해 스마트플레이스에 방문했지만, 두 개 이상의 업체에서 너무 고민되어 블로그를 추가적으로 확인하는 경우이다. 결국 최종 결정을 하는 채널은 분명히 스마트플레이스인 것이다.

한 가지 더, 소비자들이 검색할 때 블로그를 먼저 보고 리뷰가 많은 곳을 찾아 해당 스마트플레이스로 바로 넘어갈 수도 있고, 반대로 스마트플레이스를 먼저 본 후 추가 정보를 얻기 위해 블로그로 넘어갈 수도 있다. 순서는 상관없지만, 스마트플레이스는 최종 결정을 위한 채널이라는 것을 꼭 명심해야 한다.

스마트플레이스 세팅에 필요한 세 가지 기획 영역

스마트플레이스가 '최종 결정'하는 채널이라는 것을 생각하면서 내 스마트플레이스를 세팅해야 한다. 그래서 스마트플레이스를 세팅할 때는 반드시 이 소비자를 내 고객으로 만든다고 생각해야 한다. 그렇다면 이 부분에 중점을 두고 스마트플레이스를 세팅해야 하는 것은 너무 당연하다. 스마트플레이스를 세팅할 때는 친절하면서도 소비자들이 다른 경쟁사로 넘어가지 않도록 구매 결정 촉구 기획을 해야 한다. 이때 스마트플레이스의 기획은 블로그나 카페와는 달라야 한다는 사실을 잊지 말자. 그렇다면 스마트플레이스를 세팅할 때 우리는 어느 부분을 집중적으로 기획해야 할까? 다음 세 가지 부분에는 정확한 기획이 들어가야 한다.

❶ '사진' 영역

❷ '상세 설명' 영역

❸ '찾아오는 길' 영역

그냥 기획도 아니고 소비자들이 내 가게로 올 수 있게 하는 '구매 결정 촉구 기획'을 해야 한다니 벌써부터 어떻게 해야 하나 머리가 아프겠지만 걱정하지 않아도 된다. 이 세 가지 영역을 어떻게 기획해야 소비자들이 내 가게에 올 확률이 높아지는지 지금부터 자세히 살펴볼 것이다. 이 내용을 내 스마트플레이스에 바로 적용한다면 이 지식을 모르는 사람들보다 노출 순위가 더 높아질 것이다.

1. '사진' 영역

가장 먼저 살펴볼 부분은 바로 '사진' 영역으로, 이 부분에서는 다음 세 가지 핵심 요소를 잘 기억해야 한다.

❶ (대표 사진으로) 클릭 유도하기

❷ 소비자가 간접 경험 체험하게 하기

❸ 체류 시간 늘리기

신경 쓸 게 많아 보이지만 의외로 간단하다. 우선 사진에서는 클릭을 많이 받게 신경을 써야 한다. 177쪽에서 섬네일에 대한 예시를 든 것처럼 소비자들이 내 스마트플레이스를 클릭할 수 있는 사진을 섬네일로 지정해야 한다. 그리고 섬네일을 제외한 사진들은 소비자들이 내 스마트플레이스만 보고도 간접 경험을 할 수 있게 해야 한다. 이렇게 기획한 것을 바탕으로 소비자들이 내 스마트플레이스에 오랜 시간 머물 수 있게, 즉 체류 시간이 늘어날 수 있게 하면 된다.

위의 세 가지 핵심 요소를 모두 충족할 수 있게 '사진' 영역을 세팅해야 한다. 앞서 말한 것처럼 뇌는 정보를 처리하는 데 한계가 있으므로 뇌가 받아들이기 쉽게 사진을 세팅하는 것은 정말 중요하다. 이 부분에 대해서는 뒤에서 설명할 것이므로 우선 대표 사진, 즉 섬네일을 세팅할 때는 어떤 것들을 신경 써야 하는지를 대표적인 두 가지 방법으로 알아보자.

❶ 소비자들의 최종 니즈를 건드릴 것
❷ 타깃층에 맞는 대표 사진을 설정할 것

블로그를 운영하거나 스마트플레이스를 세팅할 때 소비자의 니즈를 파악하는 것은 매우 중요하다. 다시 말해서 블로그나 스마트플레이스뿐만 아니라 마케팅할 때, 그리고 내 업장으로 소비자들을 오게 하려면 그들의 니즈를 충족시켜 주는 것이 정말 중요하다. 그래서 소비자들이 어떤 니즈를 가지고 키워드를 검색하는지, 그중에서도 최종 니즈를 잘 파악하여 그것을 대표 사진으로 설정해놓으면 된다.

좀 더 구체적으로 예를 들어보겠다. 강아지를 키우면서 강아지 유치원이나 호텔링을 이용하는 사람들이 있다. 이 사람들은 강아지가 넓은 곳에서 목줄 없이 뛰놀거나 다양한 활동을 하는 것을 원한다. 그런데 이들의 최종 니즈는 무엇일까? 흔히 강아지를 키우는 사람들은 "강아지의 체력을 빼서 집에 왔을 때 잘 잤으면 좋겠다."라고 이야기하는 경우가 많다. 강아지 유치원을 보내거나 호텔링을 맡기는 경우도 마찬가지다. 강아지가 유치원이나 호텔에서 체력을 다 쓰고 집에 와서는 잘 자기를 원하는 것이다. 그렇다면 대표 사진은 강아지가 열심히 뛰어 노는 사진이어야 할 것이다. 이렇게 소비자들의 최종 니즈를 건드리는 사진을 대표 사진으로 설정해야 한다.

그렇다면 타깃층에 맞는 대표 사진은 무엇일까? 내가 어떤 사업장을 운영하든지 내 사업장의 타깃 고객이 있을 것이다. 헬스장을 운영할 경우 어떤 곳은 중장년층이 타깃이고 어떤 곳은 젊은 층인 10~20대가 타깃일 것이다. 그러면 내 타깃 고객들에게 맞게 스마트플레이스의 대표 사진을 세팅해야 한다. 내 타깃층에 맞는 콘셉트로 대표 사진을 설정하는 것은 매우 중요하다. 이렇게 해야 그들의 시선을 끌 수 있고 고객들이 내 스마트플레이스를 클릭할 수 있기 때문이다.

머니코치의 돈이 되는 스마트플레이스 운영 NOTE

타깃에 맞는 대표 사진 세팅 실제 사례

이전에 실제로 헬스장을 운영하면서 나에게 스마트플레이스 컨설팅을 받으러 온 회원이 있었다. 이 회원의 타깃은 10~20대의 젊은 층이어서 대표 사진을 요즘 10~20대에서 유행하는 '인생네컷' 콘셉트를 이용하여 배경을 쨍하게 하고 그에 맞는 포즈를 취해서 세팅했다. 이렇게 하니 우선순위가 상승할 뿐만 아니라 매출까지 상승했다. 대표 사진은 이렇게 세팅해야 한다. 내가 하고 싶은 대로 하는 것이 아니라 나의 타깃 고객이 원하는 대로 대표 사진을 세팅해야 한다는 것을 항상 생각하자.

대표 사진을 세팅할 때는 앞에서 이야기한 두 가지 방법 중 하나를 골라서 세팅해도 되고 이 두 가지 방법을 섞어서 사용해도 된다. 어쨌든 우리 가게에 가장 도움이 될 만한 것이 무엇인지를 생각해서 세팅하는 것이 가장 중요하다. 앞의 예시에서도 알 수 있듯이 내가 헬스장을 운영해도 주변 환경에 따라 타깃 고객이 달라진다. 그러므로 남들이 하는 대로 따라 하는 게 아니라 우리 가게가 더욱 눈에 띌 수 있도록 콘셉트를 잘 잡아야 함을 잊지 말자.

그렇다면 대표 사진 외에 다른 사진들은 어떻게 세팅해야 할까? 사진은 절대로 뒤죽박죽 세팅하면 안 된다. 이렇게 하면 소비자들의 기억에 남는 것이 없을 뿐만 아니라 오히려 정신 산만한 가게로 낙인찍히기 쉽다. 그러면 소비자들은 당연히 내 가게에 오지 않는다. 선택지가 널렸는데 굳이 정신 사나운 가게를 오고 싶겠는가? 그렇다면 사진을 어떻게 세팅해야 뇌가 정보 처리를 잘하면서 소비자들이 편안하게 받아들일 수 있을까? 뇌는 정보를 순서대로 처리하려는 경향이 있으므로 이 부분을 생각해서 사진을 세팅해야 한다. 마케팅적으로, 심리학적으로 소비자들이 원하는 사진을 세팅하려면 다음 두 가지만 기억하자.

❶ 주제별로 구분
❷ 동선에 따라 구분

좀 더 구체적으로 이야기해보겠다. 주제별로 구분한다는 것은 말 그대로 사진을 세팅할 때 주제별로 정리해서 넣으라는 것이다. 예를 들어, 음식점을 운영하고 있고 관련된 사진을 넣어야 한다면 음식 사진만 주르륵 넣거나 가게 사진을 넣을 때는 가게 사진만 넣으라는 것이다. 이렇게 통일성 있게 사진을 넣는 것이 바로 주제별로 구분하는 것이다.

그렇다면 동선에 따라 구분하는 것은 어떤 의미일까? 가령 음식점을 운영한다면 말 그대로 소비자들이 내 가게에 와서 음식을 먹고 나갈 때까지의 동선을 사진으로 넣으라는 것이다. 소비자들이 처음에 내 가게에 오면 입구를 먼저 보니까 우선 입구 사진을 넣고 그다음에는 자리에 앉으므로 자리 사진을 넣는다. 이후에는 메뉴를 고르므로 메뉴판 사진을 넣고 음식 나오는 것도 순서대로 사진에 넣는다. 이후 다 먹고 나서 배부른 느낌의 사진까지 넣으면 된다.

스마트플레이스에 사진을 무조건 많이 넣으면 좋다는 말을 듣고 본인들이 생각나는 대로 찍은 사진을 넣은 업체들이 많다. 음식 사진을 먼저 넣었다가 신메뉴가 나오면 그 사진을 추가로 넣고, 가게 사진 찍는 것을 깜빡했다가 생각난 김에 급히 찍어 넣는 것처럼 말이다. 앞서 말했듯이 이런 식으로 뒤죽박죽 사진을 넣으면 뇌가 정보를 제대로 받아들이지 못하므로 소비자들의 기억에 남지 않는다. 그리고 소비자들에게 정신 사나운 가게로 찍히므로 사진은 앞의 두 가지를 기억해 신중하게 세팅해야 한다.

2. '상세 설명' 영역

스마트플레이스를 세팅할 때 네이버에서 요구하는 정보를 빠짐없이, 그리고 신중하게 작성하는 것은 매우 중요하다. 이 중에서도 '상세 설명' 영역은 스마트플레이스에서 가장 중요하므로 다음 네 가지 사항에 신경을 쓰면서 작성해야 한다.

❶ 오픈율 증가시키기
❷ 구매 결정 촉구하기
❸ 체류 시간 늘리기
❹ 텍스트 마이닝을 통한 핵심 키워드 삽입하기

'상세 설명' 영역에는 오픈율이 증가할 수 있게 작성해야 하고 소비자들의 구매 결정을 촉구할 수 있도록 세팅해야 소비자들의 체류 시간이 증가한다. 또한 기획하는 것도 중요하지만, 텍스트 마이닝을 통해 핵심 키워드를 넣는 것에 신경을 써야만 스마트플레이스 상위 노출할 수 있다.

스마트플레이스는 소비자들이 내 가게에 오기 전에 마지막으로 최종 결정을 하는 채널이라고 여러 번 강조했다. 그래서 소비자들이 원하는 구체적인 정보를 작성하는 게 중요한데, 이런 구체적인 정보를 작성할 수 있는 공간이 바로 '상세 설명' 영역이다. 실제로 내 스마트플레이스에서 '상세 설명' 영역을 꼼꼼하게 읽은 사람일수록 내 가게에 방문할 확률이 높아진다.

우선 상세 설명을 왜 읽는지에 대해 생각해보자. 정말 쉽다. 내 스마트플레이스의 상세 설명을 읽었다는 것은 내 가게에 관심이 있다는 뜻이다. 관심조차 없는 가게라면 괜히 시간 아깝게 상세 설명을 읽겠는가? 절대 아니다. 소비자들은 괜한 곳에 시간 낭비하는 것을 싫어한다. 이런 소비자들이 내 스마트플레이스의 '상세 설명' 영역을 꼼꼼하게 읽는다는 것은 어느 정도 내 가게에 호감이 있고 더 많은 정보를 확인하고 싶어 한다는 것이다. 동시에 더 꼼꼼히 '검증'하겠다는 의미이기도 하다.

이 사람들을 잡기 위해서는 왜 내 가게에 꼭 방문해야만 하는지에 대한 '확신'을 심어주는 게 중요하다. 내 가게에 이미 관심이 있고 '상세 설명' 영역까지 꼼꼼하게 확인하는 사람들에게 내 가게를 방문해야 하는 이유에 대한 '확신'을 심어준다면 이들은 다른 곳으로 가지 않고 거의 100% 확률로 내 가게에 방문할 것이다. 한 마디로 '상세 설명' 영역은 소비자들을 내 가게로 오게 하느냐의 여부를 결정하는 영역이므로 정말 신중하게 작성해야 한다.

'상세 설명' 영역이 소비자들의 방문을 결정하는 핵심 요소인 만큼 소비자들이 내 '상세 설명' 영역을 끝까지 볼 수 있게 글을 작성하는 것이 중요하다. 소비자들은 첫 줄을 봤을 때 해당 업체가 성의 없다고 느껴지거나 뻔한 소리를 하고 있으면 다음 줄은 읽어보지도 않는다. 스마트플레이스는 '상세 설명' 영역을 길게 작성해도 다 보여주지 않고 처음 세 줄 정도만 나온다. 따라서 이 부분이 소비자들의 마음에 들어야 그 옆에 있는 화살표 버튼을 눌러 추가 정보를 더 얻으려고 할 것이다. 이 말은 무엇을 의미할까? '상세 설명' 영역에 글을 작성할 때는 소비자들이 마지막까지 읽을 수 있도록 첫 줄에 힘을 주어야 한다는 것이다.

우선 섬네일로 내 스마트플레이스를 클릭하도록 하는 것이 중요하지만, 섬네일로 내 스마트플레이스에 들어온 사람들을 놓치고 싶지 않다면 '상세 설명' 영역에서 첫 줄에는 무조건 우리 가게를 어필할 수 있게 강력한 카피를 넣어야 한다. 그리고 소비자들이 화살표 버튼을 눌러 추가 정보를 더 습득하려고 했을 때 그들에게 '확신'을 주어야 한다. 물론 '상세 설명' 영역을 세팅할 때 이런 것들을 모두 충족하면서 텍스트 마이닝을 통한 핵심 키워드를 삽입해야 한다는 것도 꼭 기억하자.

3. '찾아오는 길' 영역

마지막으로 설명할 부분은 '찾아오는 길' 영역으로, 이 부분도 다음 세 가지 사항에 신경을 쓰면서 작성해야 한다.

- ❶ 소비자들의 심리적 거리 감소시키기
- ❷ 텍스트 마이닝을 통한 핵심 키워드 삽입하기
- ❸ 타깃팅에 맞는 위치 설명하기

'찾아오는 길' 영역에서는 소비자들의 심리적 거리를 감소시키면서 텍스트 마이닝을 통한 핵심 키워드를 삽입해 상위 노출을 노려야 한다. 또 타깃층에 맞게 위치를 설명해야 한다. 우선 '찾아오는 길' 영역에서 소비자들의 심리적인 거리를 감소시킬 수 있는 방법이 무엇이 있을지 생각해야 한다. 소비자들은 스마트플레이스를 봤을 때 거리가 너무 멀다고 생각하면 부담스러워서 방문하지 말자는 쪽으로 마음을 굳히기 때문이다.

위치를 설명할 때 '지하철역에서 500m'와 같은 방식으로 거리 단위를 사용하는 경우가 많다. 그런데 이렇게 거리를 표현하는 것보다 '지하철역에서 도보 5분 거리'로 대체하는 것이 소비자들의 심리적 거리를 훨씬 감소시킬 수 있다. 이 방법 외에도 이미 소비자들이 잘 알고 있을 만한 익숙한 장소를 사용하는 방법도 있다. 예를 들어, 대학로에 있는 매장이라면 '마로니에공원 앞 위치'처럼 말이다. 이런 방법으로 소비자들의 심리적인 거리를 감소시키는 것이 첫 번째로 해결해야 할 미션이다.

물론 '찾아오는 길' 영역도 텍스트 마이닝 데이터를 바탕으로 작성해야 한다. 이때 '찾아오는 길'에 맞게 키워드를 넣는 것이 핵심이다. 예를 들어, '내비게이션', '도보', '버스', '지하철'과 같은 방식으로 말이다. 이 부분까지 신경 써야 스마트플레이스 상위 노출을 노릴 수 있다.

그렇다면 '타깃층에 맞는 위치 설명'이란 무슨 의미일까? 이것은 말 그대로 내 업장에 방문하는 주 타깃층에 맞춰서 위치를 설명하라는 것이다. 예를 들어, '중고차 매장'이라고 하면 중고차를 사러 오는 주 타깃 고객이 누구인지에 대해 먼저 생각해야 한다. 중고차를 구매하러 오는 사람들은 자차가 없을 확률이 높아서 대중교통으로 내 업장을 찾을 가능성이 높으므로 '찾아오는 길' 영역에 이런 것들까지 고려해서 작성해야 한다. 주 타깃 고객이 자차가 없는데 '자차 10분 거리'라고 써놓으면 당연히 안 된다. 버스는 어느 정류장에서 몇 번을 타면 금방 올 수 있는지, 지하철을 이용할 경우에는 어느 지하철역에 내려서 몇 번 출구로 나와야 하는지 등을 자세히 적어야 한다. 물론 택시를 타고 올 수도 있으므로 어느 역에서 택시를 타면 시간이 얼마나 걸리고 비용이 얼마인지까지 아주 친절하고도 상세하게 설명해야 한다. 그래야만 소비자들은 내 가게가 친절한 곳이라고 생각하고 방문할 확률이 높아진다.

머니코치의 돈이 되는 스마트플레이스 운영 NOTE

소비자의 입장이 중요하다는 것을 절대 잊지 말자

지금까지 설명한 내용을 잘 이해하고 내 스마트플레이스에 적용한다면 이전보다 내 스마트플레이스 순위가 상승할 것이다. 또한 전환율, 즉 내 가게에 오는 손님도 많아지는 것을 느낄 수 있을 것이다. 스마트플레이스는 기획하는 것이 중요하지만, 기획할 때는 소비자의 입장에서 생각하는 것을 절대 잊어서는 안 된다. 소비자들은 내가 적는 사업자 입장의 정보가 궁금한 것이 아니라 그들이 알아보고 싶은 것을 설명해 주는 업체에 끌리므로 항상 이 부분을 고려해서 네이버 스마트플레이스를 세팅해야 한다.

무료로 퍼주는 머니코치의 유튜브 영상 강의

스마트플레이스 상위 노출이 전부라고 생각해? 아니야, 진짜는 따로 있어

지금까지 설명한 내용은 유튜브 〈머니코치 최준호〉 채널에서 동영상 강의로 제공하고 있으므로 QR 코드나 URL 링크로 접속해 온라인 마케팅 전문가 머니코치의 생생한 동영상 강의를 살펴보자.

🔗 https://youtu.be/PoaUYN1iRps?si=WrNclZPFjEwLaw2x

SECTION 03

SEO 최적화로 스마트플레이스 상위 노출하기

SEO 최적화가 중요한 이유

스마트플레이스를 잘 세팅하고 상위 노출까지 노리려면 꼭 알아야 할 게 있다. 물론 네이버에서 요구하는 정보를 잘 적는 것도 중요하지만 꼭 해야 하는 것은 바로 검색엔진 최적화, 즉 'SEO(Search Engine Optimization) 최적화'이다. SEO 최적화는 스마트플레이스에서 70% 이상을 차지한다고 해도 과언이 아닐 만큼 중요하지만, 어렵게 느껴질 수 있으므로 이번 SECTION을 잘 이해해야 한다.

우선 내 스마트플레이스를 상위 노출하려면 무엇이 중요한지를 먼저 생각해보자. 많은 사람이 트래픽을 많이 받아야 한다거나 영수증 리뷰가 중요하다고 이야기한다. 영수증 리뷰가 많이 달리는 게 상위 노출과 직접적인 관련이 있다고 생각하는 것이다. 이 외에도 블로그에 내 스마트플레이스에 대한 후기가 많으면 상위 노출과 직접적으로 관련되어 순위 상승에 도움이 된다고 생각한다. 그런데 결론부터 이야기하면 '그것은 아니다'. 스마트플레이스를 상위 노출하려면 트래픽이나 영수증 리뷰, 블로그 후기 말고 중요한 게 따로 있다. 하지만 대부분 이것을 모른다.

스마트플레이스를 상위 노출하기 위해서 정말로 중요한 것은 SEO 최적화이다. 네이버 스마트플레이스를 상위 노출하려면 SEO 최적화의 개념을 꼭 알아야 한다. 그런데 대행사뿐만 아니라 스마트플레이스 강사들도 SEO 최적화에 대해 정확히 모르는 경우가 많다. 물론 일반인의 경우에도 SEO 최적화를 잘 모르니까 자기 선에서 최대한 할 수 있는 것을 찾는다. 그래서 영수증 리뷰 작업이나 체험단, 그리고 블로그 후기 등의 작업을 시작하는 것이다.

다시 강조하지만 스마트플레이스를 상위 노출하려면 노출의 70% 이상 영향을 미치는 SEO 최적화에 힘써야 한다. SEO 최적화를 쉽게 설명하면 검색 엔진이 좋아하는 문서를 발행하고 그 문서를 통해서 쉽게 노출시키는 작업을 말하는데 지금부터 작업 방법을 상세하게 설명하겠다.

SEO 최적화 작업에 필요한 세 가지 필수 요소

SEO 최적화 작업은 이미 우리가 알고 있는 곳에서 많이 사용하고 있다. 구글과 네이버 웹사이트 등이 대표적인 영역으로, 이 영역에서 SEO 작업을 할 때는 '키워드', '콘텐츠', '링크', 이렇게 세 가지 요소를 신경 써야 한다. 좀 더 구체적으로 설명하자면 더 잘 노출되도록 어떤 키워드는 몇 개를 넣어야 좋은지 파악하고 콘텐츠를 꾸준히 발행해야 한다. 이때 발행하는 콘텐츠는 유해성으로 분류되지 않도록 신경 써야 하고 링크 빌딩을 구축해 최대한 많은 곳에서 나에 대해 언급하도록 만들어야 한다.

SEO 최적화 작업 필수 요소 = 키워드 + 콘텐츠 + 링크

상위 노출이 잘되는 스마트플레이스를 세팅할 경우에도 당연히 SEO 최적화 작업에 신경 써야 하니 앞에서 말한 것들을 신경 쓰면서 세팅해야 한다. 어떤 키워드를 넣어야 하는지, 어떤 콘텐츠를 발행해야 하는지, 마지막으로 얼마나 많은 곳에서 나를 언급하는지를 생각하면서 구축해야 하는 것이다. 절대로 그냥 하는 게 아니라 이들 세 가지 요소를 모두 신경 써야 내 스마트플레이스의 상위 노출을 노릴 수 있다. 그런데 일부 대행사들이나 강사들은 이 부분에 대해 다 아는 게 아니라 한 가지만 알고 있는 경우가 많다. 바로 '얼마나 많은 곳에서 나를 언급

했는지'에 대한 부분이다. 그래서 무조건 많은 곳에서 나를 언급하면 좋은 거라면서 불법 트래픽을 모으는 어뷰징 작업을 하는 것이다.

일반인의 경우에는 이들 세 가지 요소 중 '어떤 콘텐츠를 발행해야 하는지'에만 신경을 쓰면서 영수증 리뷰 작업을 하거나 블로그 후기, 체험단 등과 같은 작업을 많이 진행한다. 불법 어뷰징을 하거나 영수증 리뷰, 블로그 후기 작업, 체험단 등을 통해서 어느 정도 효과를 보는 것 같다는 생각을 하기도 한다. 그래서 내가 잘했다고 생각하면서 계속 이런 행동을 하는 것이다. 이것이 사실 내 스마트플레이스를 나락으로 보내고 있다는 사실을 알지도 못한 채 말이다. 정말 안타까운 일이다. 반복해서 강조하지만 내 스마트플레이스를 상위에 잘 노출하려면 SEO 최적화에 힘써야 하고 '키워드', '콘텐츠', '링크' 세 가지 요소에 모두 집중해야 한다. 상황이 여의찮아도 무조건 두 개 이상은 신경 써야 한다.

물론 이들 세 가지 중 한 가지만 제대로 해도 상위 노출될 수 있다. 그런데 '키워드', '콘텐츠', '링크' 중 두 개 이상 신경을 쓴 경쟁 업체가 등장한다면 내 스마트플레이스의 순위가 하락한다는 것이 문제다. 이런 문제 외에도 네이버 로직 변경으로 인해 순위가 하락할 수 있다. 어떤 이유건 내 스마트플레이스 순위가 밀린다는 것은 좋지 않다. 심지어 스마트플레이스 순위가 심각하게 뒤로 밀리거나 아예 나락으로 가버려서 찾을 수 없는 지경까지 이를 수 있다. 안타깝지만 네이버 로직 변경으로 순위가 하락하면 우리가 할 수 있는 게 없다. 하지만 SEO 최적화를 하지 않아 순위가 하락한 것은 이 부분만 보완한다면 다시 순위 상승의 기회가 있다. 자, 그러면 SEO 최적화에 중요한 '키워드', '콘텐츠', '링크'에 대해 좀 더 구체적으로 살펴보자.

1. 키워드

네이버의 콘텐츠는 모두 '텍스트'로 이루어져 있다. 사람들이 궁금한 것을 검색할 때도 자신들의 니즈를 담은 키워드를 검색해서 정보를 알아내려고 한다. 이때 내가 어떤 키워드를 작성하느냐에 따라 네이버 채널마다 순위가 달라진다는 것이 중요하다. 다시 말해서 같은 키워드를 블로그와 카페, 그리고 스마트플레이스에 작성할 경우 각각의 순위가 다르다.

네이버는 채널마다 중요하게 생각하는 콘텐츠의 방향이 모두 다른데, 스마트플레이스의 경우에는 키워드가 중요하다. 그렇다고 해서 키워드를 그냥 넣는 것이 아니라 텍스트 마이닝을 바탕으로 추출한 데이터로 키워드를 넣어야 한다(텍스트 마이닝에 대해서는 128쪽을 참고한다).

스마트플레이스의 경우에는 텍스트 마이닝을 통한 SEO 최적화를 최우선으로 여기고 있다. 그러므로 <mark>스마트플레이스를 세팅할 때는 내가 노출하고 싶은 키워드의 텍스트 마이닝 데이터를 분석하는 것이 가장 중요하다.</mark> 그리고 이렇게 분석한 것을 바탕으로 내 스마트플레이스를 최적화하는 것이 핵심이다. 그렇다면 내 스마트플레이스를 세팅할 때 이렇게 중요한 텍스트 마이닝 데이터는 어디에 넣을 수 있을까? 바로 '찾아오는 길' 영역과 '상세 설명' 영역이다.

'찾아오는 길' 영역에는 위치나 지역과 관련이 있는 텍스트 마이닝 데이터를 넣어야 한다. 그렇다면 '상세 설명' 영역에는 어떤 텍스트 마이닝을 넣어야 할까? 이 영역에서는 내 업체와 관련된 모든 키워드를 넣는 것이 가장 좋다. '상세 설명' 영역은 스마트플레이스를 세팅하는 영역 중에서 가장 중요하므로 가장 많은 글자를 넣을 수 있다. 그러므로 이 부분에는 내 업체를 잘 알릴 수 있도록 최대한 많은 데이터를 넣어야 한다는 것을 꼭 기억하자.

2. 콘텐츠

SEO 최적화 작업을 할 때 '콘텐츠'라는 것이 무엇인지에 대해 알아보자. 여기서 말하는 콘텐츠는 해당 사이트나 채널에서 양질의 콘텐츠를 꾸준히 발행하는지를 의미한다. 이 외에도 해당 사이트나 채널에서 저작권을 위반한 내용이 있는지, 사람들에게 호응을 받는지 등을 평가하는 것이다. 그런데 여기서 의아한 게 있다. 바로 '양질의 콘텐츠를 꾸준히 발행'이라는 부분인데, 이 부분이 왜 의아할까? 보통 블로그와는 다르게 스마트플레이스에서 꾸준히 발행할 콘텐츠가 없다고 생각하기 때문이다. 과연 그럴까?

정말 머리를 쥐어 짜내서 생각해도 '꾸준한 콘텐츠 발행'이라는 부분에 대해서는 영수증 리뷰나 블로그 리뷰 등의 내용 외에는 생각이 나지 않는다. 이런 이유로 일부 스마트플레이스 강사들은 스마트플레이스 순위를 올리려면 무조건 리뷰 작업을 해야 한다고 강조한다. 이렇게 하면 스마트플레이스 리뷰 영역에 콘텐츠가 쌓이면서 SEO 최적화에 어느 정도는 속하기 때문이다. 그 결과, SEO 최적화에서 '꾸준한 콘텐츠 발행'에 해당되므로 어느 정도 순위가 상승하기는 한다.

하지만 이런 리뷰 작업은 단점이 있다. 아무래도 내가 혼자서 운영하기는 어려우므로 대행사를 써야 해서 꾸준히 돈이 든다는 게 가장 큰 단점이다. 게다가 꾸준히 주기적으로 발행하는 것이 힘들기도 하다. '꾸준한 콘텐츠 발행'이라는 말을 제대로 이해해야 한다. 스마트플레이스에서 '꾸준한 콘텐츠 발행'은 글을 계속 작성하는 것이 아니라 내 채널에 대한 정보를 일정한 주기에 맞춰서 꾸준히 업데이트하라는 의미다. 이렇게 업데이트된 글이 소비자들에게 도움이 되는 정보라면 네이버는 이것을 '꾸준한 콘텐츠 발행'이라고 생각한다. 그렇다면 무엇으로 내 스마트플레이스의 정보를 업데이트할 수 있을까? 음식점이라면 새로운 메뉴를 개발하고 신메뉴를 추가하는 게 포함될 수 있다. 또한 내 가게에 대한 새로운 정보를 공지 사항으로 등록하거나 쉬는 날을 지정하는 것도 '꾸준한 콘텐츠 발행'에 해당된다.

'내 스마트플레이스'라는 채널을 잘 관리하고 있다고 네이버 봇에게 알리는 것이 핵심이다. 그러므로 꼭 네이버 스마트플레이스에서 '꾸준한 콘텐츠 발행'이 영수증 리뷰나 블로그 리뷰 등을 의미하는 것은 아니라는 것을 기억해야 한다. 그리고 지금 설명한 것 외에 꾸준히 콘텐츠를 발행할 수 있는 항목들이 있다. 이런 부분들을 잘 파악하고 내 스마트플레이스에 적용하면 돈 한 푼 안 들이고 순위가 상승할 수 있다.

3. 링크(트래픽)

'링크' 부분에서는 이 '링크'라는 것이 무엇을 의미하는지를 꼭 알아두어야 한다. SEO 최적화에서 링크는 얼마나 많은 곳에서 해당 사이트가 언급되었는지를 판단하는 항목이라고 할 수 있다. 그런데 우리는 지금 스마트플레이스에 대해 알아보고 있다. 결론부터 이야기하자면 스마트플레이스의 SEO 최적화에서 링크의 의미는 우리가 흔히 알고 있는 웹사이트의 링크와는 다른 개념이다. 스마트플레이스에서 '링크 최적화'는 얼마나 그 스마트플레이스가 언급되었는지를 파악하고 얼마나 많은 사람이 해당 스마트플레이스에 방문하고 머물렀는지를 확인하는 것이다. 그러므로 스마트플레이스에서 SEO 최적화를 하려면 '링크'와 '트래픽'을 모두 잡아야 한다. 여기서 트래픽은 소비자들의 이동량이나 방문량, 또는 체류 시간 등을 의미한다.

이렇게 링크와 트래픽을 함께 잡아야 한다는 이야기를 듣고 어떤 사람들은 이것들을 많이 발생시키는 방법으로 어뷰징을 생각하기도 한다. 그냥 무작위로 내 스마트플레이스에 접속하고 오래 머무르면 좋은 것으로 생각하고 말이다. 하지만 절대 아니다. 스마트플레이스의 순위를 상승시키는 데 불법적인 어뷰징 방법은 통하지 않는다.

무작위로 트래픽을 발생시키는 게 중요한 게 아니라 정말로 내 업체에 관심을 가질 만한 소비자들로 트래픽이 발생해야 한다. 그리고 이렇게 내 업체에 관심을 가질 만한 소비자들이 내 스마트플레이스에 방문한 후 일정한 시간 동안 체류해야 한다. 즉 내 스마트플레이스에 어느 정도 머물러야 한다는 것이다. 그렇다면 이렇게 트래픽을 발생시키면서 내 업체의 스마트플레이스에 오랜 시간 머물 소비자들만 들어오게 하는 채널이 어떤 것인지 생각해야 한다.

==링크와 트래픽을 모두 잡을 수 있는 대표적인 채널에는 '브랜드 블로그'가 있다.== 심지어 지금 네이버는 브랜드 블로그를 운영하는 업체에 스마트플레이스를 좀 더 유리하게 노출해주는 경우가 많다. 실제로 내 스마트플레이스에 블로그를 연동해놓지 않으면 네이버 스마트플레이스 쪽에서 "운영하고 있는 블로그가 있나요?"라고 물어본 후 연동하라고 권장한다. 아무래도 내가 브랜드 블로그를 함께 운영하고 있다면 내 블로그로 들어오는 특정 소비자들을 내 스마트플레이스까지 방문하게 할 수 있다.

이런 이유로 스마트플레이스 SEO 최적화 중에서 '링크(트래픽)' 항목을 충족할 수 있는 것이다. 또한 내가 내 블로그에 콘텐츠를 꾸준히 발행한다면 SEO 최적화 중에서 '꾸준한 콘텐츠 발행'에도 해당된다. 이렇게 지속적으로 선순환이 되므로 스마트플레이스에서 좋은 점수를 받게 되고 이것을 바탕으로 순위까지 상승하는 경험을 할 수 있게 되는 것이다. 지금 설명한 브랜드 블로그처럼 '링크'와 '트래픽'이라는 두 가지 조건을 모두 충족하는 다른 채널을 직접 생각해보고 적용해보자.

SEO 최적화 중에서 두 가지 조건을 충족하는 채널을 찾고 내 업체에 맞는 키워드와 스마트플레이스 등을 삽입한다면 내 스마트플레이스 순위가 상승할 수 있다. 대행사를 끼지 않고 말이다. 이렇게 된다면 내가 습득한 지식으로 앞으로도 꾸준히 스마트플레이스를 관리할 수 있다. 역시 대행사를 끼지 않고 말이다. 이 말은 스마트플레이스 지식을 통해 스스로 내 스마트플레이스를 관리하니 대행사에 꾸준히 들어가는 돈을 아낄 수 있다는 의미이기도 하다.

지금까지 상세하게 설명한 내용을 잘 이해하고 실천한다면 내 스마트플레이스를 대행사에 맡기지 않고도 순위를 상승시킬 수 있을 뿐만 아니라 머지 않아 내가 있는 지역에서 1위 업체가 될 것이다.

머니코치의 돈이 되는 스마트플레이스 운영 NOTE

내 스마트플레이스에 알맞은 트래픽 양이 있다

링크(트래픽) 부분은 너무 적어도, 또는 너무 많아도 안 좋으므로 항상 적당하게 해야 한다. 내 스마트플레이스에 적당한 트래픽 양이 있다. 그런데 일반인들은 이 부분이 어려울 수 있으므로 간단하게 계산하는 방법을 알려주겠다. 내 스마트플레이스에 적정한 트래픽 양은 다음과 같이 계산하면 된다.

내 스마트플레이스에 적당한 트래픽 양 = 내가 원하는 '키워드 검색량÷10'

만약 '서울 글램핑'이라는 키워드를 띄우고 싶다고 가정해보자. 이 키워드의 검색량이 1,000이라면 이때 내 스마트플레이스에 발생해야 하는 트래픽은 대략 100이므로 이 정도의 트래픽이 꾸준히 발생할 수 있도록 해야 한다.

SECTION 04

메타태그에 맞게
SEO 최적화하기

여러분의 목적은 돈을 들이지 않고 마케팅을 하는 것이다. 즉 돈을 들이지 않고 업체를 스스로 홍보하여 매출을 올리는 것이다. 물론 내가 스스로 마케팅을 하려면 남들보다 더 많이 알아야 한다. 내가 스스로 관리하지 못하는 상황이 되어도 대행사만 너무 믿으면 안 된다. 대행사가 말하는 대로만 끌려다닐 가능성이 높기 때문이다. 지출을 줄여야 하는 상황에서 아무것도 모르고 대행사에게 끌려다닌다면 골치 아픈 문제가 될 수 있다.

이런 이유로 나는 지금 여러분이 스스로 마케팅할 수 있도록 블로그에 이어서 스마트플레이스에 대해서도 중요한 정보를 오픈할 것이다. 앞서 스마트플레이스를 상위 노출하려면 SEO 최적화가 중요하다고 이야기했는데, 이어서 '메타태그에 맞게 SEO 최적화하는 방법'을 설명하겠다.

키워드 최적화에 중요한 메타태그 영역

우선 앞의 내용을 잠깐 복습해보자. 스마트플레이스에서 SEO 최적화를 하려면 크게 '키워드', '콘텐츠', '링크(트래픽)'가 중요하다고 말했다. 이번에 설명할 내용은 '키워드'의 심화 과정에 해당한다. 우선 키워드를 SEO 최적화하려면 텍스트 마이닝 데이터를 바탕으로 추출한 키워드를 내 스마트플레이스에 삽입하는 것이 중요하다. 이 중 키워드 최적화를 할 때 가장 중요한 것은 '메타태그' 영역이다.

이 개념을 알기 위해서는 메타태그가 무엇인지부터 먼저 파악해야 한다. 메타태그는 정보를 수집하는 네이버 봇이 내 스마트플레이스에 방문할 때 가장 먼저 정보를 긁어가는 영역이라고 생각하면 된다. 한 마디로 메타태그는 네이버 봇이 나를 판단하게 되는 최초의 정보라고 할 수 있다. 따라서 메타태그 영역에 정확한 정보를 작성해야만 네이버 봇이 내가 무엇을 하는 업체이고 어떤 걸 하는지 정확히 알 수 있다.

메타태그 영역에 핵심 포인트를 작성하자

이제 메타태그 영역이 어디인지 알아야 관련된 곳에 정확한 정보를 작성하고 스마트플레이스를 상위 노출할 수 있다. 그렇다면 네이버 봇이 내 업체를 판단할 때 가장 먼저 무엇을 알아보려고 할까? 네이버 스마트플레이스에서 메타태그 영역에 해당하는 부분은 다음 세 부분이다.

❶ 대표 키워드
❷ 메뉴
❸ 상호명

이 세 부분은 네이버 봇이 내 업체와 관련된 정보를 가장 먼저 긁어가는 곳이므로 신중하게 작성하는 것이 중요하다. 그렇다면 메타태그 영역을 작성할 때 어디에 포인트를 두어야 할까? 우선 메타태그 영역에는 내가 운영하는 업체가 어떤 업체인지 적어야 한다. 즉 좀 더 구체적으로 어떤 서비스를 제공하고 어디에 있는 업체인지에 대해 작성해야 한다. 이렇게 내 업체에 대해 신중하고 정확하게 정보를 작성해야 네이버 봇이 판단하기가 쉬워져서 스마트플레이스에 쉽게 노출할 수 있다.

간혹 어떤 강사들은 스마트플레이스를 세팅할 때 상호명에 위치 키워드를 넣으라고 말한다. '마케팅웨이 강남역점' 이런 식으로 말이다. 그런데 이것이 맞는 정보일까? 결론부터 이야기하자면 아예 말이 안 되는 것은 아니고 어느 정도는 맞다. 메타태그 영역 중 하나가 상호명이므로 지역 키워드를 넣으면 어느 정도 노출에 도움이 된다. 그런데 위치에 대한 내용은 대표 키워드를 넣을 때 제대로 넣어주면 굳이 상호명을 입력할 때 넣지 않아도 된다.

내 스마트플레이스는 반드시 메타태그 영역에 맞춰 세팅해보자. 그리고 정보를 작성할 때는 네이버 봇이 정보를 잘 가지고 갈 수 있도록 텍스트 마이닝 데이터를 활용해서 넣자. 이미 등록되어 있는 스마트플레이스도 이렇게만 수정한다면 대행사가 없어도 이전보다 훨씬 높은 순위를 기록할 수 있다.

사실 네이버 스마트플레이스가 이전에 '네이버 지도'라는 이름이었을 때는 키워드가 이렇게 중요하지 않았다. 네이버 지도에 등록하는 업체도 많지 않았고 등록해도 상호명과 위치 정도만 표시하는 경우가 많았다. 그런데 지금은 상황이 다르다. 이제 더 이상 '네이버 지도'가 아니라 '네이버 스마트플레이스'로 이름이 변경되었다. '강남역 맛집'이나 '강남역 돈까스' 등의 키워드를 검색하면 네이버 통합 검색에서 바로 검색되어 네이버 스마트플레이스의 중요성이 매우 커졌다.

▲ 네이버 통합 검색에서 '강남역 맛집'과 '강남역 돈까스'를 검색한 화면

우리는 이제 오프라인을 넘어 온라인에서도 경쟁해야 하는 시대다. 온라인 경쟁에서 이기려면 경쟁사들보다 눈에 띄어야 한다는 것을 꼭 기억하자. 소비자들은 이제 선택지가 많다. 여러 경쟁사와 함께 있는 온라인에서 내 업체를 제대로 어필하지 못한다면 소비자들은 다른 곳으로 간다. 소비자가 클릭하지 않는 스마트플레이스는 죽은 것과 마찬가지다. 우선 상위 노출을 통해 내 업체가 있다는 것을 소비자들에게 알린 후 그들이 '클릭'할 수 있게 '기획'해야 함을 잊지 말자.

SECTION 05

네이버 시스템을 활용해 스마트플레이스 상위 노출하기

스마트플레이스에 내 가게가 상위 노출을 하려면 무엇보다 네이버 시스템을 잘 이해하고 사용하는 것이 중요하다. 189쪽에서는 네이버 스마트플레이스의 70% 이상을 차지하는 SEO 최적화에 대해 알아봤는데, 이번에는 남은 30% 영역을 차지하는 '네이버 시스템 활용'에 대해 설명하겠다.

네이버 시스템의 자발적 활용이 핵심

스마트플레이스를 상위 노출하려면 'SEO 최적화'와 '네이버 시스템 활용', 이렇게 두 가지 요소가 필요한데, 이 중에서 더 중요한 것은 무엇일까? 물론 70% 정도의 비율을 차지하고 있는 SEO 최적화이다. 그러면 나머지 30%에 해당하는 네이버 시스템 활용은 신경 쓰지 않아도 될까? 절대 아니다. 네이버 시스템을 잘 활용하는 것도 매우 중요하다. 이 부분이 바로 네이버 스마트플레이스에서 신경 써야 하는 SEO 최적화 다음으로 중요한 부분이다. 내 스마트플레이스를 상위 노출하려면 무엇 하나 버릴 게 없다. 항상 심혈을 기울여야 하고 내가 챙겨서 할 수 있는 것들은 무조건 해야 한다.

스마트플레이스에서는 다양한 시스템을 사용할 수 있으므로 이것들을 골고루 사용해야 한다. 좀 더 정확히 이야기하자면 소비자들이 내 스마트플레이스에 왔을 때 내 스마트플레이스와 연관된 다양한 시스템을 매우 적극적으로 사용하게 해야 한다. 그래야 내 스마트플레이스가 소비자들에게 좋은 정보를 주고 있다고 네이버가 생각하기 때문이다. 이때 내 업체에 관심 있는 소비자들이 이러한 시스템을 자발적으로 사용해야 한다는 것이 핵심이다.

무엇보다 '내 업체에 관심이 있는 소비자들'이 타깃이 되어야 한다. 한 마디로 무차별적으로 이러한 시스템을 사용해봤자 내 스마트플레이스에는 도움이 되지 않는다. 만약 내가 캠핑에 관심이 있어서 가족과 함께 갈 캠핑장을 찾고 있다고 가정해보자. 물론 이때에도 내가 가려고 하는 지역에서 좋은 캠핑장을 찾기 위해 스마트플레이스를 살펴볼 것이다. 그리고 내가 관심 있게 알아보는 곳이니 다양한 스마트플레이스를 살펴보고 비교하면서 최종적으로 갈 곳을 고를 것이다.

이것이 보통 소비자들의 패턴이다. 스마트플레이스에 대해 꼼꼼하게 살펴본다는 것은 소비자가 그곳에 관심이 있어서 가기 위해 보는 것이다. 그래서 이러한 타깃 고객들에게는 내 스마트플레이스의 다양한 기능을 사용할 수 있게 해야 한다. 한 마디로 불법적인 어뷰징은 하지 말라는 것이다. 어떤 것이나 불법적으로 어뷰징을 하면 잠깐은 순위 상승에 도움이 될 수 있지만, 장기적으로 봤을 때는 절대 아니다. 특히 네이버에서는 블로그뿐만 아니라 스마트플레이스에서도 어뷰징 행위를 굉장히 싫어한다. 그러므로 정직하게 타깃 고객들이 내 네이버 스마트플레이스에 방문하게 해서 다양한 시스템을 사용하게 해야 한다.

내비게이션, 전화 걸기, 톡톡, 예약, 주소 복사하기 등 스마트플레이스에서만 사용할 수 있는 시스템이 있다. 이런 시스템은 언제 어디서나 소비자들이 해당 업체와 접촉할 수 있게 하는 것이 핵심이다. 예를 들어, 내가 마음에 드는 캠핑장을 발견했다고 생각해보자. 해당 캠핑장에 예약하기 위해 '네이버 예약' 시스템을 바로 사용할 수도 있고 가고 싶은 마음이 있으니 주소를 복사하거나 내비게이션을 통해 도착지까지 시간이 얼마나 걸리는지도 알아볼 것이다. 그리고 문의할 게 있으면 '네이버 톡톡'으로 상담하거나 전화를 걸기도 할 것이다. 물론 누가 시켜서 하는 것이 아니라 내가 '자발적으로' 말이다.

반면 내가 관심 없는 곳이라면? 전화 걸기나 예약하기, 주소 복사 등의 행동을 하지 않고 그냥 확인만 하고 넘어가 버린다. 내 스마트플레이스에서 소비자들이 이러한 행동을 했다는 것은 적어도 내가 소비자들에게 호기심을 불러일으켰다는 것을 증명하는 것이다. 네이버에서는 소비자들의 만족도를 중요하게 생각한다. 그래서 네이버는 블로그뿐만 아니라 스마트플레이스에서도 소비자들이 만족할 수 있는 좋은 정보를 주는 업체를 신뢰한다.

네이버 스마트플레이스에서는 소비자들이 이렇게 자발적으로 시스템을 활용하는 것을 보고 파악하는 게 있다. 바로 소비자들이 그 장소에 방문했다는 것을 확인한다. 그만큼 소비자들이 해당 장소에 관심을 보이고 이것이 방문, 즉 전환으로 이루어졌다고 간주하므로 이 콘텐츠를 다른 소비자들에게도 좋다고 추천하는 것이다. 이런 이유로 해당 시스템을 소비자들이 '자발적으로' 잘 이용하게 하면 네이버 쪽에서 좋은 점수를 받을 수 있다.

네이버 시스템 활용만 너무 믿지 말자

소비자들의 자발적인 시스템 활용을 잘못 이해하거나 이러한 정보를 모르는 일반인들은 '네이버 시스템 활용'에만 너무 치우친 경우가 있다. 물론 이것도 중요하지만, 네이버 시스템 활용이 상위 노출에 미치는 영향은 30% 정도라는 것을 기억하자. SEO 최적화가 네이버 스마트플레이스의 70% 정도를 차지하니 이 부분에 먼저 신경 쓸 필요가 있다. 그렇다고 해서 네이버 시스템 활용에 대한 부분을 무시하라는 것은 아니므로 중요도를 잘 생각해서 스마트플레이스를 세팅하는 게 좋다.

만약 SEO 최적화에 대해 모르는 상태라면 스마트플레이스 안에서 활용할 수 있는 게 무엇일지를 생각해볼 것이다. 그리고 네이버 톡톡이나 예약, 전화 걸기, 내비게이션, 주소 복사 등 네이버 시스템 활용에 대한 것만 생각하고 이 부분에만 신경 쓸 확률이 높다. 그 결과, 당연히 순위가 오를 수도 있다. 그런데 이 시장은 아직 SEO 최적화가 안 되었다는 것을 기억하자. 다시 말해서 스마트플레이스 상위 노출에서 중요한 SEO 최적화라는 70%의 영역이 충족되지 않은 시장이다.

만약 내가 이런 시장에 진입해서 SEO 최적화 작업을 하지 않았는데도 순위권에 노출되어 있으면 처음에는 기쁠 것이다. 그런데 경쟁사가 나머지 70%를 채운다면 당연히 내 순위는 뒤로 밀리게 된다. 경쟁사는 네이버 시스템을 활용하는 것보다 더 중요한 것을 채웠으니까 말이다. 지금 한 말을 좀 더 긍정적으로 생각해보자. 내가 위치한 지역이 아직 70%의 영역을 채우지 못한 곳, 즉 SEO 최적화가 안 된 곳이라고 가정해보자. 나는 단지 네이버 톡톡, 내비게이션, 전화하기 등에만 신경을 썼는데 상위 노출된 상태다. 결국 30%만 신경 썼는데도 순위가 상승한 것이다. 이 말은 무엇일까? 나머지 SEO 최적화, 이 70%를 채울 경우 손쉽게 상위권까지 올라갈 수 있다는 의미이거나 꽤 오랜 시간 상위권을 유지할 수 있다는 이야기다.

이제 더 이상 스마트플레이스는 내 위치만 등록하는 것이 아니다. 스마트플레이스는 소비자들이 최종적으로 내 업장에 방문하기 전에 '최종 결정'을 하는 채널로, 소비자들이 여기서 좀 더 구체적인 정보를 확인하고 바로 전환까지 이어질 수 있는 채널이다. 그러므로 단순하게 생각하지 말고 소비자들의 눈에 띄고 경쟁사들 사이에서 살아남을 수 있도록 세팅해야 한다. 네이버가 좋아하면서 소비자들이 원하는 정보를 주어야 한다는 것을 잊지 말자.

SECTION 06

구매 결정 촉구 기획으로 스마트플레이스에서 전환율을 올리자

전환율이 마케팅의 핵심이다

스마트플레이스는 소비자들이 내 업체에 방문하기 전에 마지막으로 '최종 결정'을 하는 채널이다. 다시 말해서 스마트플레이스는 전환될 가능성이 큰 채널이므로 소비자들의 전환율에 신경을 쓰는 것이 가장 중요하다. 아무리 여러 가지 사항을 신경 써서 상위 노출해도 내 업체에 방문하는 사람이 없다면 나에게 소비자들의 구미를 당길 만한 무언가가 없다는 것이므로 이 부분에 대해서도 신중히 고민해야 한다.

전환율은 스마트플레이스뿐만 아니라 어떤 마케팅을 하든지 마찬가지다. 우리가 마케팅을 하는 이유는 상위 노출만 하거나 글만 작성하려고 하는 게 아니라 소비자들에게 내 업체를 알리고 방문 및 구매를 유도하기 위해서다. 전환율, 즉 소비자들이 내 업체에 방문하여 구매하거나 서비스를 경험해야 매출이 오르는데, 이것이 바로 마케팅의 목적이다.

그렇다면 스마트플레이스에서 소비자들이 나를 선택할 수 있게 하려면 어떤 것에 신경 써야 할까? 어떻게 해야 상위 노출된 내 업체에 소비자들이 흥미를 느끼고 방문하게 될까? 나는 이 부분에서 '구매 결정 촉구 기획'에 대해 말하고 싶다. 다시 말해서 내 스마트플레이스를 본 소비자들을 경쟁사에 뺏기지 말자는 것이다. 즉 다른 업체로 가게 하지 말고 우리 업체를 꼭!

방문하게 만들자는 것이다. 스마트플레이스 마케팅을 할 때는 소비자들이 내 업체를 본 순간 '여기는 꼭 가야 해!'라고 생각하면서 다른 업체는 생각하지 않게 해야 한다. 이때 필요한 것이 바로 구매 결정 촉구 기획이다. 소비자들이 내 스마트플레이스를 보는 순간 다른 가게 생각이 안 나게 해야 노출 대비 방문율이 높아지면서 전환율 상승도 기대할 수 있다.

전환율 상승을 위해 기획이 필요한 3대 영역

그렇다면 소비자들의 구미를 당기면서 전환율을 올릴 수 있는 구매 결정 촉구 기획은 어디에 들어가야 할까? 내 업체를 어필할 수 있는 부분을 스마트플레이스 중 어느 영역에 넣어야 할지 고민이 될 것이다. 스마트플레이스 안에는 전환율에 직접적으로 영향을 끼치는 곳으로 다음과 같은 세 영역이 있다. 이 부분에 반드시 구매 결정 촉구 기획이 들어가야 내 고객들을 다른 업체에 뺏기지 않을 수 있다는 것을 꼭 기억하자.

❶ '대표 사진' 영역
❷ '대표 사진' 외의 '사진' 영역
❸ '상세 설명' 영역

내 업체라면 이 3대 영역을 어떻게 기획해야 할지 생각해보자. 그리고 이렇게 정리한 정보를 바탕으로 내 스마트플레이스를 세팅해보자. 그러면 대행사에 끌려다니지 않아도 돈 한 푼 들이지 않고 혼자 마케팅을 할 수 있게 될 것이다.

1. '대표 사진' 영역

대표 사진에서 중요한 것은 소비자들이 '클릭'할 수 있도록 해야 한다는 것이다. 소비자들이 클릭을 한다는 것은 내 업체에 대해 호기심과 관심이 있다는 것이다. 최소한 그들의 니즈를 건드렸으므로 클릭하는 것이다. 대표 사진은 내 업체가 어떤 곳인지, 어떤 것이 강점인지를 충분히 담고 있는 사진을 선정해야 한다. 한 마디로 내 업체를 잘 설명하는 사진을 고르라는 이야기다. 대표 사진을 선정할 때는 '클릭'을 최우선으로 생각하자. 클릭되지 않는 스마트플레이스는 죽은 스마트플레이스라고 말했다. 블로그와는 달리 스마트플레이스는 클릭이 선결 조건임을 항상 명심하자.

대표 사진은 앞서 배운 대로 ① 소비자들의 최종 니즈를 건드릴 것, ② 타깃층에 맞는 대표 사진을 설정할 것 정도를 기억해두고 세팅하자. 온라인 마케팅을 할 때는 우리가 하고 싶은 것이 아니라 소비자들이 원하는 것을 해야 하므로 항상 소비자 입장에서 생각해야 한다. 나를 '천재 마케터'라고 부르는 이유가 무엇일까? 나는 사업자 입장이 아니라 항상 소비자 입장에서 생각하고 그들이 원하는 것을 제공한다. 이제 여러분도 '천재 사장님'이 되어 보자.

2. '대표 사진' 외의 '사진' 영역

대표 사진, 즉 우리가 흔히 이야기하는 섬네일을 잘 지정해야 하는 이유는 '클릭' 때문이라고 했다. 그렇다면 소비자들이 내 가게로 오게 하려면 섬네일 외의 사진은 어떤 방식으로 기획해야 할까? 이 경우에는 소비자들이 내 사진만 보고도 '간접 경험'을 할 수 있게 하는 것이 가장 중요하다. 온라인 마케팅을 가장 잘하는 사람은 사람들에게 온라인만으로도 오프라인 매장의 간접 경험을 시키는 사람이다. 물론 온라인에서 돈을 제일 잘 버는 사람도 그 콘텐츠를 보고 있는 사람에게 간접 경험을 시킬 수 있는 사람이다.

❖ 사진 1[14]

❖ 사진 2[15]

아이들과 함께 풀빌라로 가족여행을 간다고 생각해보자. 여러분은 '사진 1'과 '사진 2' 중에서 어디로 가고 싶은가? 그리고 이들 사진의 차이점은 무엇일까? 이 부분에 대해 명확히 이야기할 수 있으면 여러분도 소비자들에게 내 업체를 간접 경험시킬 수 있는 것이다. 그러므로 스마트플레이스 영역 중 사진을 세팅할 때는 너무 급하게 내가 원하는 것으로만 채우지 말자. 소비자들이 내 업체에 꼭 오도록 항상 소비자들의 입장에서 그들이 간접 경험을 할 수 있을 만한 것으로 꼼꼼히 채우자.

3. '상세 설명' 영역

스마트플레이스에는 다양한 정보를 넣을 수 있다. 특히 '상세 설명' 영역은 정보를 작성하는 칸이 제일 길어서 다른 영역에 비해 더 많이 설명할 수 있다. 사진을 얼마나 잘 세팅하느냐에 따라서 전환율이 달라지기 때문에 앞에서 대표 사진과 그 외의 사진들을 세팅하는 방법을 설명했다. 전환율을 높이는 데 또 하나 중요한 것이 '상세 설명' 영역이므로 사진 다음으로 전환율을 높이는 데 신경 써야 한다.

특히 가족이나 친척들과 식사를 하거나 모임을 해야 하는 등 동반자가 있는 사람들이 타깃인 업체는 '상세 설명' 영역에 더욱 주목해야 한다. 왜냐하면 나 혼자 가는 게 아니라 동반자들이 있고 내가 주관하다 보니 신경 쓰고 싶기 때문이다. 게다가 장소를 잘못 선정하면 주관한 나와 동반한 사람들이 모두 불편해지므로 다른 사람들보다 장소를 더 꼼꼼하게 찾는 경향이 있다. 이런 사람들이 타깃이라면 '상세 설명' 영역에 정말 집중해서 최소한 세 가지 이상의 셀

14, 15 **사진 출처** : 픽사베이(https://pixabay.com)

링 포인트를 넣어야 한다. 물론 다른 업체와 비슷하게 넣으면 절대로 안 되고 우리 가게만 가지고 있는 특장점을 세 가지 이상 생각해서 작성해야 한다.

이제까지 스마트플레이스에서 소비자들을 내 가게로 데리고 오려면 어떻게 해야 하는지 정말 자세히 설명했다. 아무래도 온라인이라는 특성상 소비자들을 직접 보고 홍보하는 게 아니므로 어떻게 내 업체를 소개해야 하는지 많이 고민스러울 것이다. 온라인에서 경쟁력을 갖추려면 경쟁사보다 눈에 띄어야 하고 소비자들이 내 업체를 '선택할 수밖에 없는 곳으로' 어필해야 한다. 오프라인에서는 걸어가다가 마음에 드는 곳을 발견하면 그냥 들어가기도 하지만 온라인에서는 아니다. 온라인으로 검색하는 사람들은 여러 가지 정보를 취합하기를 원하고 꼼꼼하게 검증한 후 최종 선택을 하므로 이 부분을 항상 명심하고 '소비자들의 니즈를 충족'할 수 있도록 더 신경쓰도록 하자.

무료로 퍼주는 머니코치의 유튜브 영상 강의

스마트플레이스 등록할 때 이것만 신경 쓰면 1위에 그냥 꽂힌다!

지금까지 설명한 내용은 유튜브 〈머니코치 최준호〉 채널에서 동영상 강의로 제공하고 있으므로 QR 코드나 URL 링크로 접속해 온라인 마케팅 전문가 머니코치의 생생한 동영상 강의를 살펴보자.

🔗 https://youtu.be/pLuhhf1JjYw?si=X2Q2flkxQ6233GZD

CHAPTER 03

순위와 매출을 한 번에! 네이버 스마트플레이스 정교하게 세팅하기

SECTION 01

스마트플레이스를 상위에 노출하는 3대 요소는?

　스마트플레이스는 이제 온라인 시장에서 경쟁력을 갖추기 위한 필수 요건이다. 다른 가게보다 더 높은 순위를 선점해야 할 뿐만 아니라 소비자들의 마음을 끌 수 있는 멘트까지 모두 중요하다. 이렇게 해야만 소비자들이 내 가게에 방문하므로 무엇보다 스마트플레이스를 잘 세팅하는 것이 중요하다. 스마트플레이스는 요령 있게 세팅하면서 신경 써야 할 것들이 있다. 즉 스마트플레이스의 상위 노출 3요소가 있으므로 내 스마트플레이스를 상위권으로 올리려면 이 3요소에 모두 신경 써야 한다. 그런데 대부분 이 3요소에 신경 쓰지 않고 그냥 정보만 기입하는 경우가 많다. 이것은 실제로 나에게 스마트플레이스 컨설팅을 하러 오는 사람들의 공통점이기도 한데, 아무것도 고려하지 않은 채 본인이 하고 싶은 이야기만 늘어놓는 것이다.

　'가게 주인이니 그럴 수 있는 거 아니야?'라고 생각할 수도 있겠지만, 이 말을 다시 생각해 보면 소비자 중심이 아니라는 의미다. 소비자들을 고려하지 않은 채 본인이 하고 싶은 이야기만 한다는 것이다. 본인 중심으로 스마트플레이스를 세팅하는 것이므로 당연히 소비자들은 이 내용에 관심이 없고 상위 노출도 불가능하다.

　네이버는 플랫폼 비즈니스 회사로, 네이버 안에서 사람들이 오랫동안 머무는 것이 핵심이자 목적이다. 이런 이유로 네이버 로직은 사업자 친화적인 로직이 아니라 소비자 친화적인 로직으로 발전했다. 네이버는 소비자 친화적인 로직으로 진화하므로 스마트플레이스를 세팅할 때도 반드시 사업자 입장이 아니라 소비자 입장에서 생각해야 한다. 한 마디로 내가 하고 싶은 대로 해서는 안 되고 소비자가 원하는 방향으로 세팅해야 한다. 그래야 네이버 로직에 맞아 상위 노출되면서 스마트플레이스 마케팅 효과까지 볼 수 있다. 이렇게 소비자 친화적인 로직으로 스마트플레이스를 세팅하려면 '텍스트'와 '시각', '체류 시간'과 같이 세 가지 요소가 중요한데, 이것이 바로 '스마트플레이스 상위 노출 3요소'이다. 스마트플레이스 상위 노출을 노린다면 이번에 설명하는 내용을 꼭 따라 해보자. 그러면 스마트플레이스 순위가 크게 상승하는 것을 경험할 수 있을 것이다.

제1요소 - 텍스트

네이버에 있는 모든 채널은 결국 텍스트가 중요하다. 왜냐하면 네이버는 결국 텍스트 정보를 수집하는 로직(알고리즘)을 기반으로 만들어졌기 때문이다. 리브라(Libra), 쏘나(SONA), 씨랭크(C-Rank), 다이아(D.I.A) 알고리즘을 포함해서 SEO(Search Engine Optimization, 검색엔진 최적화), 스마트블록, 지식스니펫 등 모든 알고리즘은 결국 텍스트 정보를 습득할 수 있게 되어 있다.

스마트플레이스도 마찬가지다. 스마트플레이스도 네이버 안에 있는 채널이어서 네이버 봇이 처음으로 정보를 습득하는 부분은 당연히 '텍스트' 영역이다. 이 중에서도 '대표 키워드' 영역, '상세 설명' 영역, '찾아오는 길' 영역이 대표적인 텍스트 영역이다. 이 외에도 많은 사람이 놓치고 있는 한 가지 영역이 더 있다. 바로 '메뉴' 영역이다. '메뉴' 영역이라고 해서 모든 업종이 '메뉴'로 표시되는 게 아니라 업종마다 다르게 표시된다. 예를 들어, 네일숍 같은 경우에는 '시술 정보'로, 맛집은 '메뉴'로, 병원 및 의원은 '가격 정보' 등으로 표시된다.

스마트플레이스에서 '메뉴' 영역은 메뉴명과 가격 정보를 적는 곳이라고 생각하면 된다. 이 부분도 네이버가 정보를 긁어가야 하므로 텍스트로 정보를 남길 수 있다. 그러므로 '메뉴' 영역에는 반드시 내가 원하는 정보가 아니라 소비자들이 원하는 정보, 네이버가 원하는 정보를 적어야 한다. 소비자와 네이버가 동시에 원하는 정보를 넣어야만 상위 노출에 유리한 스마트플레이스가 되는 것이다.

그렇다면 소비자들이 원하는 정보, 네이버가 원하는 정보는 어떤 것일까? 우선 소비자들이 원하는 정보를 생각해보자. 네이버를 사용하는 사람들 중에서 스마트플레이스에 진입하는 소비자들이 원하는 정보는 무엇이 있을까? 간단하다. 내가 소비자가 되어 내가 왜 그 스마트플레이스에 진입했는지를 생각해보면 된다. 마찬가지로 내 지인들이 왜 스마트플레이스에 진입하게 되는지를 생각해보자. 물론 '소비자 입장'에서 말이다. 이 부분에서 많은 사람이 사업자 입장이 되므로 소비자 입장을 전혀 고려하지 않고 본인들이 원하는 텍스트 정보만 적는 것이다.

자, 그러면 '소비자 입장'에서는 어떤 것들을 생각해야 할까? 소비자들이 스마트플레이스에 진입하는 이유는 크게 다음 세 가지 정보를 얻기 위해서다.

❶ **위치 정보** : 가까운지, 먼지, 얼마나 걸리는지, 주소가 어디인지 등
❷ **메뉴 정보** : 무엇을 파는지, 어떤 것을 시술하는지, 내가 원하는 게 있는지 등
❸ **업종 정보** : 맛집인지, 네일숍인지, 한의원인지, 병원인지, 미용실인지 등

대부분의 소비자는 이렇게 크게 세 가지 정보를 얻기 위해 스마트플레이스에 진입한다. 그렇다면 이 정보를 텍스트 영역에 넣어야 하지 않을까?

❶ **어디에 있는지?**
  홍대, 강남, 부산, 해운대, 여수, 홈플러스, 이마트 앞 등
❷ **무슨 서비스를 제공하는지?**
  국밥, 삼겹살, 한우, 돼지고기, 커피, 다양한 치료 정보 등
❸ **우리 가게가 어떤 곳인지?**
  맛집, 점심, 회식 장소, 데이트하기 좋은 곳, 분위기 좋은 카페, 분위기 좋은 술집 등

이 세 가지가 바로 소비자들이 원하는 정보이면서 동시에 네이버가 선호하는 정보이다. 그렇다면 스마트플레이스를 세팅할 때 이 정보만 넣으면 될까? 그것은 아니다. 우리는 네이버 사용자와 네이버 봇을 모두 만족시켜야 하므로 사용자가 원하는 정보를 넣었다면 네이버가 원

하는 정보까지 넣어주어야 한다. 그렇다면 네이버가 원하는 정보는 무엇일까? 네이버는 연관된 정보를 원한다.

우리가 정보를 찾아보려고 네이버에 어떤 키워드를 검색하면 다음 화면처럼 '자동 완성어'가 표시된다.

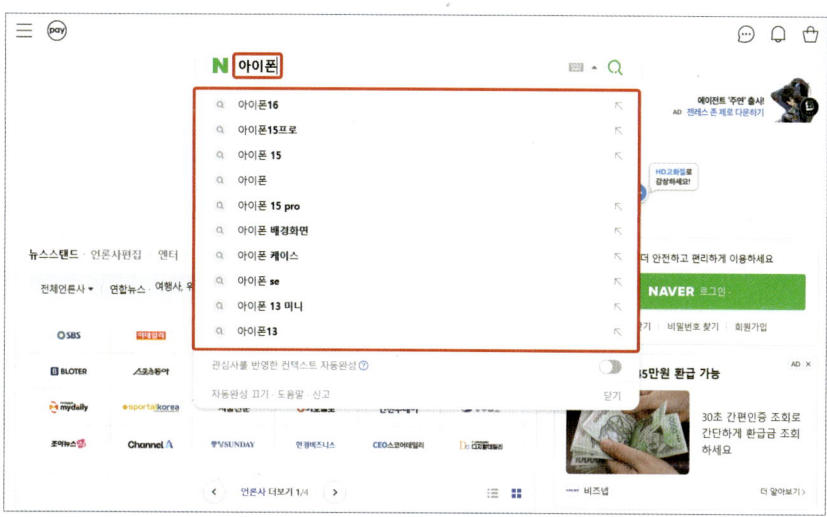

혹은 화면의 오른쪽에 '연관 검색어'가 표시된다.

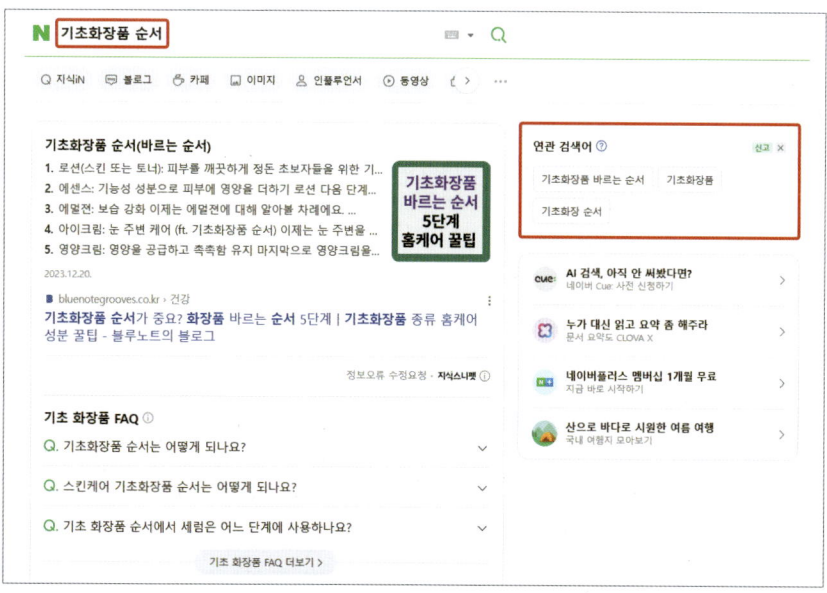

결국 네이버도 소비자들이 검색 욕구를 충족하기 위해 하나의 키워드만 검색하는 것이 아니라 그와 비슷한 키워드도 검색한다는 사실을 아는 것이다. 또한 소비자들이 키워드를 많이 검색할수록 네이버라는 마을에 오랫동안 머문다는 것도 안다. 그래서 네이버가 다양한 키워드를 추천하는 것이다.

이러한 개념에서 앞서 여러 번 언급한 '텍스트 마이닝 데이터'가 파생했다. 텍스트 마이닝 데이터는 키워드 안에 소비자들이 원하는 연관된 키워드가 있으니 이런 키워드들을 내 스마트플레이스에 넣으면 네이버 스마트플레이스 노출에 유리하다는 데이터로, '속성 키워드'라고도 한다. 실제로 텍스트 마이닝 데이터를 바탕으로 스마트플레이스를 세팅한 사람들은 엄청난 효과를 보기도 했다.

예를 들어, '강화도 펜션'이라는 키워드로 노출되기를 원한다면 이와 관련된 텍스트 마이닝 데이터를 생각해보는 것이다. 펜션이므로 '1박', '2박' 등의 키워드나 '애견 펜션', '애견 동반', '풀빌라' 등에 대한 키워드를 생각할 수 있다. 이런 키워드들을 소비자들이 검색하기 전에 미리 내 스마트플레이스에 삽입해놓는 것인데, 이런 것을 네이버가 권장한다. 왜냐하면 이런 키워드들은 소비자들이 나중에 또 검색할 키워드이기 때문이다. 그러므로 이런 키워드들을 텍스트 영역에 적합하게 삽입해야 한다는 것을 꼭 기억하자.

머니코치의 돈이 되는 스마트플레이스 운영 NOTE

'제1요소 – 텍스트' 핵심 요약

지금까지 이야기한 내용은 이렇게 정리할 수 있다. 첫째, 정보를 긁어가는 네이버 봇의 기반은 '텍스트'이다. 둘째, 네이버 스마트플레이스 안에 있는 '텍스트 작성' 영역은 그 영역에 맞게 세팅해야 한다. 셋째, 이 세팅의 기본은 소비자들이 원하는 정보와 네이버가 원하는 정보, 이렇게 두 마리 토끼를 동시에 잡아야 한다.

제2요소 – 시각

스마트플레이스에서 사용자들이 가장 먼저 보는 영역이 어디일까? 이 부분은 100% '사진' 영역이다. 왜 그럴까? 후기를 보려고 해도, 상세 설명을 보려고 해도, 주소를 찾으려고 해도

'사진' 영역은 무조건 볼 수밖에 없기 때문이다. 처음에 대표 사진을 노출해야 모든 사람이 그 스마트플레이스를 클릭하게 된다. 이렇게 스마트플레이스에 진입하면 맨 위에 '사진' 영역이 떡 하니 나온다.

스마트플레이스에서 '사진' 영역, 즉 시각적인 부분은 필수 불가결한 영역이다. 시각적인 부분에서 대표적인 영역은 대표 사진, 사진, 메뉴 사진 등이다. 그러므로 이 부분에 소비자들의 시선을 끌 수 있으면서 소비자들이 원하는 사진을 넣어야만 내 스마트플레이스에 오래 체류하고 클릭률도 높아진다. 결국 이런 것들이 쌓여서 상위 노출에도 유리해지는 것이다.

그렇다면 어떤 사진을 넣어야 소비자들에게 선택받는 스마트플레이스가 될 수 있을까? 이 부분에 대해서는 내 노하우를 소개하면서 이야기해보겠다. 내 노하우는 바로 '타깃을 한정 짓는 것'이다. '사진' 영역의 경우에는 오히려 타깃을 한정 짓고 그들만을 위한 사진을 세팅하는 게 좋다. 이렇게 하면 클릭률이 높아지고 체류 시간이 길어지므로 스마트플레이스의 순위가 상승한다.

여러분이 가장 많이 하는 실수는 바로 '모두'를 만족시키려고 한다는 것이다. 그 어떤 사람도, 사업도, 일도 모든 사람을 만족시킬 수 없다. 하지만 한 부류의 고객에게만 눈에 띄고 이 사람들을 만족시키는 것은 가능하다. 물론 네이버도 모든 사람을 만족시킬 수 없다는 사실을 잘 알고 있다. 사실 나는 이 정보를 오픈할지를 굉장히 많이 고민했다. 정말 이 정보는 전국에서 아는 사람이 몇 명 없을 것이다. 나는 유튜브 채널도 운영 중인데, 유튜브에서도 내가 최초로 말한 내용이다.

네이버도 한 업체가 모든 고객을 만족시킬 수 없다는 것을 잘 안다. 그래서 네이버는 다양한 네이버 사용자를 만족시키기 위해 상위 노출되는 스마트플레이스의 타깃군이 다양하게 노출될 수 있게 해놓았다. 쉽게 말해서 특정 업종이나 특정 키워드는 상위 노출된 업체의 셀링 포인트가 모두 다르다는 것이다. 왜 그럴까? 이미 이야기했듯이 다양한 네이버의 사용자들을 만족시켜야 하기 때문이다. 네이버에 '강남 카페'를 검색해보면 각자 셀링 포인트와 속성 키워드가 모두 다르다는 것을 알 수 있다.

누군가는 '딸기 케이크', 또 누군가는 '떡'이 셀링 포인트이다. 이 외에도 '베이커리'와 '샌드위치', '브런치' 등 겹치는 타깃군 없이 다양한 셀링 포인트가 있다는 것을 알 수 있다. 또한 다양한 키워드를 검색해보면 알 수 있듯이 각 키워드마다 상위 노출되어 있는 스마트플레이스의 소비 타깃군이 다르다는 것도 확인할 수 있다. 그러므로 이것들을 구분할 수 있는 능력을 길러야 하고 여기에 맞춰 하나의 속성을 강화해서 사진을 만들어야 한다. 그러면 소비자들의 클릭률이 훨씬 높아질 뿐만 아니라 만족도도 높일 수 있다. 이렇게 소비자들의 만족도가 높아지면 아무래도 내 스마트플레이스를 더 살펴보고 싶은 마음이 들어서 체류 시간이 기하급수적으로 늘어나게 되어 스마트플레이스의 상위 노출을 노려볼 수도 있다.

좀 더 쉽게 이해할 수 있게 한 가지 예시를 더 들어보겠다. 우리 펜션이 오션뷰가 끝내주게 멋있는 곳이라면 바다를 대표 사진과 기타 사진으로 세팅해야 한다. 만약 한옥 숙소의 색감이 훌륭한 곳이라면 이런 색이 잘 나타나도록 쨍한 사진으로 설정해야 한다.

> **머니코치의 돈이 되는 스마트플레이스 운영 NOTE**
>
> **'제2요소 – 시각' 핵심 요약**
>
> 지금까지 이야기한 내용은 이렇게 정리할 수 있다. 첫째, 스마트플레이스에서 시각적인 요소는 필수 불가결하게 매우 중요하다. 둘째, 내 고객군에게 맞는 사진을 세팅해야 한다.

제3요소 – 체류 시간

이미 여러 번 이야기했듯이 네이버는 플랫폼 비즈니스 회사이다. 이 부분을 잘 이해해야 하는 이유는 모든 상위 노출의 핵심이 여기서 시작되기 때문이다. 네이버 외에 유튜브와 인스타그램도 플랫폼 기반의 회사라고 할 수 있다. 이렇게 플랫폼을 기반으로 운영하는 회사들은 가장 중요하게 여기는 게 있다. 그게 무엇일까?

바로 '사용자 만족'이다. 그렇다면 사용자들의 만족도가 어떤지를 분석해야 하는데, 이것은 무엇을 이용해서 분석할 수 있을까? 그것은 '체류 시간'이다. 사용자들은 내 스마트플레이스가 마음에 들면 여러 가지 정보를 더 보고 싶어서 더 머물게 되고 그렇게 체류 시간이 늘어난다. 그러므로 스마트플레이스는 사용자들의 만족도를 높일 수 있게, 체류 시간이 늘어날 수 있게 세팅해야 한다.

스마트플레이스의 여러 영역 중에서도 '상세 설명' 영역과 '사진' 영역, '리뷰' 영역은 체류 시간을 기하급수적으로 늘릴 수 있는 영역이므로 잘 이용해야 한다. 그렇다면 체류 시간은 어떻게 늘릴 수 있을까? 이제부터 설명하는 방법만 잘 따라 해도 여러분이 있는 지역에서 넘버원 업체가 될 것이므로 유용하게 사용해보자.

1. 내 키워드와 관련된 콘텐츠로 채워라

내가 아무리 여러 이야기를 장황하게 써도 소비자들은 이것을 다 보지 않는다. 결국 본인들이 보고 싶은 것만 보므로 이러한 니즈를 채워주어야 한다. 예를 들어, 펜션 근처에 위치한 해장국집이라면 해장을 하는 사람들 사진을 세팅한 후 해장하러 근처 펜션에서 많이 온다는 글을 작성하는 게 좋다. 이 외에도 펜션 퇴실 시간인 11시~12시 사이에 가장 붐비는 사진 등으로 스마트플레이스를 세팅하는 게 좋다.

2. 소비자의 시간 순서대로 만들어라

사람의 뇌는 단순하다. 어려운 것보다 쉽고 편하면서 단순한 것을 좋아한다. 생각하지 않고 정보를 습득하는 것을 가장 좋아하고 편안해하므로 이러한 뇌의 특성을 이용해 시간 순서대로 콘텐츠를 만들어야 한다. 예를 들어, 스키장이라면 스키장 들어오는 입구, 장비 렌탈 과정 및 착용 과정, 스키 타러 나가는 길 등을 시간 순서대로 나열하는 것이다. 이렇게만 해도 소비자들은 우리 업체를 친절한 곳으로 인식할 것이다. 왜냐하면 사용자들이 궁금해하는 것을 시간 순서에 맞게 제대로 다 알려주었기 때문이다.

3. 간접 경험을 시켜라

우리는 온라인에서 소비자들에게 노출되어야 하고 그들의 선택을 받아야 하므로 온라인에서 경쟁력을 갖추는 것이 중요하다. 온라인 세상에서 가장 마케팅을 잘하는 사람은 온라인에 진입한 소비자들에게 마치 오프라인에 있는 것처럼 경험하게 해주는 사람이라고 앞서 강조했다. 사용자들의 오감을 만족시켜야 하므로 오프라인에 있는 것처럼 느낄 수 있게 인기 있는 사진 촬영 장소를 노출하는 방법 등으로 세팅하면 된다.

다시 말해서 온라인으로 진입한 소비자들에게 마치 오프라인에 있는 것처럼 내 업체에 대한 간접 경험을 시켜주는 것이 가장 중요하다. 이렇게 구성해서 내 스마트플레이스를 세팅한다면 내가 생각하는 것보다 소비자들의 체류 시간이 매우 길어지는 것을 경험할 수 있다.

스마트플레이스를 세팅할 때는 항상 '소비자들'을 생각하는 것이 가장 중요하다. 그러므로 소비자들의 입장에서 그들이 원하는 정보를 주어야 한다는 원칙을 절대로 잊지 말자. 지금 설명대로 스마트플레이스를 세팅하고 '고객들이 내 스마트플레이스에서 어떤 정보를 원할까?'만 생각한다면 이제 더 이상 스마트플레이스 세팅이 어렵지 않을 것이다. 지금 알려준 여러 노하우를 잘 따라 해서 여러분이 있는 지역에서 넘버원 업체가 되기를 진심으로 바란다.

머니코치의 돈이 되는 스마트플레이스 운영 NOTE

'제3요소 – 체류 시간' 핵심 요약

지금까지 이야기한 내용은 이렇게 정리할 수 있다. 첫째, 스마트플레이스는 사용자들의 체류 시간이 늘어날 수 있게 세팅해야 한다. 둘째, '상세 설명', '사진', '리뷰' 영역은 체류 시간을 기하급수적으로 늘릴 수 있는 영역이므로 잘 이용해야 한다.

무료로 퍼주는 머니코치의 유튜브 영상 강의

스마트플레이스 상위 노출 3요소 최초 공개! 올릴까, 말까 고민하다가 올리는 플레이스 마케팅 강의

지금까지 설명한 내용은 유튜브 〈머니코치 최준호〉 채널에서 동영상 강의로 제공하고 있으므로 QR 코드나 URL 링크로 접속해 온라인 마케팅 전문가 머니코치의 생생한 동영상 강의를 살펴보자.

🔗 https://youtu.be/ijLz-VQ-Sp4?si=pLL_c16kKHEkkJV3

SECTION 02

스마트플레이스를 등록할 때 꼭 넣어야 하는 키워드는?

상위 노출하려고 트래픽에만 매달리지 말자

스마트플레이스를 상위 노출하려면 신경 써야 할 것이 많다. 소비자들이 원하는 대로 기획하는 것도 중요하지만, 텍스트 마이닝 데이터를 바탕으로 세팅하는 것과 트래픽을 발생시키는 것도 중요하다. 이 외에 또 무엇을 신경 써야 할까?

우선 여러분이 보통 크게 착각하는 것이 있다. 바로 소비자들의 반응부터 끌어내리려고 한다는 것이다. 즉 소비자들의 반응과 연관된 부분에만 신경을 쓰고 있다는 것이다. 소비자들이 키워드를 검색해서 내 스마트플레이스로 들어가는 행위, 소비자들이 조회 수를 늘리는 행위, 소비자들에게 온 전화를 받는 행위, 소비자들이 작성하는 리뷰를 늘리는 행위, 소비자들이 내 장소를 저장하는 행위, 소비자들이 내 업장에 대한 알림 받기를 설정하는 행위 등에 대해 너무 많이 신경 쓴다는 것이다.

물론 이런 복합적인 행동은 트래픽을 발생시키므로 스마트플레이스를 상위 노출하려면 신경 써야 하는 게 맞다. 그런데 이것부터 하라는 이야기가 아니다. 지금 대부분의 사람들이 이 트래픽 부분을 먼저 신경 쓰는데, 그렇게 하면 안 된다. 스마트플레이스를 세팅할 때는 먼저 적용해야 하는 것들과 신경 써야 하는 것들을 모두 이 책에서 설명하는 대로 해보고 이렇게 해도 상위 노출이 안 되었을 때 트래픽에 신경을 써야 한다. 만약 경쟁이 심한 지역이라면 트래픽에도 신경을 써야 하는 게 맞다. 하지만 그렇지 않은 지역, 즉 웬만한 업종은 트래픽이 없어도 상위 노출할 수 있다. 실제로 이 부분에 대해서는 다음 화면처럼 나에게 직접 컨설팅을 받은 회원이 증명해준 후기도 있다.

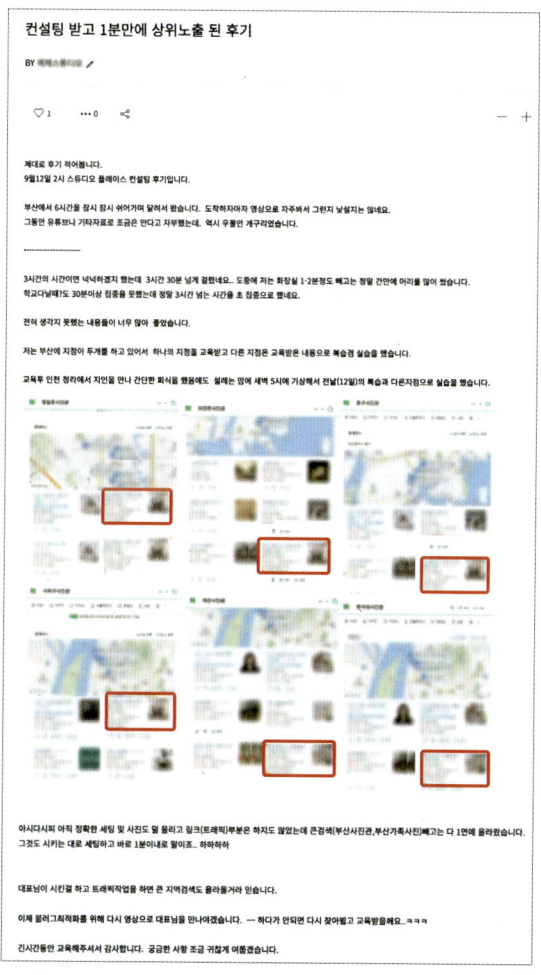

▲ 컨설팅 후 순위 상승 후기[16]

---

16 자료 출처 : 마케팅웨이 홈페이지(https://marketing-way.co.kr/bbs_detail.php?bbs_num=60&id=&b_category=&tb=rv_board_b01)

이 후기에는 "트래픽 부분은 아직 하지도 않았다."고 작성되어 있다. 이 회원은 나에게 컨설팅받은 대로만 스마트플레이스를 수정했을 뿐인데, 본인이 직접 세팅한 2호점 스마트플레이스가 바로 상위 노출되었다. 그것도 1분 만에! 물론 이 책에서도 스마트플레이스 컨설팅을 받았다는 느낌이 들도록 스마트플레이스 세팅과 관련된 고급 정보를 소개할 예정이다. 이대로만 따라 한다면 이전 순위보다 몇 배는 상승한 내 스마트플레이스를 볼 수 있을 뿐만 아니라 상위 노출까지 노릴 수도 있다.

여기서 알 수 있듯이 여러분이 지금 스마트플레이스를 상위 노출하기 위해 신경 써야 하는 것은 트래픽이 아니다. 소비자들의 반응과 관련된 것뿐만 아니라 리뷰나 알림 받기 등의 작업보다 먼저 네이버 봇이 우리를 인식하게 만들어 주어야 한다. 네이버 봇에게 '우리 업체는 이런 곳이야!'라고 각인시키는 것을 최우선적으로 해야 한다.

지금 스마트플레이스를 상위 노출하겠다고 트래픽에만 매달리는 사람들은 어떤 행동을 하는 사람들과 같을까? 이들은 블로그를 운영하기로 마음먹고 이 블로그를 최적화하고 더 나아가 씨랭크까지 하고 싶은데, 글은 쓰지도 않고 일일 방문자 늘리기, 이웃 작업하기, 댓글 달기 등의 행동만 하고 있는 사람들과 같다. 이렇게 하면 최적화, 씨랭크 블로그는커녕 준최적화 블로그도 되기 힘들다.

스마트플레이스도 마찬가지다. 사실 이전에는 영수증 리뷰가 많고 저장하기가 많은 업체를 네이버가 우선 노출해주기도 했지만, 지금은 절대 아니다. 이제 이렇게 하는 것은 이전 로직이므로 우리도 지식을 업데이트할 필요가 있다.

사실 아직도 영수증 리뷰와 저장하기가 많은 곳이 중요하다고 하는 사람들이 있다. 이렇게 강조하는 사람들의 말대로라면 상위에 노출된 업체들은 리뷰 순서대로 노출되어야 한다. 과연 리뷰 순서대로 상위에 스마트플레이스가 노출될까? 다음 화면을 보면 리뷰 순서대로 상위 노출되어 있지 않다는 것을 알 수 있다.

　리뷰 811개, 732개 있는 업체가 리뷰 999개 이상 있는 업체들보다 더 상위에 노출되어 있다. 심지어 키워드가 '해운대' 같은 대형 키워드인데도 말이다. 결국 리뷰 수가 중요한 게 아니라 네이버 봇이 내 업체가 있다는 것을 인식하게 해야 한다. 그렇다면 이때 무엇이 중요할까? 바로 '키워드'이다. 우리는 키워드를 통해서 우리 업체가 어떤 곳인지 네이버 봇에게 알려야 한다. 그리고 네이버 봇이 우리 업체와 관련된 정보를 쉽게 수집할 수 있게 해야 한다. 이때 핵심은 '쉽게' 정보를 수집하는 것이다.

　네이버에 있는 모든 채널은 결국 텍스트로 해당 채널들을 판단한다. 우리가 흔히 사용하는 블로그와 카페뿐만 아니라 지식인 모두 말이다. 물론 우리가 지금 세팅하려는 스마트플레이스도 마찬가지다. 네이버가 가장 먼저 해당 채널의 정체성을 판단하려면 텍스트 정보, 즉 글자로 된 정보가 있어야 한다. 그리고 이 텍스트 중에서 가장 중요한 것이 바로 키워드이다. 이 키워드를 어디에 넣는지, 얼마나 적재적소에 알맞게 넣는지에 따라 네이버는 해당 채널의 정체성을 판단하는데, 이것이 바로 블로그와 카페에서는 씨랭크 알고리즘이고 스마트플레이스에서는 SEO 최적화이다.

네이버에서 가장 중요한 세 가지 키워드

그렇다면 네이버에서 중요한 키워드는 무엇일까? 다음 세 가지 키워드만 기억하면 된다.

- ❶ 핵심 키워드
- ❷ 서브 키워드
- ❸ 속성 키워드(텍스트 마이닝 데이터)

스마트플레이스에는 '핵심 키워드', '서브 키워드', '속성 키워드' 세 가지 키워드를 적재적소에 꼭 삽입해야 한다. 그래야 네이버가 내 스마트플레이스에 대한 정보를 쉽게 수집해서 검색 결과를 유리하게 노출할 수 있다.

1. 핵심 키워드

핵심 키워드는 말 그대로 검색 사용자들이 내 스마트플레이스에 들어오기 위해서 직접적으로 검색하는 키워드로, '메인 키워드'라고도 한다. 좀 더 쉽게 설명하면 여러분이 노출하고 싶어 하는 대부분의 키워드를 핵심 키워드라고 생각하면 된다. '맛집'이나 '병원', '네일숍', '카페', '셀프 사진관'과 같은 키워드가 핵심 키워드이다. 그렇다면 이런 키워드들을 띄우고 싶은 이유가 무엇일까? 이 키워드들이 노출만 되면 대박 난다고 생각하기 때문인데, 실제로 매출이 미친 듯이 올라가는 것도 볼 수 있다. 그만큼 핵심 키워드는 중요하다.

2. 서브 키워드

서브 키워드는 핵심 키워드 외에 간접적으로 내 업장을 찾을 수 있는 키워드로, '간접 키워드'라고도 한다. 예를 들어, 미용실을 운영할 경우 사람들은 '홍대 미용실'과 같은 키워드 외에 '여자머리', '남자머리', '솜브레', '레이어드컷', '허쉬컷' 등의 다양한 서브 키워드를 검색한다. 만약 고깃집이라면 '홍대 고깃집'을 검색할 수도 있지만 '삼겹살', '회식', '회식장소', '점심', '가족식사', '돼지고기'와 같이 여러 서브 키워드로 검색하기도 한다. 이렇게 메인 키워드 외에 내 업체를 알릴 수 있는 다른 키워드를 '서브 키워드'라고 한다.

3. 속성 키워드(텍스트 마이닝 데이터)

속성 키워드는 핵심 키워드와 서브 키워드 외에 소비자들이 먼저 연관 지어 생각하는 키워드로, '텍스트 마이닝 키워드', '텍스트 마이닝 데이터'라고도 한다. 예를 들어, 가평에 펜션을 알아보고 있는 소비자가 있다고 가정해보자. 이 사람들은 대부분 '가평 펜션', '가평 애견펜션', '가평 풀빌라', '가평 펜션 추천' 등 여러 가지 핵심 키워드나 서브 키워드로 검색한다. 그런데 사람들이 검색하지는 않아도 궁금해하는 것이 있다. '어? 여기 수영장 되나?', '어? 여기 노키즈 존인가?', '추가 비용은 어떤 걸 내야 하지?' 등을 생각하기도 한다. 그래서 '수영장', '노키즈 존', '추가 비용' 등과 같은 키워드로 검색하기도 하는데, 이런 것들이 바로 텍스트 마이닝 데이터인 '속성 키워드'이다. 내 스마트플레이스를 세팅할 때는 이 텍스트 마이닝 데이터를 꼭 넣어야 한다. 그래야 네이버가 '오? 노키즈 존? 너는 소비자가 궁금해할 만한 정보를 미리 너의 스마트플레이스에 넣어놨네?'라면서 내 스마트플레이스에 플러스(+) 점수를 주게 되는 것이다.

그렇다면 이 텍스트 마이닝 데이터를 네이버는 어떤 기준으로 볼까? 생각해보면 매우 간단하다. 네이버는 사람들이 남긴 기록이나 댓글, 블로그 포스팅 등으로 문서와 텍스트를 분석해서 소비자들이 공통적으로 말하는 정보를 텍스트 마이닝 데이터로 보고 있다. 그러므로 내 스마트플레이스를 상위 노출하려면 이것을 내 네이버 스마트플레이스의 적합한 영역에 삽입해야 한다.

사실 이 텍스트 마이닝 데이터는 내가 나의 유튜브에서 제일 처음 말하면서 중요하다고 강조했다. 그런데 이렇게 말하자마자 다른 강사들이 "형태소 분석 텍스트 마이닝 데이터이다.", "문서 분석 텍스트 마이닝 데이터이다."라고 하면서 잘못된 소리를 하고 있다. 그리고 이것을 아무것도 모르는 사람들에게 돈을 받고 팔기까지 한다. 다시 이야기하지만 이런 것들은 대부분 잘못된 데이터다.

얼마 전에 나에게 스마트플레이스 컨설팅을 받으러 온 회원도 '형태소 분석 텍스트 마이닝 데이터'를 구입했는데, 전혀 효과가 없다면서 하소연했다. 내가 스마트플레이스 컨설팅을 하며 텍스트 마이닝 데이터를 제대로 뽑아주었더니 바로 이전에 구입했던 형태소 분석 텍스트 마이닝과 차이를 느꼈다고 했다. 그 회원은 내가 뽑은 데이터를 바탕으로 세팅하자 바로 스마트플레이스 상위에 노출되었다. 그렇다면 내가 뽑은 텍스트 마이닝 데이터와 회원이 다른 강사에게 구매한 텍스트 마이닝 데이터의 차이점은 무엇일까?

바로 '네이버가 숨긴 데이터를 추출할 수 있는지', '키워드에 따라 어떤 채널에서 추출하는지'가 핵심이다. 그리고 어떤 키워드를 중점으로 추출하는지, 얼마나 많은 표본을 분석하는지도 중요하다. 그런데 회원이 구매했던 형태소 분석 텍스트 마이닝은 이것을 다 무시한 채 그냥 글자만 추출했으므로 효과가 없는 것이다.

키워드 삽입하는 위치 제대로 알기

앞에서 핵심 키워드와 서브 키워드, 속성 키워드에 대한 개념을 모두 정리했다. 그런데 이들 키워드를 추출해서 어디에 삽입해야 할까? 우선 간단하게 스마트플레이스에서 우리가 데이터를 넣을 수 있는 곳, 그것도 텍스트 정보를 넣을 수 있는 공간에 핵심 키워드와 서브 키워드, 속성 키워드를 정리해서 잘 넣어야 한다. 텍스트 정보를 넣는 다양한 영역에 어떻게 키워드를 넣는지 이어서 확인해보겠다.

1. '대표 키워드' 영역

스마트플레이스를 세팅할 때 대표 키워드를 넣는 항목이 따로 있다. '대표 키워드' 영역은 '메타태그' 영역, 즉 네이버 봇이 내 스마트플레이스에 진입해서 가장 먼저 정보를 긁어가는 영역이므로 스마트플레이스에서 가장 중요하다. 그러므로 이 영역에는 핵심 키워드, 서브 키워드를 넣어주어야 한다. 그냥 넣는 것이 아니라 중요도에 따라 순서대로 나열해서 삽입해야 한다.

2. '찾아오는 길' 영역

스마트플레이스는 SEO 최적화가 중요한데, 적절한 영역에 적절한 정보가 삽입되었는지가 SEO 최적화의 핵심이다. 다시 말해서 소비자들이 혼동하지 않는 정보로 잘 정리해서 키워드를 삽입해야 한다는 의미다. '찾아오는 길' 영역에 이것과 관련된 내용을 적을 때 핵심 정보가 무엇인지부터 먼저 생각해보자. 찾아오는 길에서 가장 중요한 것은 말 그대로 위치와 지역이 핵심이므로 '찾아오는 길' 영역에는 핵심 키워드, 서브 키워드, 속성 키워드가 모두 들어가야 한다. 그중에서도 위치, 지역과 관련된 키워드 위주로 삽입해야 한다.

그렇다고 위치, 지역과 관련된 키워드만 넣어야 하는 것도 아니다. 찾아오는 길에 대한 내용을 적을 때는 나와 관련된 업종과 관련된 키워드, 다른 매장이나 다른 부동산과 관련된 키워드를 삽입해야 상위 노출에 유리하다. 예를 들어, 내 업장 근처에 큰 도서관이나 공원, 유명한 프랜차이즈 매장 등이 있으면 이것들의 이름을 넣어주면 된다.

3. '상세 설명' 영역

스마트플레이스를 세팅할 때 '상세 설명' 영역에는 어떤 키워드를 넣어야 할까? 이때는 서브 키워드와 속성 키워드(텍스트 마이닝 데이터)를 넣어야 한다. 속성 키워드에 따라서 노출 순위가 달라지므로 속성 키워드가 얼마나 들어가는지가 중요하다.

'상세 설명' 영역이 중요한 이유는 또 있다. 바로 이 영역을 어떻게 작성하느냐에 따라 사용자들의 체류 시간뿐만 아니라 노출 대비 매출로 전화되는 전환율이 달라지므로 정말 심혈을 기울여서 잘 작성해야 한다. 그런데 '상세 설명' 영역을 작성할 때 글자 수 제한이 있으므로 위치나 지역 키워드를 남발하지 않아야 한다. 이미 우리는 '찾아오는 길' 영역에서 지역과 위치 키워드를 사용했으므로 '상세 설명' 영역에 지역과 위치 키워드를 더 넣는다고 더 효과적인 것은 아니다.

4. '메뉴' 영역

지금은 대표적으로 음식점을 기준으로 '메뉴' 영역이라고 표현했지만, 이것은 업종에 따라 '시술 정보', '수술 정보', '가격 정보' 등으로 다르게 표현할 수 있다. '메뉴' 영역의 핵심은 명칭이 아니라 바로 가격을 입력하는 것이다.

'메뉴' 영역에는 핵심 키워드와 서브 키워드를 넣어야 하고 키워드와 함께 소비자들이 내 업체를 선택할 수밖에 없는 단어까지 작성하면 더 좋다. 예를 들어, '국내산 쌀'이라고 작성하는 것보다 '(어떤 품종의) 최고급 쌀'이라고 작성하는 것이 더 좋다. 이렇게 소비자들에게 나를 선택하라고 적극적으로 어필해야 한다. '메뉴' 영역에 핵심 키워드와 함께 소비자들이 나를 선택할 수밖에 없도록, 내 매출에 도움이 될 수밖에 없는 후킹 포인트까지 넣어야 한다. 그러면 내 스마트플레이스를 상위 노출할 수 있을 뿐만 아니라 매출 상승에도 큰 도움이 된다.

머니코치의 돈이 되는 스마트플레이스 운영 NOTE

내가 쓴 키워드를 수집하는 네이버 봇을 항상 생각하자

스마트플레이스는 네이버 봇에게 우리 업체가 있다는 것을 알리는 것이 핵심이므로 이것을 소비자들의 반응보다 더 먼저 생각해야 한다. 네이버 봇은 정보를 키워드로 수집하므로 스마트플레이스를 세팅할 때 다양한 키워드들을 적재적소에 잘 활용해야 내 업체에 대한 정체성을 알리고 상위 노출까지 노릴 수 있다.

무료로 퍼주는 머니코치의 유튜브 영상 강의

이걸 왜 몰라? 스마트플레이스에 등록할 때 이 '키워드'를 넣으면 최적화/상위 노출이 달라진다!

지금까지 설명한 내용은 유튜브 〈머니코치 최준호〉 채널에서 동영상 강의로 제공하고 있으므로 QR 코드나 URL 링크로 접속해 온라인 마케팅 전문가 머니코치의 생생한 동영상 강의를 살펴보자.

https://youtu.be/sl7exxu7mxA?si=01Bglh3zsWJHlWJe

SECTION 03

내 스마트플레이스는 왜 상위 노출 순위가 안 오를까?

상위 노출 순위를 올리려면 '트래픽'까지 신경 쓰자

지금까지 스마트플레이스의 순위를 상승시키는 방법을 설명했다. 순위가 상승하면 소비자들의 눈에 더 띄게 되니 매출 상승도 덤으로 따라오므로 잘 익혀두자. 그런데 이런 고급 정보를 가지고 내 스마트플레이스를 세팅해도 순위가 안 오를 때는 어떻게 해야 할까? 이런 경우 이유는 딱 한 가지다. 바로 스마트플레이스를 세팅할 때 아주 중요한 한 가지 로직을 빠뜨렸기 때문이다.

앞서 스마트플레이스 상위 노출에 대해 설명할 때 텍스트 마이닝이 중요하다고 이야기했는데, 텍스트 마이닝을 적용해도 순위가 안 올랐다면 그만큼 내가 노출하려는 시장의 경쟁이 치열하다는 것이다. 그래서 텍스트 마이닝으로만 스마트플레이스 순위 상승을 노릴 것이 아니라 텍스트 마이닝과 함께 트래픽까지 신경 써야 한다. 아울러 트래픽을 충족하려면 꼭 해야 하는 행동이 있는데, 이 행동을 할 때는 반드시 세 가지 사항을 주의해야 한다. 이 내용을 아예 모를 수도 있고 알았어도 제대로 적용하지 못하는 경우가 많을 것이다. 심지어 스마트플레이스 순위 상승과 관련된 업체에 대행을 맡겨도 이 내용을 모르는 경우가 많다. 그래서 대행사에 맡기면 오히려 내 스마트플레이스 순위가 하락하는 경우도 많이 생긴다.

그렇다면 트래픽이라는 것은 도대체 어떤 것을 의미할까? 이것을 내 스마트플레이스에 제대로 적용하고 순위가 올라가게 하려면 트래픽에 대한 개념부터 제대로 알아야 한다. 트래픽의 사전적인 의미는 다음과 같다.

전산망을 통해 소통되는 정보의 총량

그런데 네이버에서 사용하는 트래픽의 의미는 조금 다르다. 만약 블로그에서 트래픽을 발생시킬 경우에는 다음과 같은 의미다.

조회 수, 공감, 스크랩 등을 늘리는 것

그렇다면 스마트플레이스에서 의미하는 트래픽은 무엇일까? 흔히 스마트플레이스에서는 '트래픽을 발생시킨다', '트래픽을 쏜다'와 같이 말하는데, 이 말은 다음과 같은 의미다.

내 스마트플레이스에 진입하는 사람들, 클릭하는 사람들이 많아지는 것

==한 마디로 내 스마트플레이스 순위를 상승시키려면 내 스마트플레이스에 진입하는 사람들을 많이 늘려야 한다는 것이다.== 이 개념을 쉽게 이해하려면 네이버의 또 다른 대표 채널인 블로그와 비교해서 보는 게 좋다. 블로그의 지수를 상승시키려면 내 블로그에 소비자들이 방문하는 게 우선이 아니라 '나의 행동'에 신경 써야 한다. 블로그 지수가 상승하는 것은 글을 작성하는 것, 이웃 작업하는 것 등 대부분 '내 행동'에 달렸다. 블로그는 대부분 이런 '나의 행위' 때문에 지수가 상승하는 것이다.

그런데 스마트플레이스는 조금 다르다. 스마트플레이스에서는 블로그와 다르게 '나의 행동'보다 '소비자들의 반응'을 중요하게 여겨서 이것을 주로 더 본다. 그래서 스마트플레이스의 순위 상승을 원한다면 텍스트 마이닝을 바탕으로 세팅한 후 소비자들이 내 스마트플레이스에 최대한 많이 방문하게 해야만 내 스마트플레이스 지수가 상승해서 상위 노출할 수 있다.

블로그와 스마트플레이스의 차이점이 눈에 띄는가? 블로그는 소비자들이 내 블로그에 방문하지 않아도 내가 꾸준히 글을 작성하고 이웃들과 소통하면서 지수를 상승시킬 수 있다. 그런데 스마트플레이스는 그렇지 않다. 내 스마트플레이스를 상위에 노출하려면 우선 소비자들이 내 스마트플레이스에 방문해야 하는데, 이 말은 무엇을 의미할까?

스마트플레이스는 텍스트 마이닝대로 세팅한 후 내가 스스로 지수 상승을 위해 할 수 있는 방법이 거의 없다는 것이다. 소비자들이 내 스마트플레이스에 방문하지 않는다면 스마트콜이나 내비게이션 복사, 리뷰, 체류 시간 등이 애초에 발생할 수조차 없다. 이런 행위는 모두 소비자들이 하기 때문이다. 다시 말해서 소비자들이 내 스마트플레이스에 방문해야만 비로소 내 스마트플레이스 지수를 상승시킬 만한 행위를 할 수 있다.

이런 이유로 현재 내 스마트플레이스 순위가 낮고 경쟁이 꽤 치열한 지역이라면 텍스트 마이닝과 트래픽 모두 별개로 신경 써야 한다. 네이버는 이 둘을 한꺼번에 보는 것이 아니라 각각 따로 보고 분석한다. 그러므로 텍스트 마이닝으로만 순위가 오르지 않는다면 경쟁력이 있는 시장이니 트래픽도 함께 신경 써주는 것이 좋다.

트래픽을 끌어모으자

자, 우리의 고민은 무엇일까? 트래픽을 발생시키고 싶어도 스마트플레이스 순위가 저 끝에 있으므로 트래픽 발생이 힘들다는 것이다. 내 스마트플레이스가 소비자들이 찾아보지도 않는 30위 이하로 떨어져 있다면 어떨까? 순위가 낮다는 것은 그만큼 소비자들이 당장 클릭할 확률이 낮다는 것이다. 이 말은 소비자들이 내 스마트플레이스에 방문할 확률이 낮다는 것이고 이것은 트래픽이 낮다는 것을 의미한다. 이런 이유로 내 스마트플레이스는 계속 하위권에 머물 수밖에 없다는 의미로도 해석된다. 순위권에 없으니까 결코 상승하지 못하는 악순환에 빠지게 되는 것이다.

이런 이유로 스마트플레이스의 경우에는 한 번 순위권을 차지한 업체들이 계속 순위권에 머물러 있고 블로그와는 다르게 순위가 많이 변동되지 않는 채널이기도 하다. 아무래도 상위 노출되어 있으면 소비자들이 계속 클릭하면서 전화와 리뷰, 그리고 내비게이션 찾기 등의 활동을 하므로 당연히 지수가 좋아져서 순위가 하락할 확률도 거의 없다. 이럴 때 우리는 어떻게 해야 할까? 아무래도 스마트플레이스 순위를 올리려면 텍스트 마이닝과 별개로 트래픽도 신경 써야 하니 이 부분에 대해 많이 고민해야 한다. 트래픽을 발생시키고 싶어도 순위가 아래쪽에 있으면 어떻게 해결할 수 있을까? 평생 하위권에만 머물러 있어야 할까? 결론부터 말하자면 '아니다'.

스마트플레이스의 순위가 상승하려면 트래픽을 끌어모아야 한다. 이때 순위가 낮다면 다른 곳에서 트래픽을 가지고 와야 한다. 이 말은 무슨 의미일까? 내 스마트플레이스가 상위 노출될 때까지 소비자들의 트래픽을 마냥 기다리는 것이 아니라 내가 직접 나서서 트래픽을 끌어모아야 한다는 것이다. 내 가게가 상권 변두리에 있으면 소비자들이 알아서 올 때까지 기다리는 것이 아니라 거리에 나가 전단지로 내 가게를 알리는 것처럼 온라인에서도 나를 직접 알려야 하는 것이다.

그렇다면 어떻게 현명하게 트래픽을 끌어모아야 할까? 어뷰징에 안 걸리려면 어떻게 해야 할까? 결론을 이야기하자면 '소비자들의 방문'을 늘리면서 233쪽부터 설명하는 세 가지 주의 사항을 지켜야 한다. 소비자들의 방문을 늘리는 것이 핵심이 아니라 세 가지 주의 사항에 맞게 소비자들의 방문을 늘리는 것이 핵심이라는 이야기다. 다음 SECTION에서는 트래픽을 늘리는 방법과 함께 세 가지 주의 사항에 대해 설명하겠다.

머니코치의 돈이 되는 스마트플레이스 운영 NOTE

무작정 트래픽을 늘리는 어뷰징 행위는 절대 안 된다

다른 곳에서 트래픽을 끌어모으는 행위는 대부분 대행사에서 진행하는 어뷰징 행위라고 할 수 있다. 즉 불법적으로 트래픽을 발생시키는 것이다. 불법적인 방법을 구체적으로 이야기해보면 수십, 수백 개의 네이버 아이디를 가지고 돌려가면서 스마트플레이스를 클릭하거나 로그인하지 않은 채 쿠키값을 삭제하면서 스마트플레이스를 클릭하는 것이다. 그런데 대부분 이런 어뷰징 작업을 한 스마트플레이스는 나락으로 가버린다. 왜 그럴까? 이것은 다음 SECTION에서 이야기하는 세 가지 주의 사항을 지키지 않은 채 여러 대행사에서 불법적인 트래픽을 끌어모았기 때문이다. 또한 네이버 로직이 변동된 것은 생각도 안 하고 이전처럼 단순히 트래픽만 늘렸기 때문이다.

SECTION 04

내 스마트플레이스에 트래픽을 발생시키는 방법

내 스마트플레이스에 트래픽을 발생시키는 방법을 세 가지 주의 사항을 중심으로 알아보겠다.

1. 내 스마트플레이스에 관심 있는 사람만 데려와라

사실 이것이 가장 중요하다. 정상적인 트래픽을 발생시키려면 반드시 내 스마트플레이스에 관심 있는 사람이나 내 플레이스에 관심이 있을 만한 사람만 데려와야 한다. 하지만 대행사들은 이것을 무시하고 마구잡이식으로 소비자들을 모으므로 어뷰징 작업했던 스마트플레이스가 대부분 나락으로 가버리는 것이다. 내 스마트플레이스에 관심이 있는 사람과 없는 사람은 행동이 다르다. 관심이 있으면 내 스마트플레이스에서 '복합 행동'을 하지만, 관심이 없는 사람들은 이러한 행동을 하지 못한다.

'복합 행동'이라는 단어는 이 책에서 처음 사용하므로 이 단어의 의미에 대해 설명하겠다. 여러분이 '강남 맛집'을 검색해 스마트플레이스에 들어갔다면 어떤 행동을 하겠는가? 영수증 리뷰나 블로그 리뷰를 보거나, 가게에 들어가서 사진을 보거나, 이 업체에 대해 좀 더 자세히 알아보기 위해 네이버에 해당 업체명을 검색할 것이다. 또는 영수증 리뷰와 사진을 같이 살펴보거나 블로그 리뷰와 사진을 함께 보기도 할 것이다. 이런 행동은 단순히 일반화된 행동이 아니라 복합적인 행동으로, 이렇게 복합적인 행동을 하면서 해당 스마트플레이스가 어떤지 확인하는 것이다.

어뷰징 업체들은 이러한 복합 행동을 하지 못한다. 대부분 단순히 스마트플레이스 조회 수만 늘리거나, 내 플레이스에 방문한 후에 한두 가지 행동만 하고 나가버리기 때문이다. 프로그램을 사용해서 내 플레이스에 방문한 후 체류 시간 50초를 지키면서 보게 하는 것, 이 정도까지만 가능하다. 그런데 무엇이 문제일까? 하루에 내 스마트플레이스에 50명이 방문했다고 가정해보자. 방문한 모든 사람이 똑같이 50초 동안만 있으면서 사진을 보는 행동만 한다면? 사진만 보고 다른 행동을 하지 않은 채 바로 내 스마트플레이스를 이탈해 버린다면? 아무것도 모르는 사람이 봐도 행동이 너무나 수상할 것이다. 그렇다면 네이버는 어떻게 생각할까? 네이버는 순수하게 내 스마트플레이스에 관심이 있어 들어온 사람들이 하는 행동과 어뷰징 업체들이 하는 행동의 차이를 보고 순수 트래픽과 어뷰징을 구별할 수 있다.

==우리는 당연히 순수 트래픽을 모아야 한다. 그래야 일관되지 않은 진짜 소비자들의 복합적인 행동, 즉 트래픽을 자연스럽게 발생시킬 수 있다.== 지금 설명한 복합 행동은 내 스마트플레이스 순위가 높을수록 자연적으로 발생한다. 이런 이유로 순위권에 있는 스마트플레이스들은 순위가 크게 변동되지 않는 것이다.

스마트플레이스 순위가 하위권에 있으면 어떻게 순수 트래픽을 발생시킬 수 있을까? 간단하게 생각해보자. 내 스마트플레이스에 관심이 있을 만한 사람들만 다른 채널에서 데려오면 자연스럽게 순수 트래픽을 늘릴 수 있다. 여기서 '다른 채널'이라는 것은 우리가 흔히 생각하는 구글이나 유튜브, 페이스북, 인스타그램 등이 포함된다. 하루 동안 내 스마트플레이스에 두 명이 들어왔다고 해도 이 두 명이 내 스마트플레이스에서 하는 복합 행동이 완벽히 일치할 수 없다. 스마트플레이스 서치 활동을 살펴보면 오랜 세월을 함께한 부부조차 복합 행동이 단 하나도 일치하지 않는다. 여기서 내 스마트플레이스에 관심이 있을 만한 소비자, 또는 관심이 있는 소비자, 즉 실질적 소비자들을 다른 채널에서 데리고 온다면 절대 이 소비자들의 행동이 겹칠 수 없다는 것이 핵심이다. 다시 말해서 복합적 행동이 일치하지 않으므로 순수 트래픽으로 내 스마트플레이스의 순위가 상승할 수 있다.

그렇다면 여기서 한 가지 고민이 또 생긴다. 순수 트래픽을 만들어야 하는 건 알겠는데, 이런 순수 트래픽을 다른 채널에서 어떻게 가지고 와야 할까? 트래픽 작업은 무료일수록 좋지만 업종에 따라 유료 트래픽이 맞을 수도 있다. 그래서 나는 스마트플레이스 컨설팅을 진행할 때 그 업체에 맞는 무료 트래픽 작업을 함께 이야기하고 있다. 물론 이 책에서도 무료로 다른 채널에서 트래픽을 끌어오는 방법에 대해 소개할 예정이다. 이 내용은 240쪽부터 알아보도록 하고 지금은 유료로 트래픽을 끌어오는 한 가지 방법만 먼저 확인해보자.

==유료로 트래픽을 끌어오는 대표적인 방법은 인스타그램 광고이다. 비용이 들지만 그래도 실질적인 소비자들을 직접 모을 수 있는 방법 중 하나이다.== 우리가 인스타그램 광고를 본다고 생각해보자. 수많은 광고가 떠도 이들 광고를 모두 클릭하지는 않을 것이다. 내가 마침 필요했거나 궁금했던 것, 또는 최소한 내가 해당 광고에 관심이 생겨야만 클릭하면서 광고에 연동된 페이지까지 접속하게 되는 것이다.

이렇게 인스타그램 광고는 내 광고에 관심이 있는 사람들만 내가 설정해놓은 연동 페이지로 들어오므로 순수 트래픽을 발생시키기에 딱 좋은 방법인 것이다. 예를 들어, 홍대에서 네일숍을 운영한다고 생각해보자. 이때 인스타그램 광고 배너에 그냥 '○○ 네일숍, 기간 한정 50% 할인'이라고 대놓고 작성했다. 그런데 이 광고가 자동차 튜닝 업체 대표에게 노출되었다면 이 사람은 광고를 클릭할까? 안 한다. 그런데 이 광고가 마침 뷰티에 관심 있어서 네일을 알아보고 있는 여성들이 봤다면 스마트플레이스에 진입해 나에게 연락하거나 예약하는 등의 행동을 할 수 있다. 실제로 나에게 연락이나 예약 등을 하지 않아도 네일에 관심이 있던 순수 트래픽 소비자이므로 내 스마트플레이스 안에서 복합 행동을 할 확률이 높다. 이렇게 실질적인 소비자가 내 스마트플레이스 안에서 복합 행동을 한다면 내 스마트플레이스 지수가 상승할 것이다.

그러므로 트래픽을 모을 때는 아무 트래픽이나 마구잡이로 끌어오는 것이 아니라 최소한 내 업체에 관심이 있는 소비자들(트래픽)을 데리고 와야 한다는 것을 꼭 기억하자. 왜냐하면 이들은 내 스마트플레이스에 진입해 복합적인 행동을 해야 하기 때문이다. 내 스마트플레이스에 관심 없는 소비자가 들어오는 것 자체를 경계해야 한다.

이런 모든 조건을 충족하는 것이 바로 인스타그램 광고이다. 어차피 내 광고에 관심이 없는 사람들이라면 광고를 클릭하지 않을 것이고 클릭했다는 것 자체가 최소한 내 광고에 관심이 있다는 것을 반증하기 때문이다. 관심이 있어서 내 광고를 클릭한 것이므로 이들이 내 스마트플레이스에 진입했을 때 복합적인 행동을 할 확률이 높고 더 나아가 매출이 오를 수도 있는 것이다.

유료로 순수 트래픽을 끌어오는 대표적인 방법을 소개했다. 무료로 순수 트래픽을 발생시킬 수 있는 방법도 매우 많으므로 이것에 대해서는 240쪽에서 설명할 것이다. 스스로 내 업체에 맞는 방법을 찾는 것이 중요하지만, 찾아가기가 어려울 수 있다. 그러므로 우선 내 업체에 맞는 무료 순수 트래픽을 발생시키는 방법부터 차근차근 진행해보자. 대부분 유료로 넘어가지 않고 무료 채널 트래픽만으로도 충분하다.

2. 네이버가 신뢰하는 채널에서 데려와라

여러분이 한 가지 알아두어야 할 게 있다. 똑같이 순수 트래픽을 발생시켜도 네이버가 신뢰하는 채널에서 데려오는 것이 훨씬 유리하다는 것이다. 나의 경우에는 스마트플레이스 컨설팅을 진행하고 있으므로 한 달에 수십 개의 스마트플레이스를 분석한다. 그런데 이렇게 분석하다 보면 빨리 상위에 노출되거나 잘되는 업체들의 공통점을 찾을 수 있다. 물론 이러한 공통점은 다양하지만, 이 중 하나가 바로 네이버가 신뢰할 수 있는 채널에서 유입되는 비율이 상당히 높다는 것이다.

예를 들어, A 업체는 본인 업체의 홈페이지에서 스마트플레이스로 유입할 수 있게 세팅해 놓았다. 이때 진행되는 마케팅 프로세스는 '광고 송출 → 네이버 스마트플레이스'가 아니라 '광고 송출 → 홈페이지 → 네이버 스마트플레이스', 이렇게 되는 것이다. 이때 정말 어마어마하게 많은 100% 순수 트래픽이 발생한다. 물론 이 상황으로만 본다면 상위 노출이 안 될 수가 없다. 그런데 문제는 이렇게 돈을 쏟아부어도 스마트플레이스에 상위 노출이 절대 안 된다는 것이다.

내 스마트플레이스에 같은 트래픽의 수가 유입되어도 네이버가 신뢰하는 사이트에서 스마트플레이스로 직접 유입되게 하는 것이 유리하다. 홈페이지나 백링크 등도 다 필요 없다. 꼭 기억하자. 네이버 스마트플레이스 트래픽이 발생할 때는 무조건 네이버가 신뢰하는 사이트에서 직접 유입되도록 해야 한다.

머니코치의 돈이 되는 스마트플레이스 운영 NOTE

스마트플레이스 유입 경로 수정 실제 사례

실제로 1년 정도 잘못된 방식에 돈을 쏟아붓고 나서야 뭔가 이상하다는 것을 깨닫고 나에게 스마트플레이스 컨설팅을 받은 회원의 사례가 있다. 채널 유입 상황을 분석해보니 상위 노출이 잘되는 업체들과 다른 유입 경로가 있어서 이것을 전부 수정했다. 어떤 식으로 수정했을까?

원래 이 회원의 유입 경로는 '유튜브 → 홈페이지 → 스마트플레이스'의 순이었지만, 컨설팅 이후에는 '유튜브 → 스마트플레이스 → 홈페이지'와 같은 방식으로 네이버가 신뢰할 수 있는 채널에서 스마트플레이스로 직접 유입될 수 있게 수정했다. 이렇게 하자 회원의 스마트플레이스는 광고비를 똑같이 지출하고 컨설팅 이전과 조회 수가 거의 비슷했는데도 불구하고 정확히 2주 반 만에 1위를 탈환했다.

3. 약한 키워드부터 노려라

스마트플레이스의 순위 상승을 위해서 트래픽을 발생시키려면 약한 키워드를 찾는 소비자들부터 방문시키고 그 약한 키워드부터 스마트플레이스를 노출하는 것이 유리하다. 예를 들어, 내가 용인에서 삼겹살집을 운영한다고 가정해보자. 이때 처음부터 '용인 맛집'에 관심이 있는 사람들을 노리는 것이 아니라 '용인 삼겹살'에 관심이 있는 사람들부터 노려야 한다. 그다음에는 '용인 고깃집'에 관심이 있는 사람을 노려야 하고 맨 마지막으로는 '용인 맛집'에 관심이 있는 사람으로 점차 파이를 넓혀 나가면서 더 넓은 범위의 키워드가 노출될 수 있도록 해야 한다.

| 용인 삼겹살집 운영 시 키워드 노출 방법 | ▶ | 용인 삼겹살 | < | 용인 고깃집 | < | 용인 맛집 |

이전 네이버 지도, 플레이스는 처음부터 '맛집'과 같은 큰 카테고리의 키워드 작업을 하면 나머지 작은 범위의 키워드들도 모두 노출되었다. 한 마디로 '맛집'이라는 키워드를 노출하면 '삼겹살', '고깃집'과 같은 키워드들도 모두 자동으로 노출되었지만, 지금은 작은 범위의 키워

드부터 점차 큰 범위의 키워드로 넓혀 나가야 약한 키워드부터 메인 키워드까지 모두 노출할 수 있다. 물론 아직도 일부 업종 중에는 큰 카테고리의 키워드로 작업하면 작은 범위의 키워드가 자동으로 노출되는 경우도 있지만, 매우 드물다. 그러므로 대부분 불가능하다고 생각하는 게 마음 편하다.

네이버는 파이가 작은 키워드에서 신뢰받은 업체를 파이가 큰 키워드에 노출될 수 있게 해준다. 즉 작은 범위부터 천천히 '용인 삼겹살'을 노출했을 때 해당 키워드를 소비자들이 많이 클릭하고 복합적인 활동도 많이 한다고 생각되면 네이버는 '용인 고깃집' 키워드도 노출시켜준다는 것이다. 이 키워드에서도 소비자들의 클릭이나 복합적인 활동이 많다면 '용인 맛집'까지 이어진다고 생각하면 된다.

지금 스마트플레이스 상위 노출을 생각한다면 약한 키워드부터 노려야 한다는 것을 꼭 기억하자. 지금 '맛집' 등과 같은 큰 키워드로 1페이지에 노출되고 있는 업체들은 '맛집'과 같은 메인 키워드를 띄워서 다른 세부적인 키워드들이 노출되는 것이 아니다. 오히려 그 반대다. 약한 키워드들부터 차근차근 노출해서 지금 큰 범위의 키워드까지 노출되는 것이다. 그리고 한 번 잡은 순위가 바뀌지 않게 굳건하게 지키고 있는 것이다.

주의 사항은 꼭 신경 쓰자

내 플레이스가 상위 노출되려면 텍스트 마이닝 데이터 외에 트래픽에도 꼭 신경을 써야 한다. 앞서 계속 강조한 것처럼 스마트플레이스의 선결 조건이 바로 클릭이기 때문이다. 트래픽이 있어야만, 내 스마트플레이스에 진입하는 사람들이 있어야만 전화하거나 체류하는 등의 복합적인 활동이 일어날 수 있고 이러한 활동이 내 스마트플레이스가 상위 노출될 수 있게 도움을 준다. 그렇지 않다면 네이버가 내 스마트플레이스를 좋게 봐줄 리가 없다. 그러므로 텍스트 마이닝 데이터를 바탕으로 내 스마트플레이스를 세팅한 후 내 스마트플레이스에 트래픽이 발생하도록 해야 한다. 이때 트래픽은 내 스마트플레이스에 관심이 있거나 관심이 있을 만한 사람들이 발생시키는 순수 트래픽이어야 한다. 한 가지 더, 트래픽을 발생시킬 때는 지금까지 설명했던 다음 세 가지 주의 사항을 잘 지켜야 한다.

❶ 내 스마트플레이스에 관심 있는 사람만 데려와라.

❷ 네이버가 신뢰하는 채널에서 데려와라.

❸ 약한 키워드부터 노려라.

이렇게 해서 소비자들을 내 스마트플레이스로 데려온다면 소비자들의 복합적인 활동이 자동으로 일어나면서 내 플레이스의 순위가 상승할 수밖에 없다. 왜냐하면 정상적으로 내 스마트플레이스에 관심이 있거나 관심이 있을 만한 소비자들을 모집한다면 이 사람들의 복합적 행동이 겹칠 확률은 0%에 가깝기 때문이다. 따라서 어려울 수 있지만, 내 스마트플레이스에 관심이 있거나 관심이 있을 만한 소비자들을(트래픽) 내 스마트플레이스로 데리고 오는 것이 가장 중요하다. 그러므로 이 점을 잘 생각해서 내 업종에 맞는 트래픽 발생 방법을 잘 생각해보기를 바란다.

무료로 퍼주는 머니코치의 유튜브 영상 강의

스마트플레이스의 상위 노출이 너무 힘들다? 단 한 가지 비법,
스마트플레이스 상위 업체 로직까지 공개!

지금까지 설명한 내용은 유튜브 〈머니코치 최준호〉 채널에서 동영상 강의로 제공하고 있으므로 QR 코드나 URL 링크로 접속해 온라인 마케팅 전문가 머니코치의 생생한 동영상 강의를 살펴보자.

https://youtu.be/2h8Z7FXhYAl?si=ccmfTCEhai52oAfh

SECTION 05

내 스마트플레이스로
사람들을 끌어오는 방법

　내 업체를 잘 어필해서 스마트플레이스를 세팅했다면 이젠 무엇을 해야 할까? 사람들이 내 스마트플레이스에 방문하게 해야 한다. 만약 경쟁이 거의 없는 지역이라면 별다른 노력을 하지 않아도 상위 노출할 수 있지만, 사실 이런 경우는 정말 축복받은 것이다. 처음에는 아무래도 이전에 있던 곳들에 비해 순위가 낮을 수밖에 없고 순위가 낮으니 소비자들에게 노출되는 기회도 줄어들어 그만큼 선택받을 확률도 적어진다. 그래서 내 가게에 대해 알릴 수 있는 방법을 생각해봐야 한다.

　내가 가게를 운영하고 내 가게에 사람들이 많이 와주기를 바란다면 적극적으로 홍보해야 한다. 그런데 이런 이유 말고도 다른 사람들에게 꼭 내 스마트플레이스를 알려야만 하는 이유가 있다. 힌트는 '네이버'이다. 내 스마트플레이스가 상위에 잘 노출되려면 다양한 곳에서 많이 언급되어야 한다. 그래서 다양한 플랫폼에 내 스마트플레이스를 소개하고 타깃 고객이 내 매장으로 방문할 수 있게 해야 한다. 이미 우리는 내 스마트플레이스가 상위에 잘 노출될 수 있도록 여러 가지로 신경 써서 스마트플레이스를 세팅했다. 그러면 이것을 본 내 타깃 고객들은 어떤 행동을 할까?

　아무래도 내 스마트플레이스에 대한 호기심이 생길 테니 당연히 클릭하게 될 것이다. 소비자들이 '클릭'을 할 수밖에 없는 요소가 모두 들어가 있으니 전환될 확률도 높다. '전환된다'는 것은 내 가게에 오는 사람들이 생긴다는 것이고 이것은 곧 매출로 연결된다는 의미다. 스마트플레이스가 상위에 노출되려면 많은 곳에서 내 장소에 대해 언급해야 하고 이로 인한 트래픽이 발생해야 한다. 이와 관련해서는 몇 가지 방법을 소개할 것이니 잘 익혀두자. 이 외에도 여러 가지 방법을 생각해낼 수 있으니 각자 업종에 맞게 고민해보기 바란다.

다른 회사 플랫폼에 내 스마트플레이스 뿌리기

네이버는 플랫폼 회사이고 네이버 외에 다른 플랫폼 회사들도 많다. 모든 플랫폼 회사는 자신의 플랫폼 안에 사람들이 오래 머물기를 바란다. 또한 다른 플랫폼에서 내 플랫폼으로 넘어오는 것도 좋아한다. 물론 네이버도 마찬가지다. 내 스마트플레이스로 사람들을 끌어오고 이와 관련해 더욱 좋은 결과를 원한다면 다른 회사 플랫폼에 있는 사람들을 내 스마트플레이스로 데려오면 된다. 그리고 다른 회사 플랫폼을 적극적으로 이용해 내 스마트플레이스를 홍보하면 된다.

우리가 일상에서 흔히 사용하는 '카카오톡'을 활용해서 내 스마트플레이스를 홍보할 수 있다. 물론 단순하게 생각해서 내 가게를 그냥 내 휴대폰에 저장되어 있는 친구들에게 보내고 한번 방문해 달라고 할 수도 있다. 그런데 이들은 내가 진정으로 원하는 타깃 고객이 아니어서 내가 스마트플레이스 링크를 보내도 클릭조차 하지 않을 수 있다. 클릭해도 내가 정성스럽게 작성한 설명을 읽지 않을 가능성이 높고 그대로 이탈할 가능성도 높다.

네이버에서 좋은 점수를 받고 싶고 내 스마트플레이스에 도움이 되게 하려면 이 방법은 좋지 않다. 그렇다면 카카오톡을 어떤 방식으로 활용해야 할까? 우선 내 '타깃 고객'을 찾는 데 집중해야 한다. 내 타깃이 되는 고객들은 내가 제공하는 서비스에 대한 니즈가 있는 사람이므로 내 스마트플레이스 정보를 더욱 꼼꼼하게 살펴볼 확률이 높을 뿐만 아니라 마음에 들면 바로 방문까지 할 수 있다. 따라서 이런 사람들을 찾고 이들에게 다가갈 수 있는 방법을 생각해야 한다.

이제 좀 더 구체적으로 힌트를 주겠다. 카카오톡의 '오픈 채팅'을 활용하면 내 서비스에 니즈가 있는 타깃 고객들을 좀 더 쉽게 만날 수 있다. 어떻게 이것이 가능할까? 카카오톡에 있는 오픈 채팅은 사람들이 익명으로 소통하는 공간인데, 오픈 채팅에 있는 사람들의 공통점이 무엇일까? 자신들이 관심 있는 주제에 대해 익명으로 소통한다는 것이다. '차'면 '차', '육아'면 '육아', '운동'이면 '운동' 말이다. 카카오톡 오픈 채팅은 애초에 하나의 공통된 주제를 가지고 소통하기 위해 만들어졌으므로 관련된 오픈 채팅만 잘 찾는다면 내 타깃 고객들에게 더욱 가깝고 빠르게 다가갈 수 있다.

내가 애견 펜션을 운영하고 있다고 생각해보자. 타깃 고객은 강아지를 키우는 사람들이 될 것이다. 내 스마트플레이스를 홍보하려면 이런 사람들이 모여 있는 카카오톡 오픈 채팅을 먼저 찾으면 된다. 이 채팅방에 들어가서 관련된 주제가 나오면 자연스럽게 내 스마트플레이스 링크를 보내면서 홍보하는 방법이 있다. 이때 물론 너무 홍보하는 티가 나면 강퇴당할 수 있으므로 조심해야 한다. 그러므로 눈치껏 오픈 채팅을 잘 활용하자. 물론 내 펜션이 좋고 스마트플레이스를 정성스럽게 세팅했다면 타깃 고객들이 알아서 클릭하고, 살펴보고, 방문할 것이다.

스마트플레이스 상위 노출에 도움이 되는 다른 회사 플랫폼을 이용하는 방법에 대해 알아보았다. 앞에서 이야기한 것 외에도 각자 업종과 타깃에 맞게 활용할 수 있는 방법은 많으니 고민해보기를 바란다. 이렇게 많은 사람에게 내 가게를 노출하고 그들이 클릭하고 전환할 수 있게 끌어낸다면 네이버에서는 자연스럽게 내 스마트플레이스에 좋은 점수를 더 줄 수밖에 없다. 이때 단순히 사용자들이 클릭만 하는 것이 아니라 체류 시간까지 함께 늘어나야 한다는 것이 포인트이다. 그래야 스마트플레이스 상위 노출에 도움이 된다.

네이버 블로그 활용하기

내 스마트플레이스를 상위 노출하고 관련된 고객들을 모으기 위해 다른 회사 플랫폼을 이용하는 방법이 있지만, 기본적으로는 네이버에서 내가 운영하는 다른 채널을 이용하는 것이 좋다. 특히 스마트플레이스와 시너지 효과를 내는 블로그를 이용하는 것이 좋다. 물론 내 블로그라고 해서 내 스마트플레이스를 매번 홍보해도 되는 것은 아니다. 이것도 홍보에 포함되기 때문이다. 많은 사람이 블로그를 운영할 때 다른 회사 링크만 자주 안 달면 괜찮다고 생각하지만, 그것은 아니다.

스마트플레이스는 네이버 안에 있는 채널이지만 우리가 이것을 활용하는 최종 목적은 무엇일까? 고객으로부터 문의, 전화, 예약 등을 받고 내 가게로 오게 하려는 것, 한 마디로 내 매출 상승을 위한 것이다. 그러므로 <mark>스마트플레이스도 다른 회사의 외부 링크처럼 내 블로그에 자주 넣으면 좋지 않다.</mark>

머니코치의 돈이 되는 스마트플레이스 운영 NOTE

블로그에 외부 링크를 달 때는 꼭 조심하자

이전에 쿠팡 파트너스 활동을 하던 사람들이 눈속임을 했던 경우가 있다. 블로그에 쿠팡 링크를 미리 넣어 글을 발행하고 다른 글을 작성하면서 쿠팡 링크가 포함된 블로그 글을 링크했던 것이다. 이렇게 하면 쿠팡 링크가 홍보성 링크로 인식되지 않을 것이라고 생각하면서 말이다. 그런데 과연 결과는 어땠을까? 네이버 저품질 블로그 대란 때 모두 저품질 블로그가 되어 안드로메다로 갔다. 블로그 안에 블로그 글을 링크하는 것은 문제가 되지 않지만, 최종 목적지가 외부 링크인 게 문제가 된다. 최종 링크가 블로그가 아니라 '쿠팡'이라는 외부 사이트 링크였으므로 네이버에서는 홍보성 글과 홍보성 링크로 간주하고 저품질을 준 것이다. 이것이 너무 자주 나오면 자신들에게 손해가 되니 말이다(112~113쪽에서 이 내용을 언급하면서 홍보성 비율을 적절하게 잘 조정하라고 이야기했다).

스마트플레이스를 내 블로그에 넣는 이유는 내 매출만을 위해서이므로 이것도 네이버가 좋아하는 행동이 아니다. 그러므로 <mark>네이버 블로그를 이용하여 내 스마트플레이스 링크를 넣을 때는 마구 넣지 말고 홍보성 글을 발행하는 날만 넣도록 하자.</mark> 이미 내 블로그를 어느 정도 키운 상황이고 이에 따라 내 타깃 고객들이 모인 경우라면 더욱 좋다. 왜냐하면 블로그를 키웠다면 내가 작성하는 키워드들이 어느 정도 상위 노출될 것이므로 신규 고객이 유입되고 기존 고객들까지 모두 내 가게를 방문할 잠재 고객으로 만들 수 있기 때문이다.

지금 설명한 내용 외에 곰곰이 생각해보면 트래픽을 가지고 오면서도 내 스마트플레이스를 홍보할 수 있는 방법은 많다. 그런데 너무 욕심내서는 안 되고 각 검색량마다 적절한 트래픽이 있으므로 이를 잘 생각해야 한다. 한순간의 욕심으로 어뷰징을 생각하는 경우도 있는데, 어떤 경우에도 어뷰징은 절대로 안 된다. 욕심이 과하면 정성스럽게 세팅한 내 스마트플레이스를 안드로메다로 날려버릴 수 있다는 것을 꼭 기억하자.

CHAPTER 04

야심 차게 세팅한 네이버 스마트플레이스를 성공시키려면?

SECTION 01

고객이 내 가게에 올 수 있게 강력한 셀링 포인트를 만들자

고객에게 확신을 주는 셀링 포인트를 작성하자

어떤 가게를 운영하든지 경쟁사는 있다. 특히 경쟁사가 유난히 많은 곳이 있다. 무한 경쟁 시대에서 살아남으려면 고객들이 우리 가게를 선택할 수밖에 없게 만들어야 한다. 한 마디로 다른 업장들과 차별점이 있어야 한다. 바로 내 업장만의 셀링 포인트 말이다. 셀링 포인트가 강해야 고객들을 다른 가게에 뺏기지 않는다. 특히 스마트플레이스에서는 소비자들이 내 가게와 경쟁사를 한 페이지에 놓고 살펴보면서 더 마음에 들고 더 셀링 포인트가 강력한 곳을 고른다. 그러므로 무조건 고객의 눈에 띄는 셀링 포인트를 제시해야 한다.

스마트플레이스에는 내 가게를 등록할 때 내 가게에 대한 상세 설명을 적는 곳이 있는데, 온라인에서 살아남으려면 이 영역에 공을 들여야 한다. 즉 '상세 설명' 영역에 소비자들을 내 가게로 끌어들일 수 있는 셀링 포인트를 적고 어필해야 한다. 소비자들이 내 가게에 꼭 올 수밖에 없는 이유를 잘 적어야 한다. 왜냐하면 내 스마트플레이스를 살펴본 사람들이 내가 작성한 셀링 포인트를 보고 이 가게에 가야겠다는 '확신'이 생기기 때문이다. 셀링 포인트를 적는다는 것은 고객들에게 확신을 심어주는 아주 중요한 역할을 하는 것이다. 간혹 스마트플레이스를 세팅할 때 셀링 포인트라고 하면서 너무 뻔한 말을 늘어놓는 경우가 있는데, 뻔한 말은 절대 셀링 포인트가 아니다.

예를 들어, 고깃집을 운영할 경우 스마트플레이스를 세팅할 때 대부분 '우리 가게는 고기 등급이 좋다', '밑반찬이 맛있다' 등의 이야기를 써놓는다. 그런데 사람들이 이 말에 반응할까? 이 내용을 보고 우리 가게에 방문하고 싶은 마음이 들까? 절대 아니다. 고깃집에서 등급 좋은 고기를 쓰는 건 당연하고 밑반찬도 당연히 맛있어야 하므로 고객 입장에서는 모두 뻔한 말이다. 셀링 포인트는 당연한 말을 쓰는 게 아니다.

셀링 포인트 작성 요령

그렇다면 고객들이 내 가게에 방문할 수밖에 없도록 하는 셀링 포인트는 어떻게 작성해야 할까? 어떻게 스마트플레이스의 '상세 설명' 영역에 내 가게를 제대로 어필할 수 있을까? 간단하다. 정말로 내 가게만 가지고 있는 장점이 무엇인지 생각해보고 적어야 한다. 다른 가게들이 모두 가지고 있는 게 아니라 '내 가게만' 가지고 있는 장점을 적자. 이것을 잘 생각해서 너무 많지도, 적지도 않게 스마트플레이스에 작성해야 한다. 스마트플레이스에 셀링 포인트를 작성할 때는 더도 말고 덜도 말고 세 개 정도가 적당하다.

대표자 입장에서 내 가게만의 장점이라고 생각하는 게 당연히 있을 것이다. 그런데 고객들은 생각이 다를 수 있다. 내가 생각하기에는 내 가게만 가지고 있는 장점이어서 적었는데, 고객들은 제대로 읽지도 않고 이탈하는 경우가 많다. 고객들 입장에서는 어느 가게나 다 가지고 있는 너무나도 뻔한 장점이기 때문이다. 그러므로 내 가게에 대한 셀링 포인트를 작성할 때는 고객들의 의견을 적극 반영하는 것이 좋다. 물론 같이 일하는 동료들이 있다면 그들이 생각하는 것은 또 다를 수 있으므로 서로 고심해서 상의한 후에 작성해야 한다.

당연히 이 작업은 시간이 오래 걸린다. 내 가게를 확실하게 어필하는 것이고 고객들에게 '확신'을 심어주는 작업이기 때문이다. 고객들에게 확신이 생기게 하려면 시간을 투자하는 것이 당연하다. 실제로 내가 스마트플레이스 컨설팅을 할 때도 이 부분에 가장 많은 시간을 쏟고 있다. 그러므로 아낌없이 시간을 투자해서 우리 가게만의 셀링 포인트를 딱 세 개만 생각해보자. 이것만 잘 적어도 전환율을 크게 높일 수 있다. 이것이 스마트플레이스를 세팅할 때 중요한 부분이라는 것을 절대 잊지 말자!

그런데 우리 가게만 가지고 있는 특장점을 아무리 생각해도 잘 모를 수 있다. 일단 뭐라도 적어야 하니 대충 적는 것은 절대 하지 말자. 사용자들에게 이탈할 기회를 주는 것이다. 그렇다면 어떻게 해야 할까? 이럴 때는 단점을 장점으로 바꿔서 작성하는 방법을 생각해보자. 잘 생각해보면 단점도 내 가게만의 장점으로 변신시킬 수 있다.

셀링 포인트 작성 실제 사례

꽃집을 운영하는 회원이 나에게 컨설팅을 받았다. 꽃집은 대부분 1층에 있지만, 이 회원은 예산이 부족해서 건물의 5층에 꽃집을 차렸다. 아무래도 5층은 1층보다 소비자들의 눈에 띄지 않으므로 그만큼 경쟁력이 약했다. 하지만 나는 이 부분을 강력한 한 방, 회원만의 셀링 포인트로 만들었다. 5층에 위치한 꽃집의 타깃팅을 2030 남성들로 설정하고 스마트플레이스를 세팅했다. 5층 꽃집의 콘셉트이자 셀링 포인트는 '그 누구에게도 방해받지 않는 5층 꽃집'이었다.

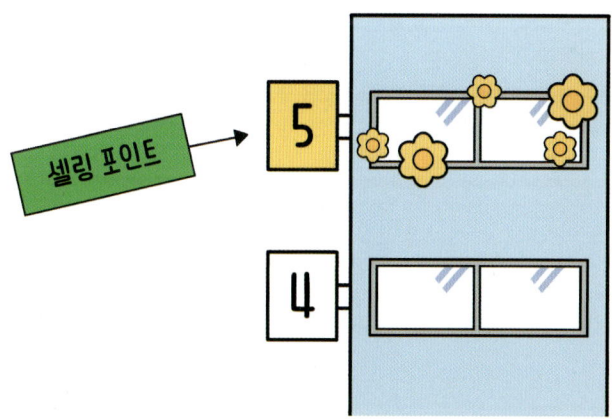

왜 이렇게 했을까? 남자들은 길거리를 걸어가다가 꽃집에 들어가면 주변에 신경을 많이 쓰는 성향이 있다. 나는 이런 특성을 잘 알고 있었기에 여기에 초점을 맞추어 콘셉트를 잡고 타깃을 설정한 후 스마트플레이스 컨설팅까지 해준 것이다.

머니코치의 돈이 되는 스마트플레이스 운영 NOTE

실제 컨설팅 후기로 보는 셀링 포인트의 중요성

나에게 답을 얻어간 꽃집 회원은 컨설팅 당일 장문의 후기를 보냈다. 지금은 컨설팅 후 시간이 많이 지났으므로 이 카톡을 보냈을 때보다 훨씬 더 순위가 상승되었을 것이다.

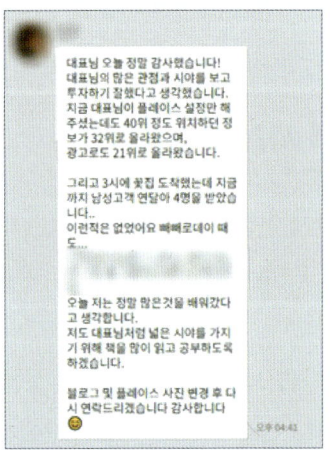

▲ 실제 스마트플레이스 컨설팅 회원의 카톡 후기

내 가게만의 장점을 찾아내고 어필하는 것은 매우 중요하다. 단점을 장점으로 바꿔서 나만의 셀링 포인트로 만들 때도 신중하게 고민해야 한다. 셀링 포인트는 전환율과 관련 있으므로 셀링 포인트를 작성할 때는 내 가게의 타깃, 내 지역 등을 잘 생각한 후 고객들에게 한방을 줄 수 있게 작성하는 것이 중요하다. 셀링 포인트만 잘 작성해도 경쟁사에게 고객을 뺏기지 않을 수 있다. 그리고 또 한 가지! 텍스트 마이닝 데이터를 활용한다면 스마트플레이스 상위 노출까지 노릴 수 있다는 점도 꼭 기억하자.

SECTION 02

절대 주의!
스마트플레이스 순위를
하락시키는 일곱 가지 요인

스마트플레이스를 한 번이라도 세팅해봤다면 이와 관련된 여러 소문을 그대로 믿고 내 스마트플레이스에 적용하곤 한다. 또한 그만큼 수정도 자주 하는데 뭔가 이상하다. 스마트플레이스 순위 상승에 도움이 된다고 해서 따라 했는데, 수정하기 전보다 순위가 더 안 좋은 것이다. 심한 경우에는 아예 찾을 수 없는 곳까지 순위가 하락하는 경우도 있다. 순위가 하락하면 소비자들 눈에 띄지 않으니 그만큼 경쟁력이 약해지기 마련이다.

스마트플레이스 순위 상승과 관련된 소문이 많다면 어떤 게 내 스마트플레이스에 득이 되고 독이 되는지 잘 알아야 한다. 그래야만 내 스마트플레이스에 해가 되지 않게 순위 상승을 할 수 있다. 이번에는 과연 어떤 행동이 내 스마트플레이스에 좋지 않은 영향을 미쳐서 순위가 하락하는지 설명할 것이다. 총 일곱 가지이므로 이 내용만 잘 기억하고 피한다면 내 스마트플레이스의 순위가 쭉쭉 하락하는 일은 없을 것이다. 다만 '네이버 로직에 변화가 있으면' 예외 사항이 있을 수 있음을 기억하자.

블로그를 운영하든 스마트플레이스를 운영하든 네이버와 관련된 마케팅을 한 번이라도 해봤으면 네이버는 로직을 꽤 자주 변경한다는 사실을 알 것이다. 이 경우 내가 운영하던 블로그와 스마트플레이스 순위가 하락할 수도 있는데, 사실 이 경우에는 방법이 없다. 네이버 로직이 바뀌어 순위가 하락하는 것은 어쩔 수 없는 일이므로 이 내용을 빼고 일곱 가지 순위 하락 이유에 대해 살펴보겠다. 일곱 가지 하락 요인에 모두 해당되었을 때 조치를 취해야 하는 것이 아니라 일곱 가지 중 한 가지라도 포함된다면 무조건 바로 조치해야 한다. 만약 두 개 이상 하락 요인이 포함되었는데, 그동안 상위권을 유지했다면? 이것은 엄청난 행운이니 내가 잘한 거라고 생각하지 말고 순위가 하락하기 전에 빨리 바로잡아야 한다.

1. 스마트콜

스마트플레이스에 있는 다양한 버튼, 즉 '예약하기', '내비게이션 찍기', '영수증 리뷰', '스마트콜' 등을 활용하면 내 스마트플레이스 순위 상승에 도움이 된다. 그런데 이 중에서 유일하게 순위를 하락시키는 버튼이 바로 '스마트콜'이다. 물론 스마트콜을 잘 활용하면 내 스마트플레이스 순위가 상승할 수도 있지만, 잘못 사용하면 순위를 하락시킨다.

그 이유를 잘 이해하려면 네이버의 특징을 다시 확인해봐야 한다. 네이버는 플랫폼 회사여서 사용자들이 자신의 플랫폼 안에서 오래 머무르기를 원하므로 우선 이들이 찾는 정보, 그것도 소비자들이 원하는 정확한 정보가 있어야 한다. 이런 이유로 네이버는 사용자들에게 정확한 정보를 주어야 할 의무가 있다. 네이버가 정확한 정보를 주지 않는다면? 이것은 곧 네이버 자체의 신뢰도를 깎는 행위여서 소비자들이 이탈할 수도 있다. 그래서 네이버는 정확한 정보를 제공하는 업체를 신뢰할 수밖에 없다.

그런데 스마트플레이스에 상위 노출되어 있는 업체가 전화를 받지 않는다고 가정해보자. 이 경우에는 상위 노출되어 있는 업체도 욕을 먹지만, 네이버가 욕을 먹을 확률이 훨씬 높다. 대부분의 사람이 '아, 네이버 뭐야? 정확하지도 않은 정보를 올린 업체를 상위 노출했네.'라고 생각한다. 그렇지 않다고? 예를 들어보자. 내가 한 대형 마트에 가서 식품을 샀다고 가정해보겠다. 그런데 집에서 요리하려고 장본 물건을 꺼내보니 내용물이 다 썩었고 곰팡이가 피어있다면 여러분은 누구에 대한 불만을 쏟아내겠는가? 물론 해당 식품을 판 직원에게 항의할 수도 있지만, 대부분은 이런 상품을 판 대형 마트에 불만을 품는다. 왜 이런 걸 파느냐고 하면서 말이다. 그리고 사후 처리가 잘되지 않으면 이 부분에 대해 또 대형 마트 서비스가 별로라고 생각한다.

지금 이야기한 것이 바로 브랜드의 힘이다. 그리고 곧 브랜드의 책임이기도 하다. 네이버도 마찬가지다. 스마트플레이스에 상위 노출된 업체가 전화를 계속 제대로 받지 않는다면 사람들은 네이버를 욕한다. 이런 현상이 지속되면 네이버에게 절대 좋을 수 없고 네이버의 브랜드 평판만 나빠질 뿐이다. 그래서 네이버는 네이버의 다양한 시스템을 사용하는 업체들을 관리할 수밖에 없는데, 이 중에서도 가장 까다롭게 보는 것이 바로 '스마트콜'이다.

스마트플레이스에서 스마트콜을 사용하는 업체들은 이와 관련된 통계를 볼 수 있다. 다음 화면에서 '누적 통화 연결'과 '누적 통화 미연결' 데이터를 잘 살펴보자. 여기서 '누적 통화 연결' 대비 '누적 통화 미연결'이 많을 때는 그만큼 전화를 잘 안 받았다는 의미다. 이런 이유로 네이버에서는 해당 업체를 신뢰를 주지 않는 업체로 평가한다. 즉 단순히 오픈만 하고 장사하지 않는 업체라고 간주하는 것이다.

이렇게 되면 스마트플레이스 순위가 쭉쭉 하락하므로 신경 써야 한다. 사실 이것도 업종마다 평균 데이터값이 있다. '누적 통화 연결' 대비 '누적 통화 미연결'이 일정 비율 이상 되면 순위가 하락한다. 이 비율값은 업종마다 천차만별이어서 혼동만 줄 수 있으므로 딱 어느 정도의 비율은 넘으면 안 된다고 말할 수가 없다. 그러므로 너무 복잡하게 생각하지 말고 '누적 통화 미연결'을 최소화하는 게 좋다고 생각하고 웬만한 스마트콜은 다 받도록 하자.

2. 영수증 리뷰 작업

영수증 리뷰가 많으면 스마트플레이스 순위 상승에 도움이 된다는 이야기를 듣고 리뷰 작업을 많이 한다. 순위 상승의 목적뿐만 아니라 내 업체에 안 좋은 리뷰가 달리면 이것을 밀어내려고 영수증 리뷰 작업을 하기도 한다. 보통 이런 작업은 대행사를 이용하거나 사업장에서 직원들끼리 가짜 영수증을 발급해서 작업한다. 과연 이렇게 영수증 리뷰 작업을 그럴싸하게 하면 네이버는 모를까? 절대 아니다! 네이버는 정말 간단한 통계만으로도 영수증 리뷰 작업을 했는지 밝혀낼 수 있다.

나 같은 일반인도 통계를 보면 가짜 영수증을 발급해 리뷰 작업을 했는지를 단번에 파악할 수 있다. 그러면 네이버는? 네이버는 당연히 다 알고 있다. 심지어 네이버는 일반인들이 알고 있는 것보다 더 자세하게 영수증 리뷰 작업에 대해 밝혀낼 수 있다. 실제 고객들이 작성한 리뷰가 아니라 영수증 리뷰를 작업한 경우에는 이와 관련된 특정 패턴이 나타나므로 이러한 패턴을 통해 해당 업체가 영수증 리뷰 작업을 했는지의 여부를 알아낼 수 있다. 물론 관련된 특정 패턴은 다양하지만, 이 중 한 가지를 오픈해보겠다.

영수증 리뷰에서도 통계 현황이 나타난다. 이 중 가짜로 영수증 작업을 했는지를 알려면 주목해야 할 것들이 있는데, 그중 하나는 바로 '남녀 성비'다. 그렇다면 여기서 과연 무엇을 봐야 할까? 우선 어뷰징, 영수증 리뷰 작업을 한 그달의 데이터부터 먼저 살펴봐야 한다. 가짜 영수증 작업을 했다면 다음 화면처럼 대부분 남녀 성비에서 '남성(남자)' 비율이 갑자기 치솟는 것을 확인할 수 있다.

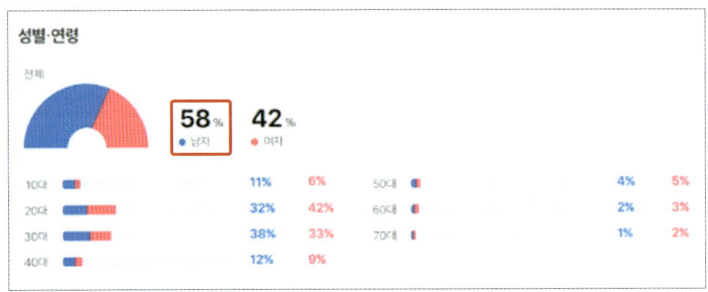

그러면 왜 영수증 리뷰 작업과 어뷰징을 하면 남자 비율이 갑자기 치솟게 될까? 영수증 리뷰 작업이나 어뷰징을 하기로 마음먹었다면 대부분 자신들이 직접 하는 것보다 관련 업체를

알아볼 것이다. 가장 빠르게 작업할 수 있기 때문이다. 그런데 이 업체들이 보유하고 있는 아이디가 대부분 남자 아이디이다. 그러므로 관련 업체를 통해 영수증 리뷰 작업이나 어뷰징을 하면 남성 아이디로 많이 작업하게 된다. 이러니 스마트플레이스 통계 남녀 성비에서 '남자' 비율만 눈에 띄게 치솟는 것이다.

네이버는 영수증 리뷰 작업 등을 포함해 어뷰징 행위 자체를 싫어한다. 그럼에도 불구하고 여러 가지 이유로 영수증 리뷰 작업 등을 하려면 무작정 하지 말고 내 업종에 맞는 스마트플레이스 평균치 성별을 정확히 파악한 후 여기에 맞게 리뷰를 쌓아야 한다. 물론 당연히 예외는 있다. 업종 특성상 남성이 압도적으로 많이 몰릴 수 있는 곳이 있다. 남성들이 많이 방문하는 바버숍이나 자동차 수리 등과 같은 업종은 남성 비율이 몰린다고 내 스마트플레이스 순위에 안 좋은 영향을 미칠까? 그것은 아니다. 이렇게 남성 소비자들이 많은 업종에서 영수증 리뷰 작업이나 어뷰징 등을 한다면 이때는 '남자' 비율이 문제가 되지 않는다. 대신 스마트플레이스 통계에서 다른 항목이 치솟아서 문제가 되어 순위가 하락할 수 있으므로 어뷰징 행위는 무조건 걸린다 생각하고 최대한 피하는 것이 좋다.

스마트플레이스 통계에서 순위 하락의 문제가 되는 것은 '남녀 성비'만이 아니다. 결과적으로 네이버는 과한 어뷰징 작업을 좋아하지 않고 다 알고 있으므로 언젠가 걸린다는 것을 꼭 기억하자.

3. 텍스트 정보 부족

네이버 봇이 정보를 긁어가려면 관련된 텍스트를 잘 넣어주는 것이 매우 중요하다. 그리고 스마트플레이스를 상위에 노출하려면 '네이버 예약하기'나 '리뷰', '내비게이션' 버튼 등 네이버의 시스템을 활용하는 게 도움이 된다. 그런데 사실 이것은 스마트플레이스 상위 노출에 약간의 영향만 미칠 뿐 이것보다 SEO 최적화를 하는 것이 더 중요하다.

앞서 SEO 최적화가 스마트플레이스 상위 노출의 70% 정도를 차지한다고 이야기했다. 그렇다면 당연히 SEO 최적화를 통해서 상위 노출할 수 있는 방법을 알아야 하는데, 이것이 바로 텍스트와 관련되어 있다. 네이버는 플랫폼 회사이기도 하지만 검색 회사이다. 그래서 우리는 어떤 정보가 궁금할 때 네이버에 들어가서 궁금한 것을 '검색'하면서 내 마음에 드는 질 좋은 콘텐츠를 찾고 이런 콘텐츠에서 정보를 얻는다. 따라서 네이버는 네이버에 발행되는 콘텐츠의 품질을 분석해야 검색 사용자들이 만족할 수 있는 검색 결과를 제공할 수 있다.

그렇다면 네이버는 무엇을 바탕으로 문서나 채널의 품질을 확인할까? 바로 '텍스트'이다. 네이버에서는 텍스트로 된 정보를 가장 먼저 참고하여 문서나 채널의 품질을 확인하므로 스마트플레이스에도 텍스트로 된 정보를 넣을 수 있는 영역이 많다. 즉 '대표 키워드' 영역을 포함해서 '상세 설명' 영역과 '찾아오는 길' 영역 등이 해당된다. 여기서 끝이 아니라 스마트플레이스에는 음식점이면 메뉴를, 미용실이나 네일숍 등은 시술 정보를 등록할 수 있는 영역이 따로 있다. 물론 이 영역도 텍스트로 된 정보를 넣게 되어 있다. 그냥 간단하게 사진만 넣으면 사업자도 편하고 소비자들도 알아서 확인할 텐데, 왜 이렇게 번거롭게 텍스트로 정보를 넣어야 할까? 네이버의 본질을 파악하면 네이버가 이렇게 행동하는 이유를 더 쉽게 알 수 있다.

앞서 말했듯 네이버는 검색 회사이므로 텍스트로 문서나 채널 등의 품질을 확인해야만 한다. 스마트플레이스도 이것이 좋은 스마트플레이스인지를 확인하려면 텍스트 정보가 필요하기 때문이다. 그래서 내 스마트플레이스를 세팅할 때는 해당 항목과 관련된 키워드를 넣어 세팅하는 것이 중요하다. '대표 키워드' 영역이나 '상세 설명' 영역이라면 내 업종과 관련된 텍스트를, '찾아오는 길' 영역이라면 '도보 5분 거리'와 같은 텍스트를 넣어야 한다.

이런 텍스트를 넣을 때 가장 중요한 것이 '텍스트 마이닝 데이터'라고 앞서 여러 번 강조했다. 다시 설명하자면 텍스트 마이닝 데이터는 메인 키워드와 관련된 '속성 키워드'라고도 하는데, 이들 속성 키워드를 내 스마트플레이스에 맞게 넣어야 검색하는 사용자들이 원하는 정보가 내 스마트플레이스에 있다고 네이버가 판단한다. 예를 들어, 낚시 장비가 궁금하다면 무엇을 검색할까? '낚싯대 종류', '릴 종류', '낚시 장비 예산', '미끼' 등과 같은 것들을 검색하는데, 이런 것들이 '속성 키워드'다. 여기서 뜬금없는 것을 적는 게 아니라 내 업종 메인 키워드와 관련된 것을 찾는 것이 핵심이다. 그리고 이것을 내 스마트플레이스에 삽입하는 것이 중요하다. 그래야만 네이버에서는 내 스마트플레이스를 소비자들이 찾는 콘텐츠가 맞다고 인식해서 상위 노출할 확률이 높다.

네이버에서는 텍스트 정보를 중요하게 생각하므로 정말 신중하게 작성해야 한다. 네이버가 내 스마트플레이스에 소비자들이 찾는 정보가 없다고 판단한다면 상위 노출하기가 쉽지 않다. 제대로 된 정보가 없다면 소비자들이 내 스마트플레이스를 봐도 금방 이탈하므로 순위가 하락할 수밖에 없다. 그러므로 내 스마트플레이스 순위를 상승시키려면 어떤 키워드를 넣어야 할지를 신중하게 고민해보자.

이때 가장 좋은 방법은 영구적으로 사용할 수 있는 텍스트 마이닝 데이터를 추출하는 것이다. 그런데 문제는 국내에서 이 데이터를 추출할 수 있는 사람은 나밖에 없으므로 여러 검색 사이트에 검색해도 이와 관련된 값을 얻을 수 없다는 것이다. 물론 필요한 경우에는 나에게 의뢰하면 되지만, 우선 여러분이 어떻게 스스로 텍스트 마이닝 데이터를 그럴듯하게 추출할 수 있는지 이야기해주고 싶다. 그러면 마케팅하는 데 필요한 비용을 아낄 수 있을 뿐만 아니라 스스로 했다는 성취감에 마음도 뿌듯할 것이다.

스마트플레이스에서 텍스트 마이닝 데이터를 추출하는 가장 좋은 방법은 블로그에서 설명한 방법을 참고하는 것이다. 스마트플레이스에 사용할 텍스트 마이닝 데이터를 추출하는데 '웬 블로그?'라고 생각할 수도 있다. 잘 생각해보자. 네이버 블로그는 이미 오랜 시간 동안 많은 사람에게 사랑받는 채널이어서 문서 발행량이 네이버 안에서 가장 많은 채널이다. 블로그에는 이미 씨랭크 로직이 적용되어 전문성을 강조하는 알고리즘까지 생겼다. 이렇게 이미 검증된 블로그이므로 이것을 활용하여 텍스트 마이닝 데이터를 추출하는 것이 가장 좋다. 블로그에서 추출한 텍스트 마이닝 데이터를 내 스마트플레이스에 넣는다면 블로그는 어느 정도 인정받은 채널이므로 네이버에서도 긍정적으로 인식한다.

블로그로 텍스트 마이닝 데이터 추출하기

그러면 블로그를 통해서 텍스트 마이닝 데이터를 어떻게 추출할 수 있을까? 지금 나에게 필요한 텍스트 마이닝 데이터를 빠르게 추출하고 싶으면 우선 네이버 블로그에 들어가서 내가 노출하고 싶은 키워드를 먼저 검색한다. 1위부터 10위까지 다양한 글이 검색되면 이것을 하나하나 파악하면서 공통적으로 나오는 키워드를 파악하면 된다. 좀 더 구체적으로 이야기하자면 1위부터 10위의 블로그 글에서 공통적으로 나오는 키워드를 파악해보자. 이렇게 하면 혼자서도 비교적 정확하게 텍스트 마이닝 데이터를 추출할 수 있다.

텍스트 마이닝은 앞서 여러 번 설명했던 정말 중요한 내용으로, 스마트블록과 관련이 있다. 스마트블록은 최적화 블로그뿐만 아니라 신규 블로그로도 노출할 수 있다. 그렇다고 스마트블록이 모든 신규 블로그에서 가능한 것은 아니고 텍스트 마이닝 데이터로 소비자들에게 필요한 내용을 잘 전달한 블로그이면 가능하다. 이 부분만 살펴봐도 네이버가 얼마나 텍스트를 중요하게 다루는지 잘 알 수 있다. 그러므로 내 스마트플레이스를 상위 노출하고 싶으면 우선 블로그를 이용하여 내 업종과 관련된 텍스트 마이닝 데이터를 추출하자.

4. 허위 트래픽

내 가게를 열고 장사하기 위해 스마트플레이스를 등록하면 한 가지 변화가 생긴다. 바로 매장에 전화가 엄청나게 온다는 것이다. '오~ 벌써 손님들이 내 스마트플레이스를 보고 전화하나?'라는 기대감이 들지만 애석하게도 아니다. 여러 업체에서 광고 영업을 위해 전화하는 것이다. 대부분 이렇게 말하면서 말이다.

> "저희가 스마트플레이스 순위를 상승시켜 드릴 수 있습니다.
> 사장님께만 알려드리는 저희 노하우를 살짝 알려드릴게요.
> 저희가 아이피를 바꿔가면서 매번 다른 아이디로
> 사장님 스마트플레이스에 방문하게 됩니다.
> 그러면 조회 수가 높아져서 상위 노출이 가능합니다!"

이 말에 절대 속으면 안 된다. 내 매장에 전화하는 업체들은 어뷰징을 하겠다고 대놓고 이야기하고 있는 것이다. 이것이 바로 네이버에서 정말 싫어하는 허위 트래픽이다. 이것은 순위 상승이 아니라 오히려 순위권에 멀쩡하게 잘 있던 스마트플레이스가 나락으로 가는 지름길이다. 이렇게 허위 트래픽 작업, 즉 어뷰징 작업을 하면 스마트플레이스에서 일반 사람도 알 수 있는 세 가지 특정 패턴이 나타나게 된다. 당연히 네이버는 더 정확하고 세밀하게 알 수 있으므로 절대 하면 안 된다. 당장 효과가 있는 것처럼 보이지만, 내 스마트플레이스가 나락으로 가도록 내가 직접 길을 뚫어주는 것이라고 생각하자. 스마트플레이스에 허위 트래픽 작업을 할 때 나타나는 세 가지 특징은 다음과 같다.

① 특정한 패턴 현상

허위 트래픽 작업을 하면 내 스마트플레이스에 몇 초에 한 번씩 방문하거나, 특정 검색어로만 검색해 방문하거나, 특정 링크로만 방문하는 등 특정한 패턴 현상이 나타난다. 그래서 이것이 네이버에 발각되는 순간 내 스마트플레이스 순위는 찾을 수 없는 곳으로 가버린다. 네이버는 바보가 아니다. 인위적으로 트래픽 작업을 하면 다 걸린다.

② 짧은 체류 시간

허위 트래픽 작업, 즉 어뷰징 작업을 하는 대행사들은 본인들이 직접 시간을 쓰지 않고 프로그램으로 작업한다. 게다가 이들은 짧은 생각으로 작업한다. 조회 수가 높아지면 당연히 해당 스마트플레이스의 순위가 상승할 것이라고 믿고 이것만 한다. 스마트플레이스의 상위 노출은 조회 수가 전부가 아닌데도 말이다. 다시 한번 이야기하지만, ==네이버는 체류 시간이 핵심인 플랫폼 회사이므로 내 스마트플레이스에 머무르는 체류 시간을 포함하여 체류하면서 하는 활동이 정말 중요하다.== 그러므로 조회 수만 백날 늘려봤자 상위 노출되지 않는다.

내 스마트플레이스에 관심 있는 사람이라면 일반적으로 사진을 보기도 하고 내가 적어놓은 다양한 정보를 훑어보거나 내 업장에 다녀온 사람들의 후기를 본다. 그런데 프로그램이 이 활동을 사람처럼 할 수 있을까? 절대 못 한다. 조회 수 찍기에만 급급하므로 짧게 체류하거나 아예 체류 시간이 없는 경우도 있다. 만약 체류한다고 해도 실제로 내 스마트플레이스에 관심 있어서 하는 활동이 아니므로 의미가 없다. 이것도 역시 네이버는 다 알아낼 수 있다. 이런 경우도 처음에는 순위가 상승한 것처럼 보이지만, 시간이 지나면 쥐도 새도 모르게 내 스마트플레이스가 사라진다.

어느 날 갑자기 평소 순위권에 있던 스마트플레이스 업체가 없어진 것을 본 적 있을 것이다. 폐업했다고 생각할 수 있지만, 폐업하지도 않았는데 순위권에서 사라졌거나 아예 찾을 수 없다면 대부분 허위 트래픽 작업을 해서 아예 찾을 수 없는 곳으로 순위가 내려갔다고 생각하면 된다. 네이버는 다 안다. 그러므로 네이버를 속이려고 하지 말자.

③ 이상해지는 유입 경로

내 스마트플레이스를 홍보하려고 페이스북이나 구글, 인스타그램 등에 광고하는 경우가 많다. 물론 네이버 안에 있는 지식인이나 블로그, 카페 등의 채널을 이용해서 내 스마트플레이스를 홍보하기도 한다. 이때 어디에서 효과가 제일 좋은지 보기 위해 통계를 살펴보면 어느 사이트에서 내 스마트플레이스로 흘러들어왔는지 정확히 확인할 수 있다. 이 말은 무엇일까? 허위 트래픽 작업을 할 때도 업체에서 사용한 링크는 흔적이 남는다는 것이다. 이때 잘못된 방법으로 소비자들을 유입시킨다면 말도 안 되는 검색량으로 브랜드명이 유입되기도 하고 외부 유입이 이상하리만큼 미친 듯이 치솟기도 한다.

한 마디로 사람이 직접 들어온 트래픽이라면 절대 나올 수 없는 수치가 나온다. 프로그램을 통해 허위 트래픽 작업을 하므로 당연하다. 이렇게 작업해서 나오는 값은 평균 트래픽과 다른 통계이므로 어뷰징 작업을 했는지의 여부를 바로 알 수 있다. 그러므로 상위 노출을 위한 트래픽이 필요하다면 허위 트래픽 작업을 하지 말고 앞서 이야기했던 방법을 활용하도록 한다. 즉 여러 사이트에 내 스마트플레이스를 홍보하고 적정 트래픽양이 '키워드 검색량÷10'이 되도록 해서 상위 노출을 시도해보자.

5. 잦은 수정

스마트플레이스도 자주 수정하면 순위 하락의 요인이 될 수 있으므로 좋지 않다. 블로그도 자주 수정하는 게 블로그 지수에 좋지 않은 영향을 끼친다. 겉으로 보기에는 블로그와 같은 원리로 스마트플레이스의 순위가 하락하는 것 같지만 아니다. 스마트플레이스에서 자주 수정하면 순위가 하락하는 이유는 블로그와 다르므로 그 이유를 블로그와 비교해서 설명해보겠다.

우선 블로그를 자주 수정하면 안 좋은 이유는 알고리즘 때문이다. 블로그 초창기 때는 사람들이 많이 검색할 만한 키워드로 글을 쓴 후 사람들이 많아지면 불법 사이트나 성인 사이트를 홍보하는 방식으로 블로그 글을 싹 수정하는 경우가 많았다. 그래서 네이버에서는 블로그 글을 수정할 때 블로그 지수에 영향을 주고 순위 하락으로 이어지는 알고리즘을 만들었다. 그런데 네이버는 새로운 알고리즘이 나오면 과거 알고리즘이 없어지는 게 아니라 '과거 알고리즘+

새로운 알고리즘'과 같은 방식으로 계속 누적되는 시스템이다. 이런 이유로 지금도 블로그 글을 수정하면 순위가 하락하는 경우가 종종 있다. 다만 지금은 이 수정 알고리즘이 조금 변형되었으므로 네이버 블로그 수정이 무조건 안 좋은 게 아니라 수정이 필요하면 해도 된다. 단순 오탈자 같은 것 말이다. 그런데 수정해도 주요 키워드만큼은 건드리지 않는 게 좋다는 것을 꼭 기억하자.

반면 스마트플레이스는 자주 수정한다고 알고리즘에 의해 순위가 하락하지는 않지만, SEO 최적화 기반으로 '네이버 봇 방문 주기' 때문에 자주 수정하면 안 된다. 우리가 스마트플레이스를 처음 등록한 후 내용을 변경해야 하는 경우를 생각해보자. 스마트플레이스에 무언가 변화를 주었을 때 네이버 본사에서 일하는 사람들이 바로 내 스마트플레이스를 검토하고 "와, 내용 좋다. 내가 상위 노출해줄게!" 하지는 않는다.

내 스마트플레이스의 정보를 가져가는 것은 '사람'이 아니라 AI(인공지능)인 '네이버 봇'이다. 우리가 스마트플레이스를 수정하면 네이버 봇이 바로 내 스마트플레이스에 방문하는 게 아니라 어느 정도의 기간이 지난 후에 방문해서 정보를 가져가는데, 이것이 바로 SEO의 특징이다. 스마트플레이스뿐만 아니라 SEO를 기반으로 한 채널들은 봇이 매일 방문하는 게 아니라 일정 기간 이후에 방문하여 정보를 수집해간 후 수정한 내용을 바탕으로 상위 노출을 결정한다. 그런데 이런 상황에서 내가 스마트플레이스를 자주 수정한다고 생각해보자. 네이버 봇이 일정 기간 후에 방문하는데, 이 기간을 참지 못하고 여러 정보를 생각나는 대로 수정하면 어떻게 될까? 이 경우에는 네이버 봇이 내 스마트플레이스에 다시 방문하는 주기가 더 길어진다. 주기가 길어진다는 것은 네이버 봇이 내 스마트플레이스에 방문하지 않는 기간 동안 정보를 수집하지 않는다는 것이니 순위가 하락할 수밖에 없다.

스마트플레이스 중에서도 관리자 페이지 중 '기본 정보' 영역은 특히 이 부분에 예민하다. 따라서 다른 영역도 자주 수정하면 좋지 않지만, '기본 정보' 영역은 더욱 조심해야 하고 수정해야 하면 일정 기간 이후에 수정하자. 이와 같이 잦은 수정은 블로그와 스마트플레이스에 모두 좋지 않다. 스마트플레이스에서는 특히 주요 키워드, 세부 키워드, 중요한 내용은 가급적 수정하지 말아야 한다. 그러므로 텍스트 마이닝 데이터를 바탕으로 처음부터 스마트플레이스를 제대로 세팅하는 게 가장 좋다.

6. 체류 시간 및 유입 부족

스마트플레이스도 네이버라는 플랫폼 회사 안에 있는 채널 중 하나이다. 그러므로 네이버는 사용자들이 스마트플레이스에 오랜 시간 동안 머무는 것을 좋아하고 스마트플레이스를 최대한 많은 곳에 노출해 다른 사용자들이 유입되는 것을 좋아한다. 그리고 이렇게 해야 상위 노출하는 데 유리하다. 간혹 이런 질문을 하는 사람들이 있다.

"어떤 스마트플레이스는 텍스트도 없고 사진도 몇 장 없는데
1위나 2위 순위권에 노출되어 있어요. 이유가 무엇인가요?"

이런 곳들은 대부분 다른 사이트에서 들어오는 유입률이 일반인이 상상할 수 없을 정도로 어마어마하게 많거나 사용자들의 체류 시간이 길기 때문이다. 이런 스마트플레이스의 주인들은 엄청난 유입률을 가져오기 위해 업체에 광고 대행비를 매월 몇천만 원씩 내기도 한다. 그러므로 이런 스마트플레이스는 아예 비현실적이라고 생각하고 비교하지 말자. ==내가 할 수 있는 범위 안에서 상위 노출할 수 있는 방법을 현실적으로 찾아보고 현재 내 상황에서 내 스마트플레이스의 유입률과 체류 시간을 늘릴 수 있는 방법이 무엇인지도 잘 생각해보자.== 플랫폼 회사에게 유입률과 체류 시간은 목숨처럼 중요한 것들이다. 체류 시간과 유입이 부족하지 않게 관리해야 하는 점을 꼭 기억하자.

7. 경쟁사의 공격

경쟁사는 네이버가 싫어하는 것을 이용해 교묘하게 공격할 수 있다. 네이버는 인위적으로 순위를 상승하게 하는 어뷰징 작업을 싫어하는데, 이것을 역이용하는 것이다. 경쟁사의 스마트플레이스가 순위 상승을 노리고 어뷰징 작업을 한 것처럼 꾸미는 것이다. 즉 ==어뷰징 작업을 상대방 스마트플레이스에 하는 것으로, 이것이 바로 '스마트플레이스 공격'==이다. 어뷰징 작업은 언젠가 네이버에게 걸려서 발각되는 즉시 순위가 저 멀리 보이지 않는 곳으로 밀려나는데, 이것을 경쟁사에서 노리는 것이다.

방법은 다양하다. 갑자기 남자 아이디로 눈에 띄게 작업을 하거나, 외부 유입이 특히 많아지게 작업을 하거나, 브랜드명으로만 검색해 스마트플레이스로 유입하는 등 다양한 방법을 이용해 경쟁사를 공격한다.

머니코치의 돈이 되는 스마트플레이스 운영 NOTE

경쟁사의 공격을 너무 걱정할 필요는 없다

실제로 이 공격에 당하고 있으니 나에게 도와달라고 요청한 컨설팅 회원도 있다. 미용실을 운영하는 이 회원은 이전 미용실 원장과 안 좋게 헤어지고 창업했는데, 전 미용실 원장이 창업 사실을 알고 나서 이 미용실의 스마트플레이스를 공격한 것이다. 스마트플레이스의 위력을 알고 네이버가 어뷰징 행위를 싫어한다는 것을 파악한 후 새로 창업한 미용실을 스마트플레이스 순위에서 내리려고 본인 돈을 써가면서 공격한 것이다.

이와 같이 상대방 스마트플레이스에 일부러 허위 트래픽 작업을 하는 경우가 있지만, 크게 걱정할 필요는 없다. 사실 이렇게 허위로 트래픽을 넣는 작업이 상당히 비싸서 아무나 할 수 없기 때문이다. 경쟁사의 공격으로 순위가 떨어질 수도 있음을 참고만 하면 된다.

이렇게 네이버 스마트플레이스 순위가 하락하는 일곱 가지 이유를 정리해봤다. 내 스마트플레이스 순위가 하락한다면 이 일곱 가지 이유에 해당되는 경우가 많으므로 원인을 찾은 후 앞에서 설명한 내용을 바탕으로 신중하게 다시 수정해야 한다. 그러면 내 스마트플레이스의 순위가 이전보다 더 높아질 것이다. 이제까지 설명한 내용을 잘 기억한다면 대행사에 끌려다니지 않고 내 스마트플레이스를 스스로 관리할 수 있을 것이다. 불가피하게 업체를 알아봐야 해도 어떤 곳이 믿을 만한 곳이고 지식이 있는 곳인지 스스로 판단할 수 있을 것이다.

무료로 퍼주는 머니코치의 유튜브 영상 강의

스마트플레이스 순위 하락 이유? 딱 일곱 가지만 체크해보자!

지금까지 설명한 내용은 유튜브 〈머니코치 최준호〉 채널에서 동영상 강의로 제공하고 있으므로 QR 코드나 URL 링크로 접속해 온라인 마케팅 전문가 머니코치의 생생한 동영상 강의를 살펴보자.

🔗 https://youtu.be/PVOwDZ1JRxk?si=pN6Jdfdz5SoFVTrE

머니코치의 떼돈 버는 핵심 코칭 네이버 스마트플레이스

POINT 01 스마트플레이스는 소비자의 니즈에 맞게 세팅하라

소비자들은 정말 똑똑해서 자신들이 원하는 정보가 없으면 바로 이탈한다. 그러므로 스마트플레이스에는 반드시 소비자가 원하는 정보를 넣자.

▶ 다시 보기 : 167쪽

POINT 02 스마트플레이스는 블로그와 함께 시너지 효과를 내자

사람들은 온라인에서 스마트플레이스를 통해 다양한 정보를 비교 및 습득하고 부족한 정보는 블로그에서 찾아 보완한다.

▶ 다시 보기 : 169쪽

POINT 03 스마트플레이스 상위 노출에 필요한 필수 세팅 요소

① 네이버가 원하는 정보를 정확히 적었는가?   ② 네이버 권장 시스템을 잘 활용했는가?
③ 다양한 곳에서 내 스마트플레이스를 언급했는가?   ④ 사람들이 클릭할 만한 요소를 넣었는가?
⑤ 사진을 제대로 넣었는가?

▶ 다시 보기 : 174쪽

POINT 04 스마트플레이스는 소비자들을 끌어올 수 있게 '기획'하라

스마트플레이스는 '최종 결정'을 하는 채널로, 소비자들을 내 고객으로 만든다는 생각으로 세팅해야 한다. '사진' 영역, '상세 설명' 영역, '찾아오는 길' 영역에는 기획이 꼭 들어가야 한다.

▶ 다시 보기 : 180쪽

POINT 05 스마트플레이스는 SEO 최적화가 중요하다

SEO 최적화는 스마트플레이스 상위 노출의 70% 이상을 차지한다. SEO 최적화 작업에 필요한 필수 요소는 '키워드', '콘텐츠', '링크'이다.

▶ 다시 보기 : 189쪽

POINT 06 스마트플레이스에서는 전환율에 신경 써야 한다

스마트플레이스는 소비자들이 '최종 결정'을 하는 채널이다. 많이 전환될 수 있는 채널을 의미하므로 소비자들의 전환율에 신경을 쓰는 게 중요하다. 전환율을 높이려면 '대표 사진' 영역과 '대표 사진' 외의 '사진' 영역, '상세 설명' 영역에 반드시 구매 결정 촉구 기획이 들어가야 한다.

▶ 다시 보기 : 204쪽

POINT 07 스마트플레이스의 상위 노출 3요소

네이버는 소비자 친화적인 로직으로 발전했으므로 스마트플레이스는 소비자가 원하는 방향으로 세팅해야 한다. 이 중에서도 '텍스트', '시각', '체류 시간', 이렇게 3요소가 중요하다.

▶ 다시 보기 : 210쪽

POINT 08 스마트플레이스에 상위 노출하고 싶다면 이런 키워드를 반드시 넣어라

네이버 스마트플레이스를 잘 세팅하고 상위 노출까지 하려면 다음 세 가지 키워드를 적재적소에 넣는 것이 중요하다.

① 핵심 키워드   ② 서브 키워드   ③ 속성 키워드(텍스트 마이닝 데이터)

▶ 다시 보기 : 224쪽

POINT 09 스마트플레이스 세팅을 아무리 잘해도 상위 노출이 안 된다면?

이 경우에는 스마트플레이스에 유입되는 트래픽을 늘려야 한다. 어뷰징이 아닌 순수 트래픽을 모아야 하는데, 다음 세 가지 사항에 주의해야 한다.

① 내 스마트플레이스에 관심 있는 사람만 데려와라
② 네이버가 신뢰하는 채널에서 데려와라
③ 약한 키워드부터 노려라

▶ 다시 보기 : 229쪽

POINT 10 내 스마트플레이스를 성공시키고 싶다면?

고객들이 내 가게에 올 수 있는 강력한 한 방을 주어야 한다. '셀링 포인트'를 잘 캐치해 제시해야 하고 너무 적게도, 많게도 아닌 딱 세 가지 정도가 적당하다.

▶ 다시 보기 : 245쪽

POINT 11 스마트플레이스 순위를 하락시키는 일곱 가지 요인

① 스마트콜   ② 영수증 리뷰 작업
③ 텍스트 정보 부족   ④ 허위 트래픽
⑤ 잦은 수정   ⑥ 체류 시간 및 유입 부족
⑦ 경쟁사의 공격

▶ 다시 보기 : 249쪽

PART 03

네이버 카페, 돈을 벌고 싶으면 꼭 운영해야 하는 채널

CHAPTER 01

네이버 카페를 시작해야 하는 이유

SECTION 01

네이버 카페로만 실현할 수 있는 온라인 건물주

카페는 한 번 키워놓으면 알아서 굴러간다

보통 온라인 마케팅을 해야 한다면 사람들은 어떤 채널을 생각할까? 물론 마케팅 채널은 많지만, 우리에게 익숙한 것을 먼저 떠올린다. 바로 네이버 블로그이다. 네이버만 이용해서 마케팅을 하는 것도 아닌데 우리는 블로그만 생각한다. 그리고 블로그를 키우려고 곧바로 글을 쓰게 된다. 물론 블로그를 정석대로 잘 키우고 홍보성 키워드에 너무 욕심내지 않으면 매출 상승에 큰 도움이 된다. 또한 내 업종과 관련된 글을 꾸준히 발행하다 보니 아무래도 내 브랜딩이 된다는 장점도 있다.

마케팅을 할 때 가장 먼저 생각하고 접근하는 블로그도 단점은 있다. 물론 비교적 빠르게 매출을 상승시키려면 무조건 블로그를 해야 한다. 블로그를 꼭 운영해야 하는 이유에 대해서는 이미 앞에서 자세하게 설명했고 온라인 마케팅을 할 때 블로그와 함께 꼭 가져가야 하는 스마트플레이스에 대해서도 설명했으니 이제 카페에 대해 이야기해보겠다.

카페도 네이버에 오랫동안 있었던 채널이다. 보통 블로그를 통해 마케팅하려는 사람들은 카페까지 신경을 써야 하는지 고민하기도 한다. 그런데 어느 정도 블로그 운영이 자리 잡았고 경쟁 업체에 뒤처지기 싫다면 카페도 시작하는 것이 좋다. 왜냐하면 카페는 내가 현실에서 실현하기 어려운 '건물주'의 꿈을 이루어줄 수 있는 채널이기 때문이다. 이미 카페에 어느 정도 관심이 있다면 카페를 통한 '온라인 건물주' 이야기를 들어봤을 것이다. 카페에 관심이 없는 사람도 들어봤을 수 있다.

'온라인 건물주'는 말 그대로 온라인에서 건물을 세우는 것으로, 이것은 다른 채널이 아닌 네이버 카페로만 실현할 수 있다. 우리는 모두 건물주를 꿈꾼다. 왜일까? 건물주가 되어 세를 주면 일하지 않아도 수익이 저절로 들어오기 때문인데, 카페를 통해서도 저절로 돈이 들어오게 할 수 있다. 이 말은 내가 직접 카페를 운영하지 않아도 수익이 발생할 수 있다는 의미다.

그렇다면 카페는 어떻게 내가 온라인 건물주가 될 수 있게 해주는 것일까? 결론부터 이야기하자면 카페는 한 번 키워놓기만 하면 나중에는 알아서 굴러가는 채널이기 때문이다. 블로그처럼 매일 포스팅하지 않아도 내 카페 회원들이 글을 올리면서 활동하고 자기들끼리 소통하면서 카페가 점차 커지는 것이다.

나아가 회원들이 쓴 글이나 내가 이전에 썼던 글이 상위 노출되면 신규 회원이 유입되고 이들이 또 기존 회원들처럼 글을 쓰면서 다른 회원들과 열심히 소통하고 활동한다. 이런 선순환이 계속 반복되면서 카페가 점차 커지고 내가 활동하지 않아도 회원들이 활동하니 알아서 굴러가다가 저절로 수익이 발생하는 것이다.

나는 대형, 중형, 소형 네이버 카페를 여러 개 가지고 있다. 이 중에서 초창기에 만든 〈마케팅웨이〉 카페는 네이버에 대한 지식을 상세히 푼다고 네이버에게 직접 제재를 받기도 했다. 마케팅 카페에서 마케팅에 대해 이야기했을 뿐인데 네이버에게 직접 제재를 받아 보니 그만큼 내가 네이버에게 위협적인 존재라는 생각이 들었다. 그만큼 네이버에 대해 잘 알고 있는 내가 블로그와 스마트플레이스에 이어 카페를 가지고 어떻게 마케팅해야 하는지 알려줄 것이므로 잘 읽어보시라.

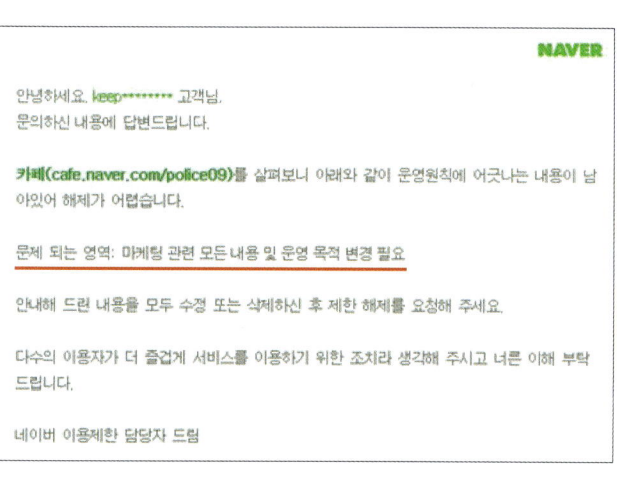

▲ 〈마케팅웨이〉 카페 초창기 네이버에게 받은 운영 제재

오프라인과 온라인에서 건물주가 되는 과정 비교하기

본격적으로 네이버 카페를 통해서 어떻게 온라인 건물주가 될 수 있는지 살펴보기 전에 먼저 오프라인에서 부동산 건물을 올려 건물주가 되는 과정을 생각해보자.

오프라인 건물주가 되는 과정

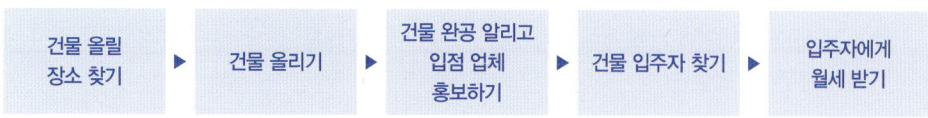

❶ **건물 올릴 장소 찾기** : 건물을 올릴 장소를 찾기 위해 여기저기 다니면서 발품을 파는 단계
❷ **건물 올리기** : 건물에 필요한 기반 시설(전기, 화장실, 내부 구조 등)을 닦는 단계
❸ **건물 완공 알리고 입점 업체 홍보하기** : 플래카드 등을 통해 소비자들에게 건물 위치를 알리는 단계
❹ **건물 입주자 찾기** : 내 건물에서 영업할 사람을 찾는 단계
❺ **입주자에게 월세 받기** : 입주를 완료하고 입주자에게 월세를 받아 수익을 창출하는 단계

이 과정대로 건물이 지어지고 오프라인 건물주가 된다. 아마 이 과정을 보고 나서 일부 사람들은 이렇게 생각하면서 걱정할 것이다.

'이것이 어떻게 네이버 카페를 키워서 온라인 건물주가 되는 것과 관련이 있을까?'
'네이버 카페를 잘 키우고 스스로 굴러가게 해 수익을 창출하려면
오프라인 건물을 올리는 것처럼 각 과정마다 나는 어떤 행동을 해야 할까?'

하지만 이 책에서 카페를 활용해 온라인 건물주가 되는 방법을 상세하게 알려줄 예정이니 너무 걱정하지 않아도 된다. 우선 온라인에서 건물주가 되는 과정을 살펴보자.

온라인 건물주가 되는 과정

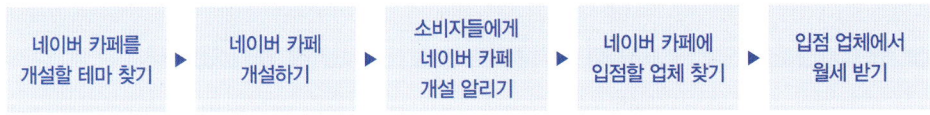

❶ **네이버 카페를 개설할 테마 찾기** : 사람들이 관심 있어 할 만한 테마를 찾는 단계
❷ **네이버 카페 개설하기** : 네이버 카페 운영에 필요한 기본 틀을 다지는 단계. 소비자들이 내 카페에 방문했을 때 긍정적으로 생각할 만한 요소(카테고리 설정, 카페 대문 및 디자인 설정, 카페에서 읽을거리 등)를 쌓는 단계
❸ **소비자들에게 네이버 카페 개설 알리기** : 네이버 카페가 개설된 것을 소비자들에게 알리면서 내 카페에 방문하게 하는 단계
❹ **네이버 카페에 입점할 업체 찾기** : 내 카페에서 영업할 사람을 찾는 단계

❺ **입점 업체에서 월세 받기** : 내 카페에서 광고할 사람과 계약을 체결하고 광고비를 받아 수익을 창출하는 단계

오프라인에서 실제로 건물을 올리는 과정과 비교해보면 '부동산 건물'을 '네이버 카페'로 말만 바꾼 것과 같다. 그만큼 온라인 건물주가 되는 과정은 실제로 건물주가 되는 과정과 비슷하다. 이 말은 네이버 카페로 성공하지 못하면 오프라인에서 부동산 건물주로 성공하기 힘들다는 의미다. 온라인에서 작은 건물이라고 할 수 있는 네이버 카페도 잘 키우지 못하는데, 오프라인에서 어떻게 건물을 잘 운영할 수 있을까?

네이버 카페뿐만 아니라 오프라인 부동산 건물도 수익을 창출하려면 '건물주'가 꼭 해야 하는 게 있다. 바로 끊임없이 유지, 보수를 하고 사람들을 모으면서 관리하는 것이다. 그래야 내 카페와 내 건물에 들어오려는 사람들이 많아져서 그만큼 인기와 값어치가 높아지는 것이다. 만약 어느 네이버 카페에 들어갔는데 광고성 글이 엄청 많고 회원들끼리 소통하지도 않는다면 카페에 가입해서 활동하고 싶지 않을 것이다. 오프라인 건물에서도 생각해보자. 내가 입점할 건물을 찾고 있는데, 건물 안에 바퀴벌레가 많고 물도 샌다고 하면 절대로 들어가고 싶지 않을 것이다. 이와 같이 내가 원하는 것으로 수익을 창출하고 싶으면 끊임없이 관리하는 게 정말 중요하다.

이제 네이버 카페를 왜 운영해야 하는지 충분히 이해했을 것이다. 카페는 블로그나 스마트 플레이스와는 또 다른 매력이 있다. 내가 글을 쓰지 않아도 알아서 잘 굴러가는 플랫폼을 가지고 싶으면 꼭 운영해야 하는 채널이므로 네이버 카페 운영에 대한 정보도 이 책을 통해서 잘 익혀보자.

SECTION 02

천 리 길도 한 걸음부터! 네이버 카페 운영 시작하기

앞서 기본적으로 네이버 카페 운영이 어떤 의미를 갖는지 알아보면서 온라인 건물주가 되려면 총 5단계가 필요하다고 이야기했다. 이번에는 이 5단계를 좀 더 구체적으로 살펴보면서 카페 운영 방법을 알아보겠다. 카페가 블로그보다 할 것이 많고 복잡하다고 생각해서 운영을 쉽게 시작하지 못하는 사람들이 많다. 하지만 카페도 원리만 잘 이해하면 누구나 쉽게 운영할 수 있으므로 너무 어렵고 복잡하게 생각할 필요가 없다.

네이버 카페 운영 5단계

1. 네이버 카페를 개설할 테마 찾기 : 사람들이 관심 있어 할 만한 테마를 찾는 단계

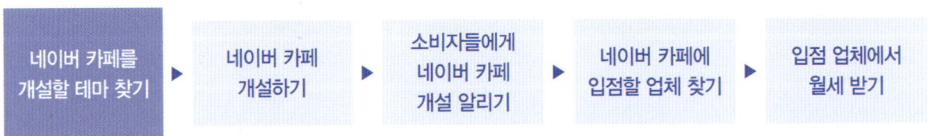

카페를 처음 운영하려면 당연히 사람들이 관심 있어 할 만한 주제를 찾는 게 중요하다. 만약 나만 원하고 궁금한 것을 주제로 정하고 카페를 운영한다면 어떨까? 당연히 사람들은 관심이 없는 주제이므로 내 카페에 방문조차 하지 않을 것이다. 이렇게 운영하는 카페에 들어오는 사람은 다른 것을 알아보려다가 잘못 들어왔을 확률이 높다. 오프라인으로 건물을 올릴 때를 생각해보자. 상권이 안 좋은 곳, 인적이 드문 곳에 건물을 세우면 다른 사람들의 눈에 띄기 힘들어서 사람들이 모이지 않는다. 그래서 오프라인 건물도 역세권이나 중심상가 등과 같이 유동 인구가 많고 항상 사람들이 넘쳐나는 곳에 세우려고 한다.

네이버 카페도 마찬가지다. 무조건 사람들이 많이 관심을 가질 만한 것으로 카페 테마를 정하고 개설하는 것이 중요하다. 그런데 문제는 도무지 어떤 테마로 해야 할지 감이 안 온다는 것이다. 이럴 때 힌트를 얻을 수 있는 곳은 어디일까? 정답을 공개하자면 바로 유튜브이다. 유튜브는 정보성 키워드를 추출할 때도 아이디어를 얻을 수 있는 곳이므로 카페 테마를 찾을 때도 유튜브에서 도움을 얻을 수 있다.

예를 들어, 유튜브를 봤는데 주식에 대한 내용이 갑자기 나온다면 사람들이 주식에 대한 관심이 높아졌다는 것을 의미한다. 강아지에 대한 유튜브가 많이 뜬다면 사람들이 반려동물에 대한 관심이 높아졌다는 것이다. 이렇게 유튜브 트렌드나 유튜브 조회 수 등을 살펴보면 내가 개설할 카페의 테마에 대한 힌트를 쉽게 얻을 수 있다. 이런 방법으로 테마를 찾았다면 사람들이 유튜브가 아니라 네이버 검색을 통해서만 해결할 수 있는 주제를 찾은 후 최종적으로 이 내용을 바탕으로 네이버 카페를 개설하면 된다.

최근 유튜브에 요리 연구가 '백종원'과 관련한 콘텐츠가 뜬다고 생각해보자. 그러면 사람들이 어떤 주제에 관심이 있다는 것일까? 요리에 관심이 있다는 것이므로 요리를 주 콘텐츠로 하는 카페를 개설하되, 타깃층을 신중하게 설정하는 것이다. 만약 타깃층을 '엄마들'로 한다면 내 카페의 최종 타깃층은 '요리하는 엄마들'이 된다.

이 말은 요리를 주로 하는 맘카페가 된다는 의미다. 카페 테마를 좀 더 구체적으로 잡아서 '초보 엄마들을 위한 요리 레시피 카페'로 설정해보자. 그러면 내 카페는 맘카페지만 '요리'라는 시그니처 콘텐츠가 계속 발행되는 카페가 된다. 그러면 수많은 맘카페와 차별화할 수 있다. 이렇게 유튜브에서 아이디어를 얻는 것이 비교적 쉽다. 만약 내가 잘하거나 자신 있는 분야가 있으면 그 분야를 카페 테마로 설정해도 좋다. 물론 내가 운영하는 사업이 있다면 그 사업과 관련 있는 분야로 카페 테마를 설정하는 게 좋다.

내가 자신 있고 관심 있는 주제는 어떤 게 있을까? 막상 생각하려니 막막할 수 있으니 내가 오래전부터 특정한 외제차에 대한 관심이 있다고 가정해보자. 외제차 회사에 대해 여러 가지 정보를 찾다 보니 곧 다른 모델이 출시된다는 소식을 남들보다 빨리 알게 되었다. 그러면 이 차에 대한 정보를 카페 테마로 잡고 카페를 운영하는 것이다. 특정 회사만 대상으로 하니까 회원 수가 적을 것 같다고? 절대 아니다! 다음 화면에서 회원 수가 얼마나 많은지 직접 확인해보자.

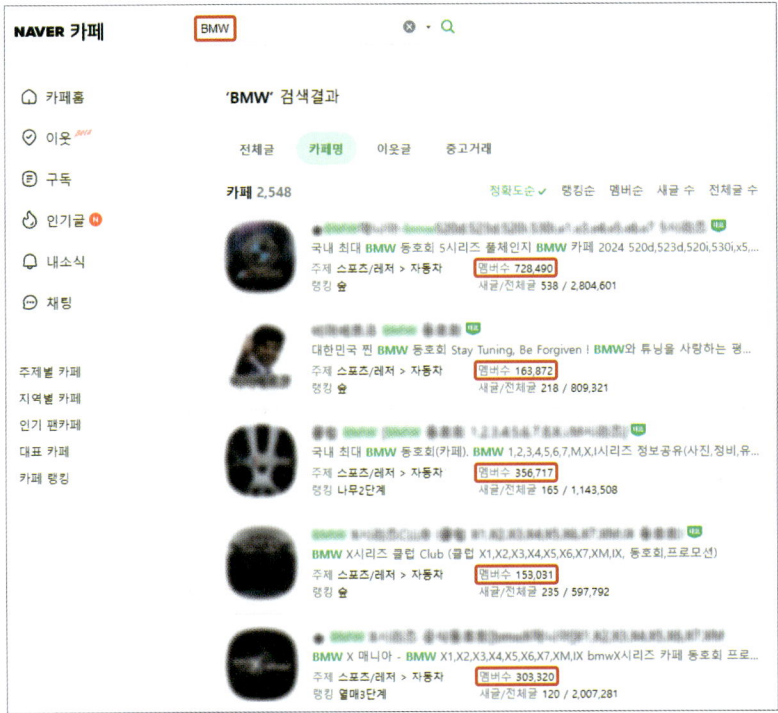

▲ 네이버 카페에서 'BMW'를 검색한 결과

이미 회원 수가 많은 카페가 많아서 지금 내가 시작해도 잘 안 될 것 같다고? 전혀 아니다. 시장에 늦게 진입한 후발 주자라고 해도 내 카페의 콘셉트만 명확하게 잡는다면 많은 회원 수를 확보할 수 있다. 즉 카페 테마를 잘 잡고 사람들이 내 카페에 자주 방문할 수 있도록 콘셉트만 명확하게 정한다면 후발 주자라도 회원 수 5만 명 이상은 생각해볼 수 있으므로 시작도 해보기 전에 포기하지 말기를 바란다.

결론적으로 이야기하자면 내가 운영하려는 네이버 카페의 테마는 내 사업과 연관이 있거나, 내가 관심 있고 자신 있으면서 잘하는 것으로 설정하는 게 좋다. 아무래도 초반에는 카페 개설자인 내가 콘텐츠를 쌓으면서 회원들을 모아야 하는데, 자신 있는 것으로 설정하면 유리하기 때문이다. 그러므로 처음 카페 테마를 정할 때는 내가 좋아하고 자신 있는 것에 맞춰 이것을 시장에 내놓으면 사람들이 어떻게 반응할지 발품을 팔아보자. 아무리 내가 좋아하는 분야라도 사람들이 원하는 것을 시장에 내놓아야 한다.

2. 네이버 카페 개설하기 : 네이버 카페 운영에 필요한 기반을 쌓는 단계

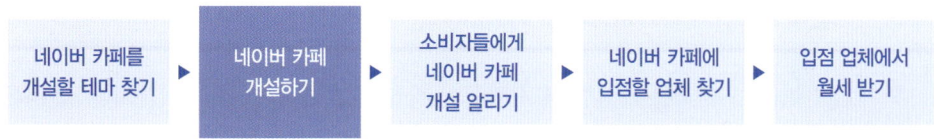

내가 운영하려는 네이버 카페의 테마를 정했다면 카페 운영에 필요한 기본 틀을 다져야 한다. 카테고리를 설정하고 카페 대문과 모바일 스킨, 내 카페에 사람들이 방문했을 때 읽을거리 등등 다양한 기반 시설을 구축해야 한다.

실제로 오프라인 건물을 지을 때를 생각해보자. 어디에 건물을 올릴지를 생각했다면 건물 안에 화장실은 어디에 배치할 것인지, 전선은 어디에 둘 것인지 등을 생각해야 한다. 물론 콘센트를 어디에 두어야 편하게 사용할 수 있을지 등등 세세한 것까지 모두 신경 써서 사람들이 편안하게 이용할 수 있어야 건물의 가치가 올라간다.

네이버 카페도 마찬가지다. 카테고리를 어떻게 정리했는지 등 네이버 카페 초기에 어떻게 세팅해놓는지는 내 카페의 첫인상을 결정하는 요소가 되므로 매우 중요하다. 이것을 보고 카페 회원들이 내 카페에 계속 방문할지 말지를 결정하기 때문이다. 내가 운영하는 카페가 성공하려면 신규 회원 유치도 중요하지만 기존 회원들이 재방문을 잘 할 수 있도록 유도하는 것이 중요하다. 카페가 망하는 이유는 회원들이 재방문하지 않기 때문이다. 그러므로 카페 회원들이 내 카페에 계속 끊임없이 방문할 수 있도록 카페를 잘 기획하기를 바란다.

3. 소비자들에게 네이버 카페 개설 알리기 : 네이버 카페가 개설된 것을 소비자들에게 알리면서 내 카페에 방문하게 하는 단계

네이버 카페를 개설할 테마 찾기 ▶ 네이버 카페 개설하기 ▶ **소비자들에게 네이버 카페 개설 알리기** ▶ 네이버 카페에 입점할 업체 찾기 ▶ 입점 업체에서 월세 받기

아무리 카페가 좋아도 방문하는 사람이 없다면 망한 카페다. 네이버 카페의 목적은 카페 회원들을 많이 모아 그들끼리 서로 소통하게 해서 카페를 키우는 것이다. 그래야 나중에는 내 카페가 스스로 굴러가면서 나에게 수익을 가져다준다.

만약 내가 처음에 카페를 개설할 때 사람들이 관심 있어 할 만한 주제로 테마를 잘 정했다면 사람들을 모으는 데 별로 걱정할 필요가 없다. 내 카페에 와서 즐기고 볼거리가 많으니 사람들이 자동으로 방문하게 되니까 말이다.

그런데 내가 이렇게 승승장구하는 것을 '경쟁사'들은 가만히 두고 보기 싫을 것이다. 이들은 내가 카페를 개설하고 내 카페에 회원들이 많이 몰리는 것을 보자마자 이것을 견제하기 위해 카페를 개설해서 내 회원들을 빼앗아 갈 것이다. 내가 카페를 개설할 때 경쟁사가 있고 카페 테마도 별로라면 다음 두 가지 사항을 기억하면서 내 카페에서 활동할 회원 유치에 더욱 신경 써야 한다.

① 내 카페와 관련된 키워드를 직접적으로 검색하는 소비자들을 먼저 잡아야 한다

이들은 니즈가 가장 강한 소비자들이므로 가입할 확률이 높다. 예를 들어, BMW 자동차 카페라면 'BMW 중고차 가격', 'BMW 연비' 등과 같은 키워드를 노출해 내 카페를 알리는 것이다.

② 내가 개설한 테마에 관심이 있을 만한 소비자들에게 카페를 노출해야 한다

예를 들어, 2030 BMW 카페라면 대부분 젊은 남성일 것이다. 이들은 여자친구 만드는 것에 관심이 많을 것이므로 이 사람들을 타깃으로 잡아 내 카페를 노출해야 회원을 쉽게 유치할 수 있다.

4. 네이버 카페에 입점할 업체 찾기 : 내 카페에서 영업할 사람을 찾는 단계

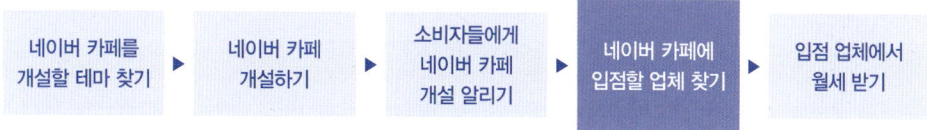

네이버 카페 테마를 설정하고 카페 회원들도 모집했다면 어느 정도 시간이 지난 후에는 회원이 계속 활동할 것이다. 이 단계가 되었으면 내 카페에 입점할 업체를 찾을 수 있는데, 어디에서부터 어떻게 찾아야 할지 굉장히 많이 고민하게 된다. 하지만 고민할 필요가 없다. 왜냐하면 어느 정도 카페가 활성화되고 회원들이 활동하는 경우라면 내가 노력하지 않아도 메일이나 쪽지로 '카페 입점비'나 '카페 배너 광고', '카페 포스팅 광고' 등의 문의가 많이 오기 때문이다. 그러면 이 중에서 내 카페에서 영업할 업체를 찾으면 된다.

이때 너무 생뚱맞은 업체는 받지 말아야 한다. 즉 내 카페에 입점해서 영업할 업체를 받더라도 내 카페 테마와 맞는 곳을 골라야 한다. 예를 들어, 자동차 카페면 자동차와 관련된 '튜닝', '중고차', '렌트카' 등과 같은 업체를 선택해야 한다.

그렇다면 왜 관련 없는 업체는 받지 않는 게 좋을까? 만약 내가 자동차 카페에서 활동하고 있는데, 갑자기 태아 보험 배너나 아기용품 광고 글이 나온다면 당연히 거부감이 생길 것이다. 자동차 카페니까 렌트카나 중고차 등은 필요한 사람이 있을 수 있다. 차를 바꾸려고 하는 과정에서 렌트를 할 수도 있고 중고차를 구매할 수도 있으니까 말이다. 그런데 태아 보험이나 아기용품 등은 전혀 관심이 없는 내용으로, 이런 광고는 맘카페에서 해야 한다. 그러므로 내 카페에서 영업할 업체를 고를 때는 너무 돈만 생각하지 말고 내 회원들이 거부감을 가지지 않을 업체로 선정하자.

5. 입점 업체에서 월세 받기 : 내 카페에서 광고할 사람과 계약을 체결하고 광고비를 받아 수익을 창출하는 단계

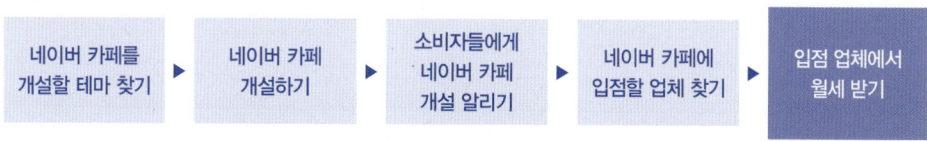

내 카페에서 영업할 업체들을 신중하게 골랐다면 이제 계약을 체결하고 돈을 받으면 된다. 그들이 내 카페에서 영업하고 비교적 편하게 고객들을 만날 수 있도록 내가 중간 다리 역할을 한 셈이다. 물론 내 카페에 입점하는 업체가 많아질수록 내가 받는 돈도 많아진다. 실제로 오프라인 부동산 건물에서도 임차인이 많으면 월세를 더 받는 것과 똑같은 개념이다. 앞에서도 강조했지만 돈만 생각하고 여러 업체를 무작위로 받으면 내 카페에서 활동하던 기존 회원들에게 반발심이나 거부감을 줄 수 있으므로 주의해야 한다.

SECTION 03
네이버 카페에서 어떻게 수익을 창출할 수 있을까?

네이버 카페에서 수익을 창출할 수 있는 방법은 매우 많다. 물론 카페가 어느 정도 커졌을 때 실행할 수 있는 방법이지만, 미리 알아두면 도움이 되고 수익 창출에 대한 기준도 마련할 수 있으므로 하나하나 살펴보겠다.

배너 광고

내 카페에 배너 광고를 원하는 업체가 있으면 한 달 단위 또는 몇 달 단위로 계약하면 된다. 배너 광고는 카페 대문에 배너만 달아주면 되므로 계약 기간 동안 신경 쓸 일이 많이 없다는 장점이 있다. 내 카페가 어느 정도 활성화되었고 회원 수가 몇 명인지에 따라서 배너 광고 금액이 천차만별이다. 적게는 몇십만 원에서 많게는 몇백만 원까지 한다. 보통 배너 광고는 한 달 단위보다는 몇 달 단위로 계약하는 경우가 많다.

카테고리 제휴(카테고리 임대)

말 그대로 내 카페에서 카테고리를 업체에 제공하는 것이다. 배너 광고처럼 내 카페 대문에 바로 보이는 것을 원하기도 하지만, 카테고리를 하나 빌린 후 그 공간에 글을 쓰고 회원들과 소통하려는 업체들도 있다. 직접적으로 해당 카테고리를 클릭했을 때 제휴사의 홈페이지 등으로 이동하도록 링크를 연결할 수도 있다. 카테고리를 어떻게 사용할지는 제휴사의 재량이다. 보통 카테고리 제휴는 카테고리 하나 전체를 임대해주는 것이므로 배너 광고보다 가격을 더 비싸게 받는다. 이 경우에도 한 달 단위 또는 몇 달 단위로 계약할 수 있다.

다시 말해서 내 카페에서 카테고리 하나를 업체에 제휴했다면 계약 기간 동안 그 카테고리의 주인은 제휴사이다. 그러면 해당 업체는 제휴한 카테고리에 자유롭게 게시글을 올릴 수도 있고 내 카페 회원들과 직접적으로 상담할 수도 있다. 이 과정에서 내 카페 회원을 바로 전환 고객으로 만들 수 있으므로 배너 광고보다 더 비싼 편이다. 배너 광고와 카테고리 제휴를 따로 진행하는 경우도 있고 함께 계약하는 경우도 있다.

공동구매

네이버 카페로 수익을 창출하는 또 다른 방법은 바로 공동구매를 진행하는 것으로, 보통 맘카페에서 많이 한다. 공동구매는 말 그대로 내 카페 회원들이 해당 상품을 공동으로 한 번에 많이 구매할 수 있게 하는 것이다. 이렇게 공동으로 여러 명이 함께 구매하면 개별적으로 사는 것보다는 금액이 저렴한 경우가 많아서 카페 회원들도 공동구매에 대한 인식이 나쁘지 않은 편이다. 수익금도 천차만별인데, 보통 물품 판매 대금에서 적게는 5%, 많게는 10%까지 수수료를 받는다.

이 외의 방법

앞에서 소개한 방법 외에 네이버 카페를 통해 돈을 벌 수 있는 방법은 정말 많다. 추가로 다섯 가지 방법을 간단하게 알아보겠다.

1. 홍보성 글과 상위 노출하기

내 카페에 홍보성 글을 쓰거나 상위 노출해주는 대가로 금액을 받을 수도 있다. 블로그에서도 이 방법으로 수익을 창출한다.

2. 관련 제품 판매하기

내가 진행하는 사업과 관련된 제품을 판매해서 수익을 창출한다.

3. 답글 권한 판매하기

카페 회원이 묻는 글에 권한이 있는 업체만 답글을 달 수 있게 하는 방법이다. 물론 이 권한 있는 업체는 내 카페에 돈을 지불한 업체이다. 예를 들어, 내 카페에 자동차 도색을 원하는 고객이 관련 업체를 찾는다고 글을 올렸다고 가정해보자. 이 글을 그냥 두면 영업하는 다양한 업체들이 광고 답글을 달 것이다. 이때 해당 글에 댓글을 달 수 있는 업체를 설정한 후 이 업체만 답글을 달 수 있는 권한을 주어 수익을 창출한다.

4. DB 마케팅으로 활용하기

합법적으로 카페 회원의 데이터베이스(DB)를 확보한 후 이벤트나 2차 마케팅으로 연계해 수익을 창출할 수 있다. 물론 내 사업이 있다면 카페 회원을 대상으로 돈 안 들이고 DB 마케팅을 진행할 수도 있는 셈이다.

5. 네이버 카페 매매하기

최종적으로는 네이버 카페를 매매할 수 있다. '중고나라' 네이버 카페도 지분 매매 형식으로 수백억 원에 팔려 어마어마한 수익을 창출했다.

이렇게 카페가 어느 정도 활성화되고 회원들이 많아지면 카페를 이용해서 수익을 창출할 수 있다. 또한 이런 것들을 통해서 온라인 건물주가 되어 오프라인 건물주보다 월세를 더 많이 받을 수도 있다. 카페의 테마를 잘 설정하고 지금까지 설명한 순서대로 운영하면 어려울 게 없다. 블로그로도 수익을 창출할 수 있지만, 네이버 카페는 수익을 창출할 수 있는 방법이 블로그보다 훨씬 많다. 카페는 온라인 건물주가 될 수 있는 지름길이라는 사실을 꼭 기억하자.

머니코치의 돈이 되는 카페 운영 NOTE

입점비는 물론 내 사업 홍보와 추가 수익까지 낼 수 있는 네이버 카페

나는 지금 잘 키워놓은 여러 네이버 카페에서 매달 입점비만 1,100만 원에서 1,500만 원 정도 벌고 있다. 입점비만 이 정도이다. 이 외에도 내가 관련 사업을 한다면 내 상품을 판매해 내 제품(서비스)을 홍보하고 추가 수익까지 노릴 수 있다. 이 책에서는 정말 기초적인 카테고리와 디자인을 설정하는 내용은 다루지 않았으므로 이 부분에 대해서는 유튜브에서 검색하여 학습하면 된다. 대신 네이버 카페를 운영하면서 수익이 날 수 있는 실질적인 정보를 제공하므로 잘 익혀서 온라인 건물주가 되어 보자. 여러분도 할 수 있다!

무료로 퍼주는 머니코치의 유튜브 영상 강의

온라인 건물주를 통해 최소 월 1,100만 원 버는 방법 대공개! – 네이버 카페에서 돈 버는 방법

지금까지 설명한 내용은 유튜브 〈머니코치 최준호〉 채널에서 동영상 강의로 제공하고 있으므로 QR 코드나 URL 링크로 접속해 온라인 마케팅 전문가 머니코치의 생생한 동영상 강의를 살펴보자.

https://youtu.be/0gYiTrMLIKw?si=DhrJqXe-JUU5rNGI

SECTION 04
네이버 블로그만의 '단점'을 정확히 알자

블로그를 운영하는 사람이라면 한 번쯤 이런 걱정을 할 것이다. '언젠가는 나에게도 저품질이라는 무시무시한 녀석이 찾아오지 않을까?' 하는 걱정 말이다. 사실 네이버 로직이 바뀌거나 추가될 때마다, 그리고 네이버 시스템이 변경될 때마다 늘 저품질 블로그 대란이 발생했다. 이때마다 몇 년씩 공들여 키운 블로그가 나락으로 가버려서 마음고생을 많이 하기도 한다.

사실 블로그는 공짜로 마케팅하기에도 좋고 매출 상승에 당연히 도움이 된다. 하지만 이에 못지않게 단점도 있으므로 네이버 카페도 운영해야 한다. 이번에는 카페의 장점을 설명하기 전에 블로그의 단점을 먼저 살펴볼 것이다. 물론 블로그가 완전무결한 채널이 아니기 때문에 카페도 함께 하는 것이 좋다는 것을 설명하기 위해 블로그의 단점을 알아보는 것이다. 아무리 블로그에 단점이 있다고 해도 온라인 마케팅을 한다면, 그리고 지금 바로 매출 상승을 원한다면 블로그는 무조건 가지고 가야 한다는 것을 명심하자.

평생 운영해야 한다

블로그의 최대 단점은 블로그로 돈을 벌고 싶으면 평생 운영해야 한다는 것이다. 온라인 건물주를 꿈꾼다면 처음에는 내가 좀 고생해도 나중에는 콘텐츠 발행에 신경 쓰지 않으면서 매달 저절로 수익이 발생하기를 원한다. 그런데 블로그는 이것이 안 된다.

블로그에는 '블로그 활동성 지수', '블로그 인기도 지수', '글 주목도 지수', '글 인기도 지수'로 정리되는 4대 지수가 있는데, 이 중에서 '블로그 활동성 지수'는 블로그 운영 기간, 게시글 수, 글쓰기 빈도, 최근 활동성 등을 중점으로 보는 지표이다. 블로그 4대 지수는 블로그 최적화와 관련이 있어서 블로그 활동을 꾸준히 하지 않으면 최적화 지수를 받을 수 없다. 그래서 블로그를 중간에 포기한다면 지수 상승은 꿈도 못 꾼다. 아울러 블로그를 운영하지 않아 최적화 지수를 받지 못하면 당연히 상위 노출도 안 되면서 내가 그동안 작성했던 모든 글의 순위가 하락한다. 이렇게 된다면 어떨까? 그동안 내가 어떤 포스팅으로 매출 상승 효과를 봤어도 이제 더 이상 이런 것을 기대하기 어렵다는 의미다.

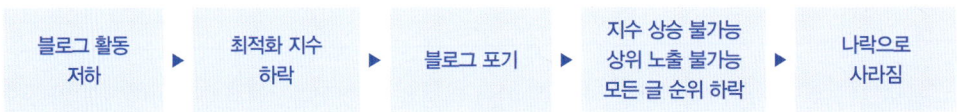

블로그는 주인이 계속 글을 써야 최적화 지수가 쌓인다. 블로그는 자동화 시스템이 안 되므로 블로그에서 매출이 발생하려면 내가 어떤 사람이든, 시간적 여유가 있든 없든, 월 얼마를 벌든 블로그를 평생 운영해야 한다. 블로그를 더 이상 운영하지 않아도 되는 경우는 단 한 가지다. 바로 은퇴해서 더 이상 블로그로 매출이 발생하지 않아도 될 때!

저품질에 매우 예민하다

블로그는 저품질에 굉장히 예민한 채널이어서 네이버 로직이 추가되거나 변화될 때마다 운영자들은 두려움에 떤다. 게다가 블로그로 수익을 창출하려고 홍보성 글을 자주 쓰는 블로그는 결국 저품질 블로그가 될 가능성이 크다.

'블로그로 수익을 창출하면 무조건 다 저품질이 된다고?'

이렇게 부정적으로 생각하지만 말고 좀 더 긍정적으로 생각해보자. 어쨌든 우리의 초기 목표는 블로그를 통해 공짜로 내 일을 홍보하면서 돈을 버는 것이었다. 이 과정에서 우리는 공짜로 마케팅했다. 그리고 블로그를 열심히 키우고 홍보성 키워드도 적절히 잘 넣어 상위 노출하면 이를 통해 문의가 오고 실제 구매로 이어져서 수익이 발생했다. 이 과정을 몇 번만 하는 게 아니라 블로그를 정석대로 잘 키웠다면 몇 년이나 공짜로 마케팅하며 수익을 창출할 수 있다.

이미 블로그를 통해 공짜로 홍보했으니 매달 지불해야 하는 마케팅 비용이 아예 들어가지 않았을 뿐만 아니라 심지어 수익 창출까지 했다. 이 부분을 생각하면 네이버가 얼마나 관대한가? 무려 몇 년 동안이나 내가 공짜로 마케팅하여 돈을 벌 수 있게 해주었으니 말이다. 그러므로 여러 이유로 저품질 블로그가 되었다고, 네이버 로직이 추가되거나 변경되어 순위가 하락했다고 너무 나쁘게만 생각하지 말자. 그동안 내가 네이버 덕분에 공짜로 홍보하고 돈을 번 것을 생각하자. 물론 저품질 블로그가 된 것은 가슴 아픈 일이지만 말이다.

그렇다면 블로그를 운영할 때 가장 좋은 방향은 무엇일까? 블로그를 운영하면서 초반에 번 돈이 있으면 그 돈의 일부로 미래를 위한 투자를 준비해야 한다. 여러 가지 이유로 저품질 블로그가 되기도 하고 블로그를 운영하려면 내가 평생 글을 써야 하니 블로그는 평생 운영할 수가 없다. 그러므로 애초에 블로그를 시작할 때부터 평생 이것을 한다는 마음보다는 신중하게 잘 키워서 미래를 위한 투자, 지금 수익 창출을 위한 투자라고 생각하는 편이 좋다.

확장성이 크게 떨어진다

내가 직접 여러 가지 채널을 운영해보니 블로그는 확장성이 크게 떨어지는 것을 느꼈다. 특히 유튜브를 운영하면서 말이다. 만약 "여러분이 최근에 본 유튜브 채널명 세 개는 무엇인가?"라는 질문을 받았다면 시간이 조금 걸려도 모두 정확하게 답변했을 것이다. 최근에 어떤 네이버 카페에 들어갔는지 묻는 질문에도 대답했을 것이다. 맘카페나 자동차 카페, 또는 게임 카페를 말했을 수 있다. 그렇다면 마지막 질문을 해보겠다.

"여러분이 최근에 들어간 블로그의 주인장 이름이나 블로그 이름은 무엇인가?"

이 질문에는 대답을 못 할 것이다. 왜냐하면 블로그에 들어간 사람들은 브랜드 파워보다는 콘텐츠 파워, 즉 콘텐츠만 보러 온 사람이 대부분이기 때문이다. '홍대 맛집'을 검색했다면 해당 글만 보고 나오지, 블로그 주인이 누구인지, 블로그명은 무엇인지 기억조차 못 한다.

블로그는 콘텐츠를 발행하고 소비하는 것에는 특화되어 있지만, 유튜브나 카페처럼 퍼스널 브랜딩을 기대하기는 어렵다. 블로그는 단순한 콘텐츠를 통해서 다양한 사람들에게 정보를 전달하는 데 특화된 채널이다. 그래서 사용자들은 내가 작성한 콘텐츠만 살펴볼 뿐 내 블로그의 이름에는 관심이 없다.

이 말을 온라인 마케팅과 관련지어 다시 이야기해보겠다. '확장성이 떨어진다'는 것은 브랜딩을 원한다면 블로그가 아닌 다른 온라인 마케팅 채널을 새롭게 시작해야 한다는 의미다. 이전에 쌓아놓았던 것을 그대로 이어서 쓸 수 있는 게 아니라 이것을 다 버리고 새롭게 다시 0부터 시작해야 한다는 말이다.

블로그에서 아이 육아에 대해 포스팅하고 있다고 가정해보자. 아이에 대한 여러 가지 내용을 작성하다 보니 엄마들이 원하는 아이들 화장품에 대한 니즈를 파악하게 되었다. 그래서 사업장을 차리고 물품을 판매하려고 하는데, 매출이 발생하려면 홍보를 해야 한다. 이때 홍보하려면 블로그를 따로 처음부터 다시 운영하거나 내가 기존에 콘텐츠를 올리던 육아 블로그에 아이들 화장품 사업도 한다고 홍보성 멘트를 써야 한다. 그런데 후자의 경우에는 내 블로그에 구매를 위한 링크를 자주 달게 되므로 좋지 않다. 게다가 내 블로그에 들어온 사람들에게 반발심과 거부감을 심어줄 수도 있어서 내 블로그를 찾아왔던 사람들을 잃을 수도 있다.

우리가 마케팅을 하는 목적은 내 사업을 홍보해서 유명해지고 브랜딩을 하기 위해서다. 물론 여기에 돈을 버는 것도 포함된다. 그런데 블로그로 지금 당장은 수익을 창출할 수 있지만 장기적으로 봤을 때는 확장성이 너무 떨어진다. 그래서 블로그를 운영하되 미래도 함께 준비해야 하므로 이런 점을 보완해줄 수 있는 마케팅 채널을 찾아야 하는 것이다. 내가 여러 가지를 해본 결과 가장 적합한 것이 바로 '네이버 카페'다. 나는 다양한 온라인 마케팅 채널을 경험해봤고 온라인 마케팅 전문 회사를 운영하고 있는데, 이런 내가 블로그를 하다가 왜 네이버 카페로 넘어갔는지 다음 SECTION에서 설명해보겠다.

SECTION 05

네이버 카페만의 '장점'을 정확히 알자

이번에는 내가 네이버 카페로 넘어온 이유이기도 한 카페의 장점에 대해 설명하겠다. 카페는 운영하기 어려운 채널이기 때문에 장점을 잘 모르겠다고 생각하는 사람들이 많다. 하지만 이번에 설명하는 카페의 장점을 통해 카페만의 매력을 충분히 느낄 수 있을 것이다.

평생 운영하지 않아도 된다

네이버 카페는 내가 평생 운영하지 않아도 알아서 굴러간다. 어떻게? 회원들에 의해서 말이다. 물론 이렇게 알아서 굴러가게 키우려면 처음에는 내 노력이 가장 중요하다. 카페를 개설해서 운영하려면 내 카페에서 활동할 사람들을 모으고 그들이 좋아하는 콘텐츠를 꾸준히 발행해야 한다. 그리고 여러 가지 이벤트 등을 활용하여 그 사람들이 내 카페에서 즐길 요소가 더욱 많아지게 노력해야 한다. 이렇게 하면 점차 내 카페에서 활동하는 회원들이 많아지면서 그들이 서로 글을 쓰고 댓글을 달면서 소통한다. 이렇게 어느 정도 시간이 지나고 시스템만 잘 구축해놓으면 카페는 내가 굳이 콘텐츠를 발행하지 않아도 알아서 굴러간다.

처음에 시작할 때 카페에 정말 공을 들여서 잘 키워놓으면 내가 작성한 글이 상위에 노출된다. 그러면 이 글을 보고 내 카페에 회원들이 생기기 시작하고 사람들은 내 콘텐츠를 보고 원하는 정보를 얻는다. 물론 블로그에서도 댓글을 달거나 공감 등의 활동을 할 수 있지만, 거기까지다. 지속적으로 내 블로그에 방문하는 경우는 카페에 비해 거의 없다. 카페는 내 콘텐츠가 마음에 들면 사람들이 카페에 가입하고, 내 카페에 들어와서 스스로 글을 쓰고, 다른 회원들과 소통하면서 활동한다. 이것이 바로 카페가 블로그와 다른 점이다.

이런 시스템이 잘 구축되었으면 카페를 운영하며 수익을 얻을 수 있는데, 이것이 바로 온라인 건물주로 가는 길이라고 생각하면 된다. 카페가 어느 정도 활성화되고 회원들이 많아지면 자연스럽게 여러 가지 제휴 문의가 온다. 이 중에서 조건에 맞는 것을 잘 찾아 계약한다면 이것이 나에게 돈을 벌어다 주는 것이다. 블로그로 돈을 벌려면 내가 평생 콘텐츠를 발행하면서 신경 써야 하지만, 카페는 처음에만 고생해서 잘 키워놓으면 알아서 굴러가면서 내가 가만히 있어도 돈을 벌어다 준다.

블로그에 비해 저품질에 관대하다

블로그는 네이버 로직과 저품질에 굉장히 예민한 채널이다. 카페도 어쨌든 네이버이므로 똑같을 거라고 생각하거나, 블로그보다 더 공들여서 키운 카페가 하루아침에 날아갈까 봐 걱정하는 사람들이 많다. 하지만 카페는 저품질에 굉장히 관대한 채널이다. 물론 저품질이 될 수도 있지만, 블로그에 비하면 저품질에 굉장히 관대한 채널이라고 마음 편히 생각해도 좋다. 그렇다면 '저품질에 관대'하다는 게 어느 정도 수준일까?

나는 네이버 마케팅을 10년 이상 다루었지만, 내 회원들을 포함해서 지금까지 단 한 건도 저품질 카페가 된 사례를 본 적이 없었다. 네이버 카페는 로직 면에서 볼 때 저품질을 쉽게 줄 수 없는 구조이므로 앞으로도 카페는 저품질이 거의 없을 것이다. 반면 블로그는 저품질 대란이 있을 때마다 매번 저품질을 맞은 회원들이 있었다. 하지만 네이버 카페는 아니었다. 이 정도면 카페가 저품질에 대해 얼마나 관대한 채널인지 알 수 있을 것이다.

확장성이 높다

블로그는 확장성이 떨어지는 채널이다. 그래서 기존에 운영하던 블로그 내용과 다른 콘텐츠를 올리려면 따로 블로그를 개설하거나 기존 블로그에 콘텐츠를 올릴 때마다 새로운 콘텐츠에 대해 언급해야 한다. 이 경우 사용자들에게 반발심이 생길 수 있어서 매우 조심스럽지만, 카페에서는 이런 걱정을 하지 않아도 된다. 왜 그럴까?

만약 내가 맘카페를 운영하고 아이들 피부와 관련된 화장품 사업을 새로 시작했다면 새로운 카페를 개설하지 않아도 된다. 그냥 내가 운영하는 카페에 내 사업에 대한 배너 광고 하나만 걸어두면 된다. 이런 경우 내 카페 회원들은 오히려 카페에 다양한 육아템이 많이 올라온다고 생각하고 좋아할 뿐만 아니라 이것이 구매 전환으로 이어지는 경우도 상당히 많다. 물론 이 부분은 육아에만 한정된 것이 아니라 자동차와 관련된 카페를 운영한다면 자동차 용품 사업이나 세차 사업 등으로도 연결할 수 있다.

이렇게 카페 테마와 관련이 있으면 내가 직접 연관된 사업으로 연결할 수도 있고 내가 사업을 하지 않는다면 이런 사업을 하는 사람들에게 배너 광고나 카테고리 제휴 등을 통해 수익을 창출해도 된다. 앞서 말했지만 이렇게 해서 나는 입점비로만 매월 1,100만 원에서 1,500만 원까지 수익을 올리고 있다. 정말 어마어마하지 않은가? 이 수익은 내가 무엇인가를 하지 않아도 매달 저절로 입금되는 돈으로, 이것이 바로 온라인 건물주가 누리는 혜택이다.

네이버 카페는 어려운 채널이라고 생각하므로 처음에 접근하기가 쉽지 않을 것이다. 그런데 왜 유명 BJ나 유튜버들이 결국 네이버 카페를 선택하는지 생각해보자. 왜 다음 카페가 아니라 네이버 카페를 통해서 회원들을 가입시키고 활동하게 하는지 생각해보자.

네이버 카페는 특정한 관심사를 가진 사람들이 모인 곳이다. 그래서 내가 궁금한 것에 대해 좀 더 솔직하게 이야기한다고 생각하는 카페 글을 참고하는 사람들도 많다. 카페는 공통의 관심사를 가진 사람들이 각자의 경험을 공유하고 이야기하는 곳이어서 더욱 믿을 만한 정보라고 생각하는 경향이 강하다. 이런 이유로 신규 회원들이 자연스럽게 내 카페로 유입되는 것이다.

머니코치의 돈이 되는 카페 운영 NOTE

네이버 카페로 온라인 건물주가 된 사람은 생각보다 많다

몇몇 사람들은 '네이버 카페로 성공한 사람이 최준호 하나 아니야?'라고 의심할 수도 있지만, 그렇지 않다. 내가 운영하는 마케팅 회사인 마케팅웨이 홈페이지(https://marketing-way.co.kr)에 방문하면 실제로 네이버 카페를 통해 온라인 건물주가 된 사람들의 수많은 사연을 확인할 수 있다.

애초에 키워드를 입력하고 화면 위쪽에 있는 '카페' 탭을 선택하면 키워드와 관련된 카페로 들어갈 수 있다. 하지만 다음 화면처럼 어떤 키워드를 검색했을 때 통합 검색에 있는 'IT·컴퓨터 인기글 더보기'를 클릭하면 '블로그' 탭과 '카페' 탭이 섞여서 나오므로 이 부분에서도 카페 글을 확인할 수 있다.

이렇게 카페에 접속한 후 실제 사람들이 공유하는 후기 등을 보며 만족감을 얻으면 사용자는 내 카페에서 바로 이탈하는 것이 아니라 좀 더 다양한 글을 보고 싶어 한다. 여러 가지 글을 보면서 공감하고 시간 가는 줄 모르다가 내 카페가 마음에 들어 자연스럽게 '가입'까지 이어지는 것이다. 특히 카페는 여러 사람이 글을 쓸 수 있는 채널이므로 한 사람이 질문하면 그에 대한 답글을 여러 사람이 달아주어 서로 소통한다는 느낌을 굉장히 많이 받는다. 이것이 바로 카페의 매력이다.

물론 카페의 목적에 소통만 있는 것은 아니다. 물품 구매를 중점으로 운영하는 카페의 경우에는 소비자들이 알아서 상품을 확인하고 금액을 비교해서 스스로 구매를 결정한 후에 구매에 대해 문의한다. 이렇게 카페는 생각보다 힘들이지 않고 구매까지 전환을 이끌어낼 수 있다는 장점이 매우 큰 채널이다. 이 외에도 내 카페의 회원들이 스스로 많은 콘텐츠를 발행하므로 카페 지수가 팍팍 올라간다. DB 마케팅을 하는 경우에도 하루에 S급 DB를 10개 이상 얻을 수도 있다. 웬만한 브랜드 신발 한 개보다 비싼 S급 DB를 말이다.

"네이버 카페의 장점이 이렇게 많은데, 지금이라도 블로그를 버려야 하나요?"

혹시 이런 생각이 든다면, 답은 절대 '아니'다. 블로그와 카페는 각자 하는 역할과 목적이 다르다. 블로그는 지금 당장 우리가 일과 관련해서 수익을 창출할 수 있는, 한 마디로 지금 당장 수익에 도움이 되는 채널이다. 반면 카페는 지금 당장 매출이 상승하지는 않더라도 미래에 수익을 얻기 위한 적금이라고 생각하면 된다.

이런 이유로 지금 당장 수익을 원한다면 무조건 블로그를 해야 한다. 계속 강조하지만 블로그는 무료로 마케팅하기에 정말 좋은 채널이다. 지금 사업을 한다면 당장 수익을 올리는 게 목표일 것이다. 그리고 브랜딩을 같이하면 좋다는 것도 알고 있을 것이다. 어차피 브랜딩은 하루아침에 이루어지는 게 아니므로 블로그는 무조건 가지고 가야 한다. 이렇게 블로그를 운영하면서 미래를 준비하거나 브랜딩을 원한다면 추가로 카페도 놓치지 않아야 한다. 특히 온라인 건물주 같은 경제적 자유를 원한다면 말이다.

머니코치의 돈이 되는 카페 운영 NOTE

블로그를 운영하면서 언제부터 네이버 카페를 같이 운영하는 게 좋을까?

블로그를 통한 수익이 월 500만 원 이상 발생할 때부터 네이버 카페를 준비하는 게 가장 좋다. 아무리 바빠도 내 미래를 위한 투자이니 시간이나 금액을 어느 정도 할애해서 카페를 준비해야 한다. 이렇게 미리 준비하지 않고 블로그에만 의지한다면 나중에 저품질 블로그가 되었을 때 결과가 심각할 수 있다. 그리고 내가 블로그에만 신경 쓰면서 미래를 준비하지 않는 사이에 경쟁사들은 몇 발자국이나 더 앞서 나갈 것이다. 경쟁사가 먼저 네이버 카페에 뛰어들어 시장을 선점해 버리면 경쟁하는 것 자체가 눈물 나게 힘들어질 수 있으므로 블로그로 월 500만 원 이상 수익이 난다면 네이버 카페를 통해 미래에 대한 투자를 준비하기를 바란다.

무료로 퍼주는 머니코치의 유튜브 영상 강의

내가 월 1천만 원 블로그 수익 창출을 포기하고 네이버 카페로 옮긴 이유

지금까지 설명한 내용은 유튜브 〈머니코치 최준호〉 채널에서 동영상 강의로 제공하고 있으므로 QR 코드나 URL 링크로 접속해 온라인 마케팅 전문가 머니코치의 생생한 동영상 강의를 살펴보자.

https://youtu.be/l1eG35mufh8?si=4VXUawPQaWnXJyol

CHAPTER 02

네이버 카페를 제대로 운영하는 절대 비법

SECTION 01

네이버 카페의 콘셉트를 명확하게 해라

카페 콘셉트를 잘 잡아야 하는 이유

　네이버 카페를 잘 운영하고 회원들을 성공적으로 모으려면 처음 시작할 때 카페의 테마를 잘 잡는 것이 가장 중요하다. 테마가 분명하지 않거나 사용자들의 관심을 끌지 못한다면 카페를 시작할 필요도 없다. 이런 카페들은 처음에 내가 콘텐츠를 생산하기도 어렵고 회원들을 모으는 것도 힘들다. 뿐만 아니라 어렵게 회원들을 모아도 카페에 참여하는 횟수가 적거나 결국 재방문하지 않으므로 카페가 성공하기는커녕 중간에 포기하면서 결국 죽은 카페가 되는 것이다.

　카페에 들어오는 사람들은 하나의 목적을 가지고 들어온다. 우리가 새 차를 구매하려면 이 차에 대해 더 잘 알아보고 싶어 한다. 여러 가지 관련 정보를 검색하면서 다양한 글을 읽지만 내가 사려는 차에 대해 좀 더 전문적인 지식을 가진 사람들을 원하고 이런 사람들과 소통하고 싶어 한다. 이렇게 관련 카페를 찾아 가입한 후 카페에 있는 여러 글을 읽으면서 내가 사려는 차에 관해 공부한다. 그리고 궁금한 것이 있으면 카페에 질문도 하고 다른 사람이 남긴 질문에 답변하기도 한다.

　네이버 카페는 여러 사람과 소통하는 공간이다. 카페에는 나와 같은 것을 좋아하는 사람들이 모여 있으므로 카페에서 활동하는 시간이 즐거워지고 자연스럽게 오랜 시간을 보내게 된다. 그리고 하나의 관심사를 공통으로 가지고 있는 사람들이 모여 있고 내가 관심 있는 분야여서 카페 회원들은 내 카페가 자꾸 생각나고 열심히 활동하고 싶어지는 것이다.

반면 카페의 테마가 명확하지 않으면 초기에 회원들을 모으는 것도 힘들다. 회원들을 간신히 모았어도 콘텐츠에 통일성이 없어서 사람들이 이 부분에 대한 흥미를 느끼지 못하게 된다. 심한 경우에는 '이런 카페에 내가 가입을 왜 했지?'라고 생각하면서 카페에 방문하는 시간이 점점 짧아지다가 나중에는 결국 카페를 탈퇴해 버리거나 탈퇴하지 않아도 활동하지 않는 '유령 회원'이 되는 것이다.

카페 콘셉트를 잘 잡는 방법

이런 이유로 네이버 카페를 초기에 개설할 때는 어떤 테마로 시작할 것인지 명확하게 하는 것이 중요하다. 반드시 사람들이 관심을 가질 만한 테마여야 하고 그들의 '공통된 관심사'에 대해 생각해봐야 한다.

또한 사람들이 관심 있어 하는 테마를 찾는다고 해도 이 수가 너무 한정적이면 안 된다. 왜냐하면 너무 적은 사람들만 가지고 있는 관심사라면 내가 아무리 열심히 회원을 유치하려고 해도 이 과정이 너무 힘들기 때문이다. 회원 수가 굉장히 한정적이라는 문제가 있으면 내가 원하는 대형 카페로 키우는 데 어려움이 많아지면서 온라인 건물주와 멀어질 수도 있다. 그러므로 너무 적은 인원이 모일 것 같은 테마는 피하고 카페 회원들을 많이 모집할 수 있는 테마, 즉 표본이 넓은 테마를 찾자.

사실 내가 제일 좋아하고 잘하는 것으로 테마를 정하면 좋다. 아무래도 네이버 카페를 개설한 초기에는 카페 매니저인 내가 콘텐츠를 만들어서 꾸준히 올려야 하고 회원들과 소통도 해야 한다. 이때 내가 좋아하고 자신 있는 분야, 평소에 관심이 있던 분야라면 아는 것이 많아서 아무래도 콘텐츠를 만드는 게 덜 힘들 것이다. 이 경우에도 반드시 사용자들이 찾는 테마, 즉 사람들이 관심을 가질 만한 테마로 카페 콘셉트를 잡아야 한다.

카페의 목적은 공통의 관심사에 대한 소통이다. 그냥 소통이나 친목이 목적이 아니라 구매를 유도하기 위한 카페를 만들 때도 마찬가지다. 예를 들어, 중고 명품 가방을 판매하는 카페를 운영한다면 당연히 중고 명품 가방에 관심이 있는 사람들이 가입할 것이다. 중고 시세를 알아보기 위해 블로그나 다른 사이트에서 검색할 수도 있지만, 어떤 사람들은 카페를 찾아 활동한다. 왜 그럴까?

카페에 가면 나와 공통의 관심사를 가진 사람들이 많기 때문이다. 혼자 다양한 정보를 알아보는 것보다 그들이 공유하는 정보를 통해 나도 더욱 다양한 지식을 얻을 수 있기 때문이다. 그리고 이 카페에서 구매 대행까지 같이한다면 좋은 물건을 좋은 조건에 살 수 있으므로 만족도가 매우 높아진다. 중고 가방 구매에 대한 여러 가지 팁이나 중고 물건 보는 방법 등에 대해 쉽게 알아볼 수 있으므로 카페에서 활동하는 것을 좋아한다. 이 모든 과정이 가능한 이유는 '중고 명품 가방'이라는 '공통의 관심사'를 가진 사람들이 모였기 때문이다.

카페 테마를 개설할 때 고려 사항

카페 테마를 개설할 때 가장 먼저 고려해야 하는 것은 '관심사'이다. 즉 나만 궁금해하는 것이 아니라 여러 사람이 함께 궁금해하고 이 부분에 대해 소통할 수 있게 해야 하는데, 이것이 바로 카페가 성공하는 첫 번째 열쇠다. 그리고 한 가지 더! 사람들이 많이 모일 것 같은 테마를 찾아야 내 카페에 가입할 회원들을 한결 더 쉽게 모을 수 있다는 점을 명심하자.

카페 초기에는 매니저인 내가 직접 발로 뛰고 손품을 팔면서 내 카페에 가입할 회원들을 찾아야 한다. 이 회원들을 내 카페에 가입시키는 게 끝이 아니다. 이들이 활동을 잘하게 하려면, 카페를 더 성장시키려면 그들이 내 카페에서 즐길 거리가 많도록 신경 써야 한다. 네이버 카페는 절대로 심심한 카페가 되면 안 된다. 심심한 카페가 되면 사람들은 금방 흥미를 잃어버리고 비슷한 테마의 재미있는 카페로 이동하므로 결국 내 회원들을 경쟁사 카페에 빼앗기는 것이다. 이런 회원들을 다시 데리고 오는 것은 무척 힘들다. 그러므로 처음부터 카페 시스템을 잘 구축해놓고 회원들이 내 카페에서 재미를 느끼게 해야 한다.

카페를 개설할 때는 '하나의 공통 관심사'를 위해 사람들이 가입한 후에 활동한다는 것을 꼭 깨달아야 한다. 그리고 이를 바탕으로 사람들이 소통할 수 있는 관심사를 찾아내야 하고 처음 가입한 회원들이 내 카페에 재미를 느낄 수 있도록 어느 정도 시스템을 구축해놓아야 한다. 회원들이 내 카페에 방문했는데 생각보다 재미있는 콘텐츠가 없거나 이 카페에서 활동하는 게 시간 낭비라는 생각이 든다면 두 번 다시 내 카페에 방문하지 않을 것이다.

다시 말해서 카페를 개설하자마자 회원들을 모으는 것이 아니라 카페를 개설하고 어느 정도 기반을 닦아놓은 다음에 회원들을 모으는 데 집중하자. 이러면 내 카페가 입소문을 타므로 더 많은 회원을 모으는 데 도움이 될 수 있다.

네이버 카페도 블로그처럼 처음부터 차근차근 운영한다면 어렵지 않은 채널이다. 심지어 카페는 블로그보다 저품질 위험이 적은 편에 속한다. 이 말은 좀 더 마음 편하게 카페를 운영할 수 있다는 의미다. 앞서 말했듯 최종적으로는 처음에 카페 시스템을 잘 구축해놓고 어느 정도 키워놓으면 일하지 않아도 돈이 들어오는 시스템이 만들어지는데, 이것이 바로 '온라인 건물주'이다. 그러므로 블로그로 어느 정도 수익을 본다면 카페도 함께 준비해 미래를 대비하자.

SECTION 02

네이버 카페를 성공적으로 운영하는 핵심 전략 – 양식장 전략

네이버 카페를 운영하기로 하고 테마를 잡아 개설했다면 이제는 본격적으로 운영할 차례다. 내 카페가 성공하려면 운영 전략도 잘 세워야 한다. 어떻게 회원을 모아야 하는지, 공들여 모은 회원들이 어떻게 내 카페에서 오랜 시간을 보내게 할지 등을 생각해야 한다. 한 마디로 카페도 성공하려면 전략적으로 운영하는 게 중요하다. 만약 카페를 운영할 계획이 있거나 현재 운영하고 있지만 생각보다 힘들다면 이번에 설명하는 내용을 꼭 적용해보자.

네이버 카페는 내 카페에 모인 사람들이 활동하는 것이 핵심이다. 하지만 내가 주인공이 아니라 타인들을 활동하게 만들어야 하니 마음대로 되지 않아 어려움을 겪는 경우가 상당히 많다. 지금부터 본격적으로 카페를 잘 운영할 수 있는 방법을 설명할 것이니 내 카페에 적용해서 고민을 해결해보자.

네이버 카페를 성공적으로 운영하는 핵심 전략은 '양식장 전략'이다. 물고기 양식장에서 실행하는 방법을 그대로 네이버 카페에 적용한다면 성공적으로 카페를 키울 수 있다. 양식장 전략을 처음 접하는 사람들이 많겠지만, 내가 네이버 카페를 성공적으로 운영할 수 있었던 전략으로 직접 개발했다.

나는 네이버 카페를 '온라인 건물'이라고 표현하고 네이버 카페가 어느 정도 활성화되어 수익이 발생하면 '온라인 건물주'가 되었다고 한다. 이렇게 네이버 카페를 성공시키는 전략이 바로 '양식장 전략'으로, 카페가 어느 정도 크면 이 카페를 이용해 일하지 않아도 정기 수익을 얻을 수 있다. 이후 카페의 가치가 높아진다면 합법적으로 지분을 판매하거나 카페를 매매할 수도 있다.

네이버 카페의 핵심 운영 전략인 양식장 전략을 알아보기 전에 양식장을 어떻게 운영하는지 알아야 한다.

❖ 양식장을 운영하는 전략

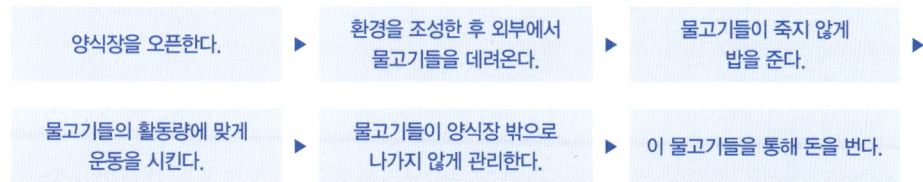

이렇게 양식장을 운영하는 전략을 네이버 카페에 그대로 가져와서 사용하면 다음과 같다. 이대로 실행한다면 카페를 좀 더 수월하게 운영하면서 성공할 수 있을 것이다.

❖ 네이버 카페를 운영하는 전략

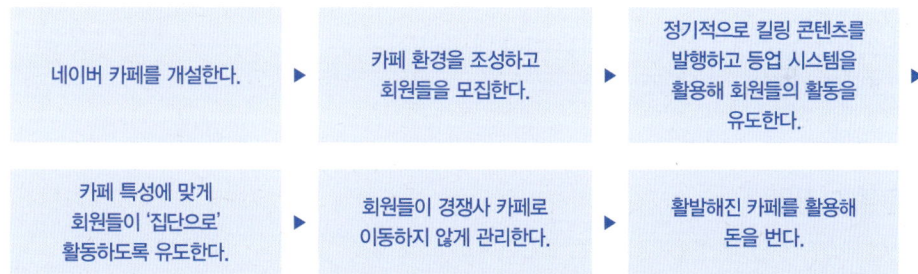

네이버 카페가 어렵다고 하면서 결국 망하는 것은 이 양식장 전략을 모르거나, 이 내용을 알았는데도 귀찮아서 지키지 않았거나, 한 단계라도 빠뜨렸기 때문이다. 자, 그렇다면 단계별로 어떻게 카페에 적용해서 운영해야 하는지 알아보자.

양식장 전략 단계별 적용

1. 양식장을 오픈한다 = 네이버 카페를 개설한다

❖ **양식장**

양식장 운영뿐만 아니라 어떤 사업을 운영하려고 결심했다면 사업을 시작할 자리를 알아보고 사업자등록증을 발급받는 등 여러 가지 준비를 해야 한다. 그런데 이 준비 과정은 모두 다르다. 있는 것을 최대한 활용하여 규모를 작게 할 수도 있고 더 많이 투자해서 아예 출발선부터 유리하게 시작할 수도 있다. 물론 투자한 만큼 시설도 더 좋아진다.

❖ **네이버 카페**

네이버 카페에도 똑같이 적용된다. 카페를 운영하려면 가장 먼저 카페를 개설해야 한다. 이때 처음부터 카페를 개설해서 운영할지, 아니면 최적화나 씨랭크 카페를 알아보고 구한 후에 운영할지를 고민한다. 이 부분이 바로 카페에 대한 투자를 하느냐 안 하느냐의 차이로, 남들보다 유리한 조건에서 시작할 것이냐 아니냐의 여부를 결정하는 출발선이다. 물론 선택은 개인의 자유이다. 카페에 투자하기보다 처음부터 운영하고 싶으면 당연히 카페를 새로 개설해서 시작해도 된다. 그런데 남들보다 좀 더 유리하게 카페를 시작하고 싶으면 처음부터 노출이 유리한 최적화 및 씨랭크 카페를 구하는 것이 더 좋다.

2. 환경을 조성한 후 외부에서 물고기들을 데려온다 = 카페 환경을 조성하고 회원들을 모집한다

❖ **양식장**

양식장을 운영할 때 가장 중요한 것이 무엇인지부터 생각해보자. 물고기에게 주는 밥도 중요하고 양식장을 운영하는 주인 마인드도 중요하다. 하지만 이것들보다 더 중요하게 신경 써야 하는 것은 바로 '양식장 환경'이다. 이 말은 어떤 환경에서 물고기가 사는지가 중요하다는 뜻이다. 양식장 환경에 따라 물고기가 해당 양식장에서 계속 살지, 죽을지가 결정된다. 이런 이유로 내가 어떤 물고기를 가져올지를 생각한 후에 여기에 맞게 물고기들이 잘 살 수 있도록 양식장 환경을 조성해야 한다. 물고기들이 살 수 있는 환경을 미리 조성한 후에 그에 맞는 물고기들을 외부에서 데려오는 것이다. 이 순서가 바뀌면 절대 안 된다.

❖ 네이버 카페

카페도 마찬가지다. 카페는 사람들이 모여있는 하나의 소도시와 같아서 무조건 편의시설이 있어야 한다. 사람들이 모여 사는 곳인데 병원이나 집, 음식점 등의 편의시설이 없다면 사람들은 당연히 답답함을 느껴서 다른 곳으로 나가고 싶어 할 것이다. 또한 내가 사는 곳이지만 여기서 활동해야겠다는 생각조차 안 들 것이다. 이렇게 되면 절대 안 된다.

이것을 네이버 카페에 적용해서 다시 이야기해보자. 카페에 사람들이 모였는데 즐길 거리와 활동할 것들이 아무것도 없다면 사람들이 쉽게 이탈할 것이다. 그래서 내가 데려오려는 회원들의 특성에 맞게 카페를 미리 조성한 후에 내 카페에서 활동할 회원들을 모집해야만 안정적으로 운영할 수 있다. 그렇다면 회원들이 활동할 만한 환경은 어떻게 조성해야 할까? 내 카페 테마에 맞추어 활동할 타깃에 맞는 콘텐츠를 쌓아야 한다. 예를 들어, 내가 맘카페를 개설하려면 사람들이 내 카페에 가입한 후에 활동할 수 있도록 '고민 말하기' 게시판을 먼저 만들고 시댁에 대한 문제, 남편에 대한 문제, 육아 고민 등에 대한 글을 먼저 작성해놓는 것이다. 중고 물품을 거래 및 판매하는 카페라면 중고 물품들을 미리 올려놓아야 한다. 이렇게 내 카페에 회원들이 가입해서 바로 활동할 수 있도록 미리 카페 환경을 조성해야 한다.

이 콘텐츠를 쌓는 과정은 매우 중요하다. 그런데 콘텐츠를 쌓을 때 너무 뻔한 것들은 안 쌓는 게 좋다. 다른 카페에서도 즐길 수 있는 내용을 올린다면 회원들이 내 카페에서 활동할 이유가 전혀 없다. 그러므로 타깃팅에 맞는 환경을 미리 조성하기 위해 콘텐츠를 미리 올릴 때는 내 카페만의 독특한 콘텐츠를 쌓도록 하자. 만약 이 과정 없이 바로 회원들을 모은다면 바로 카페가 망하는 지름길이 될 것이다. 사실 카페를 운영하는 사람들은 대부분 이 과정 없이 바로 회원들을 모집하려고 해서 망한다. 카페를 너무 열심히 운영하는 것 같아도 눈으로 보이는 결과가 없으니 성과가 없는 것처럼 느껴져서 카페 운영이 어렵게 느껴지는 것이다.

자, 카페 회원들을 모집하기 전에 이들이 관심 있어 할 만한 독특한 콘텐츠를 쌓아야 한다고 했는데, 나는 이 콘텐츠를 '킬링 콘텐츠'라고 한다. 킬링 콘텐츠를 만들 때는 반드시 내 카페 특성에 맞게 내 타깃 사용자들이 관심을 가질 만한 콘텐츠를 만들어야 한다. 그리고 다른 카페에는 없는 차별화된 콘텐츠를 발행해야 사람들이 내 카페에 흥미를 느끼고 가입할 것이다.

킬링 콘텐츠를 만들었으면 내 카페에서 활동할 사용자들을 모집해야 한다. 사실 사용자들을 모집하는 방법은 다양하지만, 어디서부터 어떻게 회원 모집을 해야 할지 고민스럽다면 간단히 팁을 알려주겠다. 내 카페에서 활동할 사용자들을 모으려면 양식장에서 물고기를 데리고 오는 방법을 생각해보자. 양식장에서는 그 안에서 살 물고기들을 데려오기 위해 기존에 데리고 있던 물고기들이 알을 낳게 하거나, 아예 다른 곳에서 물고기를 구매해서 가져오거나, 물고기를 직접 잡아서 넣기도 한다. 이 방법을 잘 생각해 카페에서 활동할 사용자들을 어떻게 데리고 올 수 있을지 생각해보자. 신중하게 생각한다면 어렵지 않게 답을 찾을 수 있을 것이다.

3. 물고기들이 죽지 않게 밥을 준다 = 정기적으로 킬링 콘텐츠를 발행하고 등업 시스템을 활용해 회원들의 활동을 유도한다

❖ 양식장

앞의 과정을 통해 양식장으로 물고기를 데려왔으면 이 물고기가 내 양식장 안에서 죽지 않고 잘 살 수 있게 밥을 주어야 한다. 밥을 주지 않으면 물고기가 모두 죽어서 소용이 없다.

❖ 네이버 카페

카페로 회원들을 데리고 왔다면 이 회원들이 활동을 잘할 수 있도록 유도해서 내 카페가 죽지 않도록 해야 한다. 우선 킬링 콘텐츠를 정기적으로 계속 발행해야 한다. 킬링 콘텐츠는 사용자들이 내 카페에 가입할 수 있게 유도하는 장치이므로 내 카페에 가입했다면 이제는 정기적으로 활동할 수 있게 하는 유도 장치라고 생각하면 된다.

이 외에도 카페의 등업 시스템을 함께 활용해서 사용자들이 내 카페에 가입해서 활동하게 하자. 킬링 콘텐츠의 퀄리티를 조절하여 퀄리티가 좋은 내용은 카페 회원들이 등업해야만 볼 수 있게 하는 것이다.

머니코치의 돈이 되는 카페 운영 NOTE

네이버 카페 킬링 콘텐츠 실제 운영법

나는 이전에 〈마케팅웨이〉 네이버 카페를 운영할 때 킬링 콘텐츠는 네이버 블로그와 카페 강의였다. 물론 어디에서나 쉽게 볼 수 있는 내용이 아니라 다른 곳에서는 돈을 지불해야 볼 수 있는 수준의 지식으로만 구성해서 무료로 볼 수 있게 했다. 하지만 이 강의를 모든 회원이 볼 수 있었던 것은 아니고 카페의 '등업' 시스템을 활용해 회원들이 〈마케팅웨이〉 카페에서 계속 활동할 수 있도록 했다. 〈마케팅웨이〉 카페에서 초급 영상을 보려면 글쓰기 1개 이상, 댓글 1개 이상 작성해야 하는 조건이 있었다. 그리고 중급 영상은 가입 2주 후, 글쓰기 50개 이상, 댓글 50개 이상, 고급 영상은 가입 4주 후, 글쓰기 100개 이상, 댓글 100개 이상 활동해야만 네이버 블로그 및 카페 강의를 볼 수 있었다.

물론 〈마케팅웨이〉 카페에 있는 네이버 블로그와 카페 강의는 네이버 로직에 맞추어 변경된 부분이 있으면 새롭게 개편해 올렸다. 즉 내 카페에서 회원들이 꾸준히 활동할 수 있도록 킬링 콘텐츠를 정기적으로 발행했고 퀄리티를 다르게 해서 등업을 해야만 그에 맞는 킬링 콘텐츠를 볼 수 있게 했다.

이렇게 운영했던 〈마케팅웨이〉 카페는 개설한 지 약 1년 만에 회원이 약 2만 명 정도나 되는 카페가 되었는데, 이것은 엄청난 수치였다. 실제로 이전에 운영했던 〈마케팅웨이〉 카페는 마케팅 카페 기준 활동량뿐만 아니라 일일 글 작성 개수 모두 1위였다.

킬링 콘텐츠를 계속 발행하고 등업 시스템을 이용한다면 회원들의 활동을 유도할 수 있다. 여러분이 알고 있는 대형 카페들도 이렇게 성장했다. 예를 들어, 〈레몬테라스〉 카페는 처음에는 셀프 인테리어 정보를 공유했다가 이런 과정을 통해 맘카페로 성장했고 〈중고나라〉는 중고 물품을 사고 팔 수 있는 카페로 성장했다. 또한 중고차 판매에 대한 내용이나 튜닝 등 자동차와 관련된 관심사를 바탕으로 성장한 각종 자동차 카페들도 많다. 여러 보험 카페들은 무료로 보험 견적을 받은 후 비교할 수 있게 하거나 카페에 등업할 경우 상품을 증정하는 마케팅으로 커지기도 했다.

이렇게 성공한 대부분의 카페들은 공통점이 있다. 바로 해당 카페에서만 할 수 있는 킬링 콘텐츠를 한 가지 이상은 무조건 가지고 있다는 것이다. 물론 킬링 콘텐츠를 한 개만 발행하는 것이 아니라 회원들이 계속 관심을 가질 수 있도록 꾸준히 발행하고 있다. 또한 이런 킬링 콘텐츠를 카페의 모든 회원이 아니라 카페 활동을 열심히 하는 회원에게만 볼 수 있게 한다. 이렇게 카페를 운영하면서 내 카페로 모인 회원들이 적극적으로 활동할 수 있도록 유도하고 있는 셈이다.

만약 카페를 운영하다가 실패했다면 킬링 콘텐츠를 정기적으로 발행하지 못했을 확률이 60% 이상으로 높을 것이다. 또한 카페의 등업 시스템을 잘못 사용했을 가능성도 높다. 킬링 콘텐츠를 정기적으로 잘 발행하고 등업 시스템만 잘 활용해도 네이버 카페는 성공할 수 있다는 것을 꼭 기억하자.

4. 물고기들의 활동량에 맞게 운동을 시킨다 = 카페 특성에 맞게 회원들이 '집단으로' 활동하도록 유도한다

❖ 양식장

양식장으로 물고기를 데리고 왔다면 그냥 방치하지 말고 최선을 다해 키워야 한다. 때에 맞추어 밥도 주어야 하지만, 너무 살찌지 않게 운동을 시키는 등 관리해야 한다. 나도 처음에는 양식장에 그냥 물고기들을 풀어놓고 먹이만 주면 된다고 생각했지만, 직접 방문해보니 아니었다. 어종이 모두 달라서 건강하게 키우려면 어종별로 특성에 맞게 운동을 시켜야 했다.

❖ 네이버 카페

내 카페에 회원들을 모집했다고 여기서 끝나는 것이 아니라 내 카페 회원들이 운동할 수 있게 내가 유도해야 한다. 즉 내 카페의 성격에 맞게 회원들이 활동을 잘할 수 있도록 유도하는 것이다. 카페는 회원들의 활동이 매우 중요하다. 그래야 매니저인 내가 스스로 글을 올리지 않아도 카페가 자동으로 굴러간다.

회원들이 스스로 활동해야 카페가 커지고 이에 따라 나는 온라인 건물주에 한 걸음 더 가까워지는 것이다. 그래서 카페를 시작했다면 회원들이 스스로 '활동'할 수 있게, 즉 양식장에 비유하면 물고기가 스스로 '운동'을 할 수 있게 해야 한다.

회원들이 운동을 잘하도록 유도하려면 네이버 카페의 특성을 잘 고려해야 한다. 사람들은 나와 같은 고민을 하는 사람들과 소통하면서 서로 고민을 나누고 이에 대한 답을 얻으려고 카페에 가입한다. 이것을 통해 네이버 카페를 운영할 때 꼭 생각해야 하는 키워드는 바로 '집단'이다.

집단으로 활동하는 무리의 특성을 생각해보자. 서로 왕래하는 것은 물론 이렇게 왕래해야만 오랜 시간 관계를 유지할 수 있고 이에 따라 규모가 점차 커지는 것이다. 집단 활동을 하는 사람들은 절대로 혼자 생활하지 않는다. 동물들도 마찬가지다. 그러므로 카페를 잘 운영하려면 '집단'의 특성에 맞춰서 회원들이 스스로 운동할 수 있게, 즉 활동할 수 있게 유도해야 한다.

그렇다면 어떤 방식으로 회원들의 활동을 스스로 유도할 수 있을까? 예를 들어, 자동차 카페에서는 정기 모임뿐만 아니라 갑자기 모이는 번개 모임도 하면서 친목을 다진다. 요리가 주제인 카페라면 요리 클래스를 열어 수강생들을 받기도 하고 맘카페를 운영하는 경우에는 플리마켓을 진행하기도 한다. 여기서 중요한 것은 회원들의 참여율을 높이겠다고 아무거나 막 가져다 끼우면 안 된다는 것이다.

항상 '내 카페에 왜 사람들이 모였는가?'를 생각해야 한다. 자동차 카페에 가입한 사람들은 내 차와 같은 차를 타는 사람들과 소통하면서 당연히 같이 운전도 해보고 싶으니까 자동차를 가지고 만나는 모임을 하는 것이다. 맘카페에 가입한 사람들은 육아 고민 등을 함께 이야기하고 좋은 물건이 있으면 좀 더 싸게 구매하기를 원하므로 이들 목적에 맞게 플리마켓을 개최하는 것이다. 반면 요리 카페는 서로 알고 있는 좋은 요리 레시피를 공유하기 위해서 모이므로 요리와 관련된 주제로 회원들의 참여를 유도하는 것은 당연하다.

네이버 카페를 잘 키우고 싶으면 온라인에서 그들이 소통하게 하는 것이 중요하다. 하지만 오프라인 활동도 생각해야 한다. 이렇게 오프라인에서 하는 모임을 개최한다면 그들은 스스로 더 소속감을 느끼게 되는데, 이것이 원동력이 되어 네이버 카페 활동을 더 열심히 하기도 한다. 오프라인 모임에 대한 내용을 카페에 후기로 작성한다면 다른 사람들에게 동기 부여가 되기도 한다.

오프라인 모임에 참여하려는 사람들이 많아지면 자연스럽게 카페의 규모가 커져서 내 카페를 홍보하는 치트키가 되기도 한다. 주기적으로 오프라인 모임을 가지는 것은 내 카페에 활력을 불어넣는 활력소나 마찬가지다. 그러므로 카페를 운영한다면 회원들의 소속감을 위해, 회원들의 활동량을 위해 오프라인 모임 개최를 생각해보는 게 좋다.

5. 물고기들이 양식장 밖으로 나가지 않게 관리한다 = 회원들이 경쟁 카페로 이동하지 않게 관리한다

❖ **양식장**
양식장을 관리할 때 물고기들이 다른 곳으로 가지 않고 내 양식장 안에 머무르는 것이 가장 중요하다. 물고기들이 외부로 빠져나갔다는 것은 재산을 잃었다는 말과도 같다. 그렇다면 양식장에서 물고기가 외부로 나가지 않게 하려면 어떻게 해야 할까?

일단 물고기들에게 꾸준히 관심을 주어야 한다. 당연히 밥도 잘 주고, 물도 잘 갈아주어야 하며, 물고기들이 빠져나가는 구멍이 있다면 꼼꼼하게 시설도 보수해야 한다. 즉 지속적으로 관심을 쏟고 돌보는 것이 중요하다.

❖ 네이버 카페

카페도 마찬가지다. 내 카페에서 잘 활동하는 사람들이 경쟁 카페로 이동하면 어떨까? 그 카페에서 하는 활동이 더 재미있어서 내 카페에 다시 오지 않는다면 어떻게 될까? 카페는 망할 것이다. 그러므로 내 카페에서 활동하는 회원들이 경쟁 카페로 이동하지 못하게 꾸준히 관심을 주면서 세심하게 관리해야 한다.

카페에서 가장 중요한 것은 '집단'이라고 했다. 이 집단이 커질수록 외부에서 이 집단의 핵심 멤버뿐만 아니라 일반 멤버까지 빼가려고 시도한다. 그리고 집단이 커질수록 자연스럽게 내부에서 분쟁이 생겨 대거 이탈할 수도 있으므로 이런 경우를 미리 생각하고 어떻게 대비할지 시스템을 마련해야 한다. 소 잃고 외양간 고쳐봤자 필요 없다. 이미 회원들을 다 잃었는데 어떻게 다시 복구하겠는가? 복구해도 시간이 너무 오래 걸린다. 그러므로 애초에 이런 상황을 방지할 수 있도록 시스템을 구축해야 한다.

카페는 아무래도 많은 사람이 함께 모이고 소통하는 곳이니 분쟁이 일어날 수 있다. 많은 사람이 모이는 곳에서 분쟁을 최소화하려면 이에 대한 가이드라인을 제대로 잡아주는 것이 중요하다. 즉 네이버 카페를 운영할 때는 회원들의 활동에 대한 가이드라인이 있어야 한다.

내 카페에서 성실하게 활동하는 회원들만 있으면 좋겠지만, 현실은 그렇지 않다. 다른 카페에서 자신의 카페를 홍보하는 글을 작성하러 오거나 불쾌한 콘텐츠를 올리는 사람들도 있다. 이런 행동을 하는 회원들을 제재하지 않고 카페가 잘 관리되지 않는다면 사람들은 이탈할 것이다. 그러므로 이 부분과 관련해서는 '신고하기' 카테고리를 만들어서 신고할 수 있는 시스템을 구축하는 것도 좋다.

카페를 운영하다 보면 여러 가지 시련이 닥칠 수 있다. 내 카페에서 활동을 잘하던 회원들이 대거 다른 카페로 이탈하거나 탈퇴하는 경우도 생기므로 이에 대한 대비책을 잘 만들어두어야 한다. 이런 일은 언제든지 내 카페에 일어날 수 있으므로 대비책을 마련해놓고 꾸준히 관심을 가지면서 카페를 보수해나가는 것도 잊지 말자. 네이버 카페는 매니저가 꾸준하게 관리하는 것이 중요하다.

6. 이 물고기들을 통해 돈을 번다 = 활발해진 카페를 활용해 돈을 번다

❖ 양식장

양식장은 잘 관리한 많은 수의 물고기로 비로소 많은 돈을 벌게 된다.

❖ 네이버 카페

다양한 노력으로 회원 유치에 성공하고 회원들이 카페 안에서 활발하게 활동한다면 당연히 카페는 계속 성장할 것이다. 이에 따라 카페 가치가 높아져서 바로 돈이 굴러들어 오는 카페가 될 것이고 카페 지수도 높아져서 회원들이 작성하는 글도 상위 노출될 것이다. 이 말은 회원이 아닌 사람들에게 내 카페가 노출될 기회가 많다는 의미다.

내 카페 회원이 아니어도 내 카페에서 작성한 글이 자신들의 공감대와 같아서 더 알아보고 싶은 사람들은 카페에 가입할 것이므로 이렇게 또 다른 신규 회원을 유치할 수 있다. 이제는 상위 노출이 잘되는 카페이므로 내 사업과 관련된 상품이나 서비스에 대한 홍보성 글을 작성해도 좋다. 왜냐하면 역시 상위 노출되므로 구매 전환으로 이어질 확률이 높기 때문이다.

물론 내 사업과 관련된 홍보성 글을 작성할 때는 내가 카페 주인인 것을 드러내는 것이 문제가 되지는 않는다. 하지만 이것이 회원들에게 반감을 살까 봐 걱정하는 사람들도 있을 것이다. 이것이 걱정된다면 내가 카페 주인이 아니라 해당 카페에 돈을 내고 입점한 업체처럼 내 상품 및 서비스에 대한 홍보성 글을 작성해보자. 그러면 카페 회원들의 반감에 대한 걱정을 어느 정도 덜 수 있을 것이다.

이 외에도 카페의 규모가 커지면 여러 가지 방법을 사용해서 돈을 벌 수 있다. 배너 광고나 카테고리 광고 등을 받아도 되고 아예 광고할 수 있도록 관련 업체를 입점시킬 수도 있다. 이렇게 내 카페에 광고하는 업체가 생긴다면 이를 통해 월 고정 수익을 만들 수 있는데, 이것이 바로 온라인 건물주가 되는 길이다.

카페에서 광고를 받지 않아도 또 다른 방법으로 돈을 벌 수 있다. 내 카페에 가입한 회원들의 니즈를 파악해서 사업을 시작하는 것이다. 이렇게 하면 내 카페에서 이미 니즈를 가지고 있는 사람들은 내가 운영하고 있는 사업에 대해 궁금해하고 이용하려고 할 것이므로 돈을 벌 수도 있다. 실제로 내가 현재 운영하고 있는 몇몇 지분 사업장들도 이렇게 네이버 카페를 통해 시작했다.

네이버 카페를 키우려면 지금까지 설명한 양식장 전략이 매우 중요하다. 이것이 바로 카페를 단계적으로 키우는 프로세스와 같기 때문이다. 그런데 일부 사람들은 네이버 카페를 빨리 키우려는 욕심에 중요한 단계를 건너뛰기도 하고 방법을 잘 몰라서 정석대로 키우지 못하는 경우도 많다. 그래서 결국 나중에는 카페의 벽을 느끼게 되고 망해서 유령 카페가 되는 것이다. 그러므로 카페를 통해서 온라인 건물주가 되어 경제적 자유를 얻고 싶으면 반드시 양식장 전략을 실천하기를 바란다. 그러다 보면 카페는 매달 돈을 벌어다 주는 효자가 될 것이다.

무료로 퍼주는 머니코치의 유튜브 영상 강의

네이버 카페 수익을 위한 운영 전략! 대형 카페만 다섯 개 만들어준 아무도 모르는 비법(양식장 전략)

지금까지 설명한 내용은 유튜브 〈머니코치 최준호〉 채널에서 동영상 강의로 제공하고 있으므로 QR 코드나 URL 링크로 접속해 온라인 마케팅 전문가 머니코치의 생생한 동영상 강의를 살펴보자.

https://youtu.be/_teuNX4j-TY?si=TQQDCyyZ_QlnV5cP

SECTION 03

네이버 카페는 어떤 형식으로 시작해야 유리할까?

내 카페를 노출해야 하는 이유

이제 네이버 카페가 효자 채널이라는 것을 모두 이해했을 것이다. 카페를 활용한다면 매월 고정 수익을 만들어 온라인 건물주가 될 수 있다. 현실에서는 꿈꾸기 어려운 건물주의 꿈을 온라인에서는 이룰 수 있다.

네이버 카페를 시작하려면 일단 카페가 있어야 하니 가장 먼저 카페를 개설해야 한다. 그런데 꼭 처음부터 카페를 개설하지 않아도 된다. 이제부터 설명하는 방법대로 카페를 시작하는 게 오히려 온라인 건물주를 위한 지름길일 수도 있다.

우리가 네이버 카페를 하는 가장 큰 이유는 공통의 관심사를 가진 사람들을 모으기 위해서다. 이들을 통해 서로 자유롭게 고민을 말하는 커뮤니티형 카페를 만들 수도 있고 이들에게 상품을 판매하는 등의 행동을 할 수도 있다. 그렇다면 사람들이 내 카페를 알고 가입하게 하려면 무엇이 가장 필요할까?

우선 내 카페가 사람들에게 노출되는 것이 중요하다. 네이버에 이런 카페가 있다고 사람들에게 알려야 비로소 사람들이 내 네이버 카페의 존재를 알게 되어 가입할 생각이라도 해볼 것이다. 아무리 카페 디자인을 잘 만들었어도 노출이 안 된다면 무용지물이다.

이전에는 '블로그' 탭과 '카페' 탭이 'VIEW' 탭으로 통일되어 있어서 카페가 노출될 기회가 많았다. 하지만 지금은 다시 '블로그' 탭과 '카페' 탭으로 구분되어 네이버 카페는 이제 더 이상 기회가 없다고 생각할 수도 있다. 결론은 절대 아니다. 키워드를 검색하면 통합 검색과 관련된 '인기글' 탭이 나타나는데, 그 아래에 있는 '인기글 더보기' 버튼을 클릭해서 '카페' 글로 바로 진입할 수 있다. 심지어 '인기글' 탭은 이전 'VIEW' 탭처럼 블로그 글과 카페 글이 같이 노출된다. 이 중 어떤 키워드는 다음 화면처럼 카페 글이 더 많이 노출되기도 한다.

▲ '임신 중기 엽산'에 대한 인기 카페글

또한 사람들이 카페에서 찾는 정보가 많다고 생각해서 '카페' 탭을 따로 노출하는 키워드도 있으므로 카페가 잘 노출되지 않는다는 생각은 하지 말자. 이어지는 화면은 네이버 검색에 '임신 주차 계산' 키워드를 검색했을 때 '인기 카페글'이 별도로 뜨는 사례이다.

▲ '임신 주차 계산'에 대한 인기 카페글

신규 카페 개설의 문제점

그렇다면 사람들이 어떤 경로로 관심 있는 네이버 카페를 찾는지 생각해보자. 일단 네이버에서 키워드를 이용해서 검색한 후 상위에 노출되어 있는 글부터 읽기 시작한다. 왜냐하면 상위에 노출된 글이 눈에 잘 띄기 때문이다. 이렇게 궁금증이 생긴 사용자는 검색 활동을 통해 자신과 비슷한 궁금증을 가진 사람이 쓴 글을 흥미롭게 읽으면서 여러 사례를 접하게 된다. 공감 가는 여러 말을 읽다가 해당 카페에 흥미를 느끼면 지속적으로 그들과 소통하고 싶어서 가입하게 되는 것이다.

여기서 핵심은 일단 검색한 사용자에게 내 카페가 노출되는 것이다. 한 마디로 사용자 눈에 띄어야 하는 것으로, 이것은 매우 중요하다. 네이버 카페가 상위 노출되려면 해당 카페가 최적화 카페나 씨랭크 카페여야 한다. 내가 처음부터 새로운 카페를 개설해 운영하는 것도 좋지만, 처음에는 상위 노출이 안 되므로 그만큼 관련된 사용자들의 눈에 띄기가 어렵다. 그래서 이제 막 개설한 카페가 회원들을 모으려면 다른 경로를 생각해보는 것이 방법이 될 수 있다.

신규 카페는 다른 경로를 통해서 회원들을 유치하려고 해도 가입한 회원 수가 많지 않으니 가입을 망설이다가 이탈하는 사람들이 많다. 가입했어도 다양하고 자신에게 도움이 되는 글이 지속적으로 올라오지 않으면 역시 이탈하거나 탈퇴한다.

내 소신대로 이야기하자면 처음부터 개설하는 카페는 키우기가 상당히 어렵다. 네이버 카페를 새로 개설해서 최적화 카페까지 가려면 최소 몇 년 이상의 시간이 걸린다. 그렇다면 씨랭크 카페까지는 어떻겠는가? 최적화 카페가 된 후 씨랭크가 될 때까지 키우려면 여기에 또 몇 개월을 더 투자해야 한다. 결국 신규 카페는 제대로 활성화하는 데 필요한 준비 기간이 너무 오래 걸려서 경쟁사들에게 뒤처지기 딱 좋다.

지금 카페를 새로 개설한다면 정말 오랜 시간을 투자해서 글을 작성해도 최적화 카페와 씨랭크 카페를 만들기가 현실적으로 어렵다. 따라서 최적화 카페로 키우고 싶으면 새로 만드는 카페가 아니라 최소 몇 년 이상은 된 카페로 시작하는 것을 권한다. 그래야 최적화 카페까지 키울 수 있고 더 나아가 씨랭크 카페까지 노려볼 수 있다. 사실 이런 카페로 시작해도 카페를 자리잡게 하는 데 상당한 시간이 걸린다. 경쟁사가 많은 시장에서 이렇게 시간을 투자하는 것은 현실적으로 어렵다.

최적화 카페 & 씨랭크 카페는 상위 노출의 지름길!

이런 이유로 네이버 카페로 마케팅하려면 전략적으로 해야 한다. 지금 시점에서는 미리 만들어져 있는 최적화 카페나 씨랭크 카페를 구하는 것이 현실적으로 좋은 방법이 될 수 있다. 왜냐하면 앞에서도 설명했지만, 지금부터 카페를 개설해서 아무리 킬링 콘텐츠를 잘 구축해도 최적화 카페가 되기 힘들기 때문이다. 물론 불가능한 것은 절대 아니지만 신규 네이버 카페는 바로 상위 노출이 안 되어 사용자들의 눈에 띄기도 어렵고 카페 회원을 모집하기도 어려운 게 사실이다. 그런데 최적화 카페나 씨랭크 카페로 첫 시작을 한다면 어떨까? 당연히 상위 노출이 잘되므로 관련 사용자들에게 눈에 잘 띄어서 출발선이 매우 유리해진다. 그러므로 소신 발언하자면 네이버 카페로 마케팅하고 온라인 건물주까지 노린다면 카페를 새로 개설하는 것보다 지인을 통해서든, 믿을 만한 업체를 통해서든 이미 만들어져 있는 최적화 카페나 씨랭크 카페를 구하는 것을 권한다.

네이버 카페는 블로그에 비해 저품질이 될 확률이 적다. 하지만 저품질 확률이 0%는 아니므로 카페를 구해서 운영할 때 이 점에 대해서도 항상 고려해야 한다. 남들보다 유리한 출발선에 서면 좀 더 유리하게 진행할 수 있다. 특히 온라인에서는 사용자들, 즉 고객들의 눈에 띄는 것이 매우 중요하다. 그래야만 승산이 있기 때문이다. 그러므로 네이버 카페 마케팅을 생각한다면 최적화 카페와 씨랭크 카페를 통해 앞서 이야기한 양식장 전략대로 카페를 키워보자. 그러면 온라인 건물주와 경제적 자유에 좀 더 빠르게 한 발짝 성큼 다가설 수 있을 것이다.

머니코치의 돈이 되는 카페 운영 NOTE

최적화 카페나 씨랭크 카페를 구하라고 소신 발언 하는 이유

물론 '나는 그냥 네이버 카페를 새로 개설해도 충분할 것 같은데?'라고 생각하는 사람들도 많을 것이다. 하지만 나를 통해 네이버 카페 마케팅을 한 사람들은 대부분 최적화 카페나 씨랭크 카페를 구해서 시작했다. 신규 카페를 개설해 처음 마케팅을 진행한 경우에도 시간과 돈만 쓰고 결국 최적화 카페나 씨랭크 카페를 다시 구하는 사람들이 많았다. 신규 카페의 한계를 깨닫고 말이다. 이런 사례의 주인공이 여러분이 되지 않기를 바랄 뿐이다.

새로 카페를 개설해서 최적화 카페와 씨랭크 카페까지 가는 데 오랜 시간이 걸리는 동안 최적화 카페나 씨랭크 카페로 시작한 경쟁사는 승승장구할 수 있다. 아무래도 그들은 상위 노출이 잘되므로 새로 카페를 개설해서 시작하는 나보다 유리할 수밖에 없다. 만약 독점 아이템인데 소비자들에게 내 카페가 노출되지 않는다고 생각해보자. 경쟁사는 이 아이템의 미래성을 보고 상위 노출이 잘되는 카페로 내 아이템을 카피해 시장에 진입할 수도 있다. 그렇다면 결국 마지막에 웃는 사람은 누구일까? 시장을 장악해야 하는 상황에서 내가 경쟁사보다 뒤처진다면 시장 장악의 꿈은 자연스럽게 멀어질 것이다. 그러므로 초반에 제대로 투자해 최적화 카페나 씨랭크 카페를 구해 네이버 카페를 마케팅하는 방법을 진지하게 고려해보자.

머니코치의 떼돈 버는 핵심 코칭 네이버 카페

POINT 01 네이버 카페도 꼭 운영해야 하는 채널이다

네이버 카페는 블로그나 스마트플레이스와는 또 다른 매력이 있고, 내가 글을 쓰지 않아도 알아서 잘 굴러가며, 수익까지 안겨주는 채널이라는 매우 큰 장점이 있으므로 꼭 운영해야 한다.

▶ 다시 보기 : 267쪽

POINT 02 네이버 카페 운영 시작은 이렇게 하자

① **네이버 카페를 개설할 테마 찾기** : 사람들이 관심 있어 할 만한 테마를 찾는 단계
② **네이버 카페 개설하기** : 네이버 카페 운영에 필요한 기반을 쌓는 단계
③ **소비자들에게 네이버 카페 개설 알리기** : 네이버 카페가 개설된 것을 소비자들에게 알리면서 내 카페에 방문하게 하는 단계
④ **네이버 카페에 입점할 업체 찾기** : 내 카페에서 영업할 사람을 찾는 단계
⑤ **입점 업체에서 월세 받기** : 내 카페에서 광고할 사람과 계약을 체결하고 광고비를 받아 수익을 창출하는 단계

▶ 다시 보기 : 272쪽

POINT 03 네이버 카페에서 수익을 창출하는 다양한 방법

① **배너 광고** : 카페 대문에 배너를 달아주는 것으로, 한 달 또는 몇 달 단위로 계약
② **카테고리 제휴(카테고리 임대)** : 내 카페 안의 카테고리를 업체에 제공하는 것으로, 한 달 또는 몇 달 단위로 계약
③ **공동 구매** : 보통 맘카페에서 많이 진행하며 여러 명이 함께 구매하면 금액이 더 저렴해지므로 카페 회원들도 긍정적인 편
④ **홍보성 글과 상위 노출** : 내 카페에 홍보성 글을 쓰거나 상위 노출해주는 대가로 금액을 받는 방식으로, 블로그에서도 이 방법으로 수익 창출
⑤ **관련 제품 판매** : 내가 사업을 한다면 관련된 제품 판매 가능
⑥ **답글 권한 판매** : 예를 들어, 어떤 고객이 자동차 도색 업체에 관한 글을 올렸을 때 해당 글에 댓글을 달 수 있는 업체를 설정한 후 권한을 주고 수익 창출
⑦ **DB 마케팅으로 활용** : 합법적으로 DB를 확보한 후 이벤트나 2차 마케팅까지 연계해 수익 창출
⑧ **네이버 카페 매매** : 최종적으로 네이버 카페 매매로 수익 창출(〈중고나라〉 네이버 카페도 지분 매매 형식으로 수백억 원에 팔림)

▶ 다시 보기 : 279쪽

POINT 04 네이버 블로그만의 단점
① 돈을 벌고 싶다면 블로그는 평생 운영해야 한다　② 저품질에 매우 예민하다
③ 확장성이 크게 떨어진다

▶ 다시 보기 : 283쪽

POINT 05 네이버 카페만의 장점
① 평생 운영하지 않아도 된다　② 블로그에 비해 저품질에 관대하다
③ 확장성이 높다

▶ 다시 보기 : 287쪽

POINT 06 네이버 카페 콘셉트를 잘 잡는 방법
너무 적은 인원이 모일 것 같은 테마는 피하고 카페 회원들을 많이 모집할 수 있는 테마, 즉 표본이 넓은 테마를 찾는다.

▶ 다시 보기 : 294쪽

POINT 07 네이버 카페를 성공적으로 운영하는 핵심 전략 – 양식장 전략
① 양식장을 오픈한다 = 네이버 카페를 개설한다
② 환경을 조성한 후 외부에서 물고기들을 데려온다 = 카페 환경을 조성하고 회원들을 모집한다
③ 물고기들이 죽지 않게 밥을 준다 = 정기적으로 킬링 콘텐츠를 발행하고 등업 시스템을 활용해 회원들의 활동을 유도한다
④ 물고기들의 활동량에 맞게 운동을 시킨다 = 카페 특성에 맞게 회원들이 '집단으로' 활동하도록 유도한다
⑤ 물고기들이 양식장 밖으로 나가지 않게 관리한다 = 회원들이 경쟁 카페로 이동하지 않게 관리한다
⑥ 이 물고기들을 통해 돈을 번다 = 활발해진 카페를 활용해 돈을 번다

▶ 다시 보기 : 298쪽

POINT 08 네이버 카페는 다음 세 가지 방법으로 시작할 수 있지만, 상위 노출과 사용자들의 눈에 띄려면 ②, ③ 방법 추천
① 신규 카페 개설하기　② 최적화 카페 구하기　③ 씨랭크 카페 구하기

▶ 다시 보기 : 311쪽

에필로그

네이버 마케팅을 꽉 잡으면
매출 상승은 따라온다!

　온라인의 영향력이 막강한 시대가 됐다는 것을 모두 인정할 것이다. 그러니 이제는 오프라인보다 온라인 마케팅에 집중해야 할 때이다. 이 책을 통해 네이버 3대장 마케팅 채널인 블로그, 스마트플레이스, 카페 운영 방법을 익혔으므로 소비자들이 내 채널에 더 오래 머물게 하고, 궁극적으로는 그에 따른 매출 상승의 효과도 누리게 될 것이다.

　나는 여러분이 온라인 마케팅을 너무 어렵게 생각하지 않았으면 한다. 물론 전문가들이 해야 하는 영역이 있기도 하다. 하지만 일반인들도 양질의 정보를 차근차근 배우고 원리를 이해한다면 혼자서도 온라인 마케팅을 진행할 수 있다.

　요즘 같은 고물가 시대에 창업을 했다면 마케팅 비용을 따로 쓰는 게 큰 부담으로 다가올 수 있다. 그렇다고 마케팅을 안 하자니 주변 업장보다 뒤처져 고객을 유치하기 어렵고, 더 나아가 매출 하락으로 이어지기 십상이다.

　창업은 했지만 마케팅에 대한 이런저런 고민을 가지고 계셨던 분들께 내 책이 좋은 길잡이가 될 것으로 믿어 의심치 않는다. 이 책을 다 읽은 여러분은 이제 어디 가서 네이버 마케팅에 대해 잘 안다고 자랑하고 다닐지도 모르겠다. 무엇보다 스스로 네이버 마케팅을 진행할 수 있기 때문에 자신감이 생기고, 매출이 상승하는 기쁨까지 누릴 것이다. 여러분이 꼭 그러길 바라는 마음으로 내가 가진 10년 이상의 네이버 마케팅 노하우를 정성껏 담아 책을 집필했다.

대한민국 사람의 대부분이 네이버를 사용하는 만큼 네이버는 꼭 잡고 가야 하는 최우선 마케팅 과제이다. 그동안 네이버 마케팅이 어렵다고만 생각했던 분들에게, 또 마케팅은 무조건 대행사에 맡겨야 한다고 생각했던 분들에게 이 책이 좋은 역할을 하기를 바란다.

당부의 말

마지막으로 한 가지 당부의 말씀을 전한다. 책 본문에서도 여러 번 반복한 말이지만, 정말 중요하기 때문에 강조한다. 마케팅을 할 때 절대 잊지 말아야 할 핵심은 '소비자의 입장에서 생각해야 한다'는 것이다.

마케팅이라는 것은 매출 상승을 위해 내 상품이나 서비스를 구매할 고객들을 모집하는 것이다. 그러니 내가 원하는 것이 아니라 고객들이 원하는 것을 내놓아야 한다. 항상 이 생각을 가지고 마케팅을 진행한다면 여러분은 네이버를 넘어 다른 마케팅 채널까지 골고루 잘 다루게 되는 마케팅 전문가가 될 것이다.

이 책을 읽은 것만으로도 여러분은 성공할 준비가 됐다고 믿는다. 이 책에서 배운 내용을 바탕으로 한 걸음씩 실천해나간다면 여러분의 꿈은 반드시 이루어질 것이다. 여러분의 사업 성공을 도울 네이버 3대장 마케팅이라는 강력한 무기를 바탕으로 훨훨 날아보시길 바란다.

2024년 10월
최준호(머니코치)

찾아보기

ㄱ

검색 트래픽	105
검증된 콘텐츠	86
경쟁사의 공격	260
공감	61
공동구매	280
관련 제품 판매	281
구매 결정 촉구 기획	204
글 인기도 지수	46, 51, 127
글 주목도 지수	46, 51
꾸준함	115

ㄴ

네이버 검색 광고	72, 81
네이버 시스템 활용	200
네이버가 신뢰하는 채널	236
네이버가 싫어하는 키워드	87
네이버가 좋아하는 키워드	54
노출 극대화	29

ㄷ

다이아 로직	131, 133
다이아 알고리즘	126

ㄷ

답글 권한 판매	281
대표 사진 영역	205
대표 사진 외의 사진 영역	206
대표 키워드	197
대행사	116
댓글	61
동영상 저작권	120

ㄹ

롱테일 키워드	79
링크	193

ㅁ

마이너스 점수	147
메뉴	197
메타태그 영역	196
문서의 신뢰도	126
문서의 출처 신뢰도	126

ㅂ

배너 광고	279

ㅂ

블로그 4대 지수	44
블로그 4대 지수 우선순위	47, 52
블로그 상위 노출	49, 53
블로그 아이디 만들기	21
블로그 연혁	137
블로그 인기도 지수	46, 48
블로그 키워드 잡는 법	39
블로그 활동성 지수	46, 51
블로그 히스토리	138
블로그의 신뢰도 평가 기준	123
비즈니스 키워드	88, 97

ㅅ

사진 영역	182
상세 설명 영역	185, 207
상호명	197
서브 키워드	224
섬네일	177
세부 키워드	77
셀링 포인트	245
속성 키워드	128, 225
숏테일 키워드	79
쉬운 키워드	72
스, 댓, 공	57
스마트콜	250

318 찾아보기

스마트플레이스 기획	180	
스마트플레이스 기획 영역	181	
스마트플레이스 상위 노출	174, 210	
스마트플레이스 순위 하락	249	
스마트플레이스 키워드	220	
스마트플레이스 필수 세팅	174	
스크랩	59	
시너지 효과	169	
신규 카페	311	
신생 블로그	72	
씨랭크	122	
씨랭크 블로그	36	
씨랭크 알고리즘	122	
씨랭크 최적화	36	
씨랭크 카페	312	
씨랭크 키워드	76	

ㅇ

약한 키워드	237
양식장 전략	298
어뷰징	100
연결된 키워드	128
연관 검색어	82
영수증 리뷰 작업	252
온라인 건물주	268
온라인 마케팅	18, 165
외부 링크	111
유튜브 활용	83
이슈 키워드	105, 110
이슈 키워드 작성 방법	108
이웃 활동	50
인기글 탭	94
일상 글	34, 157
일일 방문자 수	139

ㅈ

자동 완성 검색어	82
잦은 수정	258
저작권	115, 118
저품질 블로그	101, 114, 143
저품질 블로그 예방	154
저품질 블로그 이유	147
저품질 블로그 탈출	151
전체 글 개수	138
전환율	204
점수제	98, 152
정보성 키워드	55
제1요소 – 텍스트	211
제2요소 – 시각	214
제3요소 – 체류 시간	217

ㅊ

찾아오는 길 영역	187
체류 시간 및 유입 부족	260
최신성	26
최적화 블로그	36
최적화 카페	312
최적화 키워드	76

ㅋ

카테고리 제휴	279
카페 매매	281
카페 수익 창출	279
카페 운영 5단계	272
카페 콘셉트	294
카페의 장점	287
콘텐츠	192
콘텐츠 리유즈	28
쿠키값	60
키워드	38, 191
키워드 검색량	72
키워드 경쟁력	70
키워드 노출 방법	237
키워드 분석 방법	137
키워드 삽입 위치	226
키워드 최적화	196

찾아보기 **319**

찾아보기

키워드 추출	68

ㅌ

텍스트 마이닝	128
텍스트 정보 부족	253
트래픽	229
트래픽 양	195
틈새시장	77

ㅍ

플러스 점수	147
픽사베이	118

합법적 어뷰징	64
핵심 키워드	224
허위 트래픽	256
홍보성 글과 상위 노출	281
확장성	289

숫자

1일 1포스팅	44
1차 최적화	36
2차 최적화	36
3차 최적화	36

영어

DB 마케팅 활용	281
FAQ 영역	96
SEO 최적화	189
SEO 최적화 작업 필수 요소	190